Edward Jablonski

George Gershwin im Spiegel seiner Zeit
– Portraitiert von Zeitgenossen

Aus dem Englischen von Wiebke Falckenthal

M&T Verlag

Inhalt

Vorwort

Mehr als fünfzig Jahre nach seinem Tod ist George Gershwin als außergewöhnlich dynamische, lebendige und begnadete Künstlerpersönlichkeit rundum anerkannt. Seine Musik wird geliebt und gespielt, als liege auf ihr nicht der tragische Schatten seines frühen Todes. Unter den Musikern zählen vor allem die Komponisten und Pianisten zu seinen Bewunderern. Gerade Musiker mit akademischer Ausbildung – die Gershwin selbst nie genossen hat – sind von seinem Erfindungsreichtum in Melodie, Rhythmus und Harmonie fasziniert. Gershwin gilt inzwischen als das, was er immer sein wollte: als wahrhaft amerikanischer Komponist, ja vielleicht sogar als *der* amerikanische Komponist schlechthin. Und das nach einer Schaffenszeit von nur knapp zwei Jahrzehnten.

Die Wiederentdeckung von *Porgy and Bess* als ernstzunehmende Oper, neue Aufführungen und Aufnahmen von Werken, die zu seinen Lebzeiten kaum Beachtung fanden – wie die *Second Rhapsodie*, die *Cuban Overture*, die *I Got Rhythm*-Variationen und die *Porgy and Bess-Suite* (unter dem Titel *Catfish-Row*)–, sowie die Renaissance seiner populären Songs belegen die wachsende Bedeutung des Komponisten George Gershwin.

Seine Meisterwerke der kleinen Form, vor allem die auf Texte seines Bruders Ira komponierten Lieder, genießen auch bei jenen Kritikern großes Ansehen, die seinen symphonischen Werken eher kritisch gegenüberstehen. Selbst bislang mißachtete Gershwin–Raritäten wie Songs und Lieder, die nach einer abgesetzten oder durchgefallenen Show in irgendwelchen Kartons verschwanden, werden heute wiederentdeckt, ausgewertet und veröffentlicht. Neu ausgegrabene alte Show-Nummern weisen den Komponisten als einen Meister der Chorpartitur aus, was allerdings seit seinem ersten größeren Musical *Lady, Be Good*! (1924) kein Geheimnis mehr war und in *Porgy and Bess* zu voller Blüte gelangte. Die Erarbeitung der ursprünglichen Orchestrierungen – der Musicals ebenso wie der Orchesterwerke – bringt den wahren Gershwin-Sound mit seinem gewinnenden Charme, seinen eingängigen Melodien und seinem sprühenden Witz wieder voll zur Geltung.

Wie viele der frühen Texte belegen, trat Gershwin nicht erst 1924 (dem Uraufführungsjahr der *Rhapsodie in Blue*) gleichsam aus dem Nichts auf die musikalische Szene. Bereits vier Jahre zuvor hatte ein Journalist nach einem Interview mit Gershwin geschrieben, daß dessen Erläuterungen eher einen gelernten Redner als einen Komponisten populärer Hits vermuten ließen. Gershwin selbst sprach schon 1920 von dem besonderen Klang amerikanischer Musik, den er in seinen Werken erzeugen wollte. Auch mögliche Ambitionen im Bereich der Oper deutete er zu diesem Zeitpunkt bereits an.

Seine Jugend, seine Selbstsicherheit und seine offensichtliche Freude an eigenen Werken führten häufig zu Fehleinschätzungen seines Charakters. Seine weniger bedeutenden Konkurrenten schmähten ihn als arrogant und egozentrisch. Dabei hatte er sich lediglich sehr früh im Leben ein festes Ziel gesetzt, das zu erreichen ihm wichtiger war als sein Privatleben. Dennoch herrschte kein Mangel an Freundschaften und persönlichen Beziehungen, die ein Lebenlang hielten. Er war beliebt bei den Damen, obwohl er zur Verwunderung mancher nie heiratete (erst im letzten, turbulenten Jahr seines Lebens sprach er darüber). Seine Arbeit war ihm alles, er lebte in seiner Musik.

Vielleicht kann diese Sammlung von Texten, die zum Teil lange nicht mehr oder noch nie gedruckt vorgelegen haben, mit ihren unterschiedlichen Meinungen und Blickwinkeln zum Verständnis der Persönlichkeit George Gershwins ein wenig beitragen.

Edward Jablonski

I
Kindheit und musikalische Ausbildung

George Gershwin kam am 26. September 1898 in Brooklyn, New York, zur Welt. Sein Vater, Morris Gershovitz, stammte ursprünglich aus St. Petersburg und war, um nicht in der Armee des Zaren dienen zu müssen, zu Beginn der neunziger Jahre aus Rußland ausgewandert. Anfangs verdiente er sich sein Geld mit Entwürfen modischer Oberlederdekors für Damenschuhe. Gershwin erinnert sich: «Offenbar ist mein Großvater väterlicherseits mein einziger Vorfahre gewesen, der eine künstlerische Ader gehabt hat; er soll Erfinder gewesen sein in Rußland ... Seine Erfindung hatte irgendwie mit den Kanonen des Zaren zu tun.» Gershwins Mutter, Rose Bruskin, ebenfalls gebürtige Petersburgerin, war die Tochter eines Kürschners. Die Bruskins waren noch vor Morris in die Vereinigten Staaten gegangen und hatten sich, wie Morris etwas später auch, auf der Lower East Side von Manhattan niedergelassen; dort heirateten Rose und Morris Gershwin, wie der Vater sich jetzt nannte, am 21. Juli 1895.

Ira Gershwin
(1896 – 1983)

Ira Gershwin wurde in der Lower East Side, New York, als das erste der vier Kinder von Rose und Morris Gershwin geboren. Man nannte ihn in der Familie «den Gelehrten», und anfangs deutete seine Schullaufbahn auch in diese Richtung der Berufswahl – Lehrer zum Beispiel. Auf dem College bekam er jedoch Schwierigkeiten mit der Differential- und Integralrechnung, und er «beschloß, damit seiner Ausbildung Genüge geleistet zu haben.» In seiner frühen Jugend schwärmte er für Gilbert und Sullivan und entdeckte seine Begabung für das Anfertigen von leichten Versen und Karikaturen. Als sein Bruder von der Schule abging, um in der Tin Pan Alley sein Brot zu verdienen, kam auch er in Kontakt mit Songschreibern und dem Liedermachen selbst, so daß er bald damit begann, sich neben seinem Job in einem der Unternehmen seines Vaters, einem Russisch-Türkischen Badehaus, ebenfalls ein wenig in dieser Kunst zu versuchen. Zu einem der Texte schrieb sein Bruder die Musik, aber Ira benutzte das Pseudonym «Arthur Francis» (nach den Vornamen seiner Schwester und seines jüngsten Bruders), um sich nicht den Vorwurf einzuhandeln, er hänge sich seinem Bruder an die Rockschöße, um Einzug in die Tin Pan Alley zu halten. Das war im Jahre 1918; von da an arbeiteten die Brüder oft zusammen und erzielten nach einigen Fehlstarts schließlich ihren ersten Erfolg mit *Lady, Be Good*! (1924). Diese einmalige Partnerschaft fand erst nach dem frühen Tod von George Gershwin ein jähes Ende. Außer mit seinem Bruder arbeitete Ira Gershwin noch mit einigen anderen Komponisten zusammen, u.a. mit Vincent Youmans und Vernon Duke, jetzt unter seinem richtigen Namen. Nach dem Tod seines Bruders schrieb Ira brillante Texte zu der Musik von Jerome Kern, Kurt Weill, Aaron Copland und Harold Arlen. Mitte der fünfziger Jahre hörte er auf zu schreiben und zog sich zurück; er widmete sich von nun an der Zusammenstellung und Überarbeitung aller Aufzeichnungen und Manuskripte für die Gershwin Collection der Library of Congress in Washington, D.C. Sein einziges Buch, *Lyrics on Several Occasions*, erschien 1959.

Mein Bruder ... wurde als zweites der vier Kinder von Morris und Rose Bruskin-Gershwin geboren. Ich war der älteste, dann kam George, dann Arthur und schließlich unsere Schwester Frances. Während der ersten Zeit unserer Kindheit wohnten wir meist auf der Lower East Side von Manhattan. Mein Vater versuchte sich dort mit den verschiedensten Unternehmungen: Restaurants, Russischen und Türkischen Bädern, Bäckereien, einem Zigarrenladen und, in der 42. Straße, dort, wo heute die Grand Central Station ist, einem Billardsalon. Drei aufregende, aber katastrophale Wochen lang betätigte er sich sogar als

George Gershwin als Teenager, um 1914 (links); Hochzeitsfoto seiner Eltern Morris Gershwin und Rose Bruskin, 1895 (oben)

Buchmacher auf der Rennbahn von Brighton Beach. Mit dem Verkauf eines Unternehmens und der Gründung eines neuen ging zwangsläufig ein Wohnungswechsel einher. George und ich haben einmal rückblickend über fünfundzwanzig Wohnungen gezählt, in denen wir damals gelebt haben.

Ira Gershwin, «My Brother», in: Merle Armitage (Hg.)
George Gershwin, New York 1938

Isaac Goldberg
(1887 – 1938)

Isaac Goldberg, Gershwins erster Biograph, war als Philologe und Musikwissenschaftler Dozent an der Universität von Harvard. Er schrieb für den «American Mercury» Musikkritiken und trat außerdem als Buchautor hervor; er verfaßte u.a. *The Story of Gilbert and Sullivan* und *The Wonder of Words.*

George war, und darin würde er sicherlich zustimmen, einer von der fixen und robusten Sorte, auf keinen Fall eines dieser traurig-nachdenklichen Kinder. In seiner Bande galt er als der Champion. Seine eigentliche Klaviatur waren die Bürgersteige und das Straßenpflaster von New York ... Hier tummelte er sich und vertrieb sich seine Zeit mit Spielen wie «tipcat» und Hockey; hier gewann er erstes Ansehen als unumstrittener Rollschuhmeister der Seventh Street.

Isaac Goldberg, *George Gershwin*, New York 1931, S. 53

Frances Gershwin Godowsky
(geboren 1906)

Die Jüngste der Gershwins war zugleich die erste, die, als Sängerin und Tänzerin, zum Theater ging. Sie heiratete Leopold Godowsky jr., den Sohn des berühmten Pianisten, und hatte mit ihm vier Kinder. Sie galt auch als begabte Malerin. In den zwanziger Jahren war sie auf Parties eine beliebte Interpretin der Lieder ihrer Brüder. 1973 gab sie eine bezaubernde Platte mit Gershwin-Liedern heraus.

George war als Junge ganz schön wild. Die Leute sagten immer: «Mrs. Gershwin hat ja nette Kinder, aber dieser eine Sohn von ihr, also mit dem George wird sie noch 'mal Schwierigkeiten bekommen.» Und sie wurde von ihnen bedauert. Ich weiß nur, daß er schon als Kind sehr selbständig gewesen sein soll. Mit Ira oder Arthur konnte er wohl nicht so viel anfangen. Aber ich kann mich auch nicht mehr so recht an seine Kindheit erinnern. Ich war ja erst ungefähr zwei Jahre alt, als wir in der Second Avenue das Klavier bekamen und er seinen ersten Unterricht erhielt.

Frances Gershwin Godowsky im Interview, 7. August 1990

Isaac Goldberg
(siehe Seite 10)

Was seine Zukunft anbetraf, so machten seine Eltern sich da keine großen Hoffnungen. Er ist, offengesagt, ein schwieriges Kind gewesen. Er beging kleine Diebstähle; er erprobte die gesamte Skala der geringfügigen Straftaten. Mit einem Quentchen weniger Glück hätte er ebenso die Verbrecherlaufbahn einschlagen können. Lefty Louis und Gyp the Blood sind in unmittelbarer Nachbarschaft des ersten Restaurants von Georges Vater aufgewachsen.

George empfand die Public School als großes Übel, und Hausaufgaben – wenn sie kamen – waren für ihn die reinste Plage.

Gershwins Geburtshaus in Brooklyn

Das einzige, was George von der Schulmusik noch behalten hat, sind Liedchen wie *Annie Laurie* oder Klassiker wie *The Lost Chord* in bearbeiteter Version. Vor allem das Sullivan-Lied und auch die schottische Melodie *I'll take the high road and you take the low road* (Loch Lomond) ließen ihn nicht mehr los. Im übrigen machte er keine Unterschiede und betrachtete die Schulmusik ebenso als Übel, wie alles andere, was mit der Schule zu tun hatte.

Isaac Goldberg, *George Gershwin*, New York 1931, S. 57, 55

Henry O. Osgood
(1879 – 1927)

Der Musikkritiker und -journalist Henry O. Osgood arbeitete in Deutschland, Italien, Frankreich und gelegentlich in New York für den «Musical Courier». 1914 wurde er dessen Mitherausgeber. Er gehörte zu den ersten Förderern von Gershwins Musik. Im Rahmen der Arbeit an einem Buch führte er ein Gespräch mit dem Komponisten:

«Haben Sie nicht schon, als Sie noch Kind waren, irgend etwas gespielt?» fragte ich ihn.

«Nichts, außer Hockey», antwortete er.

Das Eigenartige ist, daß er seine musikalische Begabung nicht geerbt hat. Seine Eltern hatten keine Ahnung von Musik, und soweit ihm bekannt ist, gibt es auch in den weiter zurückliegenden Generationen keine Spuren, die auf irgendeine Musikalität schließen ließen.

Henry O. Osgood, *So This is Jazz*, Boston 1926, S. 172

Isaac Goldberg
(siehe Seite 10)

Das Wunderkind [Max Rosen[1]] besuchte die gleiche Schule wie Gershwin. Auf einem Schulfest spielte er nach der Mittagspause. George interessierte sich nicht so sehr dafür und wohnte der Vorstellung deshalb nicht bei. Aber die Klänge der Violine drangen von der Aula zu ihm herunter, und plötzlich hatte ihn die Humoreske von Dvořák gepackt.

[Gershwin erinnerte sich:] Es kam blitzartig wie eine Offenbarung über mich ... Ich beschloß, diesen Burschen kennenzu-

1 Max Rosen (1900 – 1956), der eigentlich Maxie Rosenzweig hieß, war Schüler von Leopold Auer und gab sein öffentliches Debüt als Pianist mit fünfzehn Jahren. Später wurde er in New York ein geschätzter Lehrer.

lernen, und wartete draußen von drei bis halb fünf, in der Hoffnung, ihn zu treffen. Es goß in Strömen, und ich wurde naß bis auf die Haut ... Ich erkundigte mich, wo er wohnte, marschierte so patschnaß, wie ich war, zu ihm nach Hause und stellte mich ihm einfach, ohne große Zeremonie, als seinen Bewunderer vor ... Ja, Max öffnete mir das Tor zur Welt der Musik. Und schloß es beinahe auch wieder. Wenn wir zusammen Hockey spielten, redeten wir fast pausenlos nur über Musik – d.h., wenn wir nicht gerade miteinander kämpften. Ich habe ihn immer zu Fall gebracht, obwohl er ein pausbäckiger, stämmiger Junge war. Was mein wachsendes Interesse betraf, so unterstützte er es in keiner Weise. Und dann kam der Gipfel, nämlich der Tag, an dem er mir rundheraus klarmachte, ich täte besser daran, nicht länger meine Gedanken an eine Musikerlaufbahn zu verschwenden. «Du hast es nicht, Georgie; Du kannst mir glauben, ich weiß es!»

Isaac Goldberg, *George Gershwin*, New York 1931, S. 58f

Ira Gershwin
(siehe Seite 8)

Als wir in der Second Avenue wohnten, sorgte meine Mutter dafür, daß wir ein Klavier bekamen. George war damals ungefähr zwölf. Das Klavier war kaum durch das Fenster in das vordere Zimmer gehievt, da saß George auch schon dran und spielte einen Schlager, der damals gerade «in» war. Ich erinnere mich, wie ich vor allem vom Spiel seiner linken Hand beeindruckt war. Ich hatte keine Ahnung, daß er überhaupt spielen konnte, und ich erfuhr, daß er neben seinen ganzen Unternehmungen, wie Rollschuhlaufen, Kinderparties und den vielen Straßenspielen (von denen er öfter mit blutiger Nase heimkam), die Zeit gefunden hatte, bei einem Freund aus der Seventh Street auf einem elektrischen Klavier zu spielen. Obwohl meine Eltern das Klavier gekauft hatten, weil eigentlich ich Klavierunterricht bekommen sollte, wurde entschieden, daß George der erfolgversprechendere Schüler sei. Seine erste Lehrerin war eine gewisse Miss Green. Ihr folgte ein ungarischer Kapellmeister, der einen beeindruckenden Schnurrbart besaß, ansonsten aber total abgebrannt war und sich gelegentlich dazu bereit fand, einem Schüler Unterricht zu erteilen. Er besaß eine Vorliebe für Kapellmusik und Orchesterliteratur und hatte selbst einen *Theodore Roosevelt March* komponiert. George übte gerade eine Klavierfassung der *Wilhelm Tell*-Ouvertüre ein, als Charles

Hambitzer, ein begabter Pianist und Komponist von leichter Musik, ihn als seinen Schüler übernahm.

Ira Gershwin, «My Brother» in: Merle Armitage (Hg.), *George Gershwin*, New York 1938, S. 17

Charles Hambitzer
(1881 – 1918)

Der Pianist, Komponist, Dirigent und Lehrer – außerdem Violinist und Cellist – lebte seit 1908 in New York, gab Konzerte mit führenden Orchestern und wurde ein beliebter Klavierlehrer. Er komponierte ein paar Operetten und einige Lieder, die jedoch nach seinem frühen Tod in Vergessenheit gerieten. Gershwin schrieb es Hambitzer zu, daß er selbst ein Gespür für Harmonien entwickelt habe. Hambitzer machte ihn auch mit den Werken von Chopin, Liszt und Debussy vertraut.

Ich habe einen Schüler, der in der Musik Zeichen setzen wird. Zweifellos ist der Junge ein Genie; er ist ganz verrückt nach Musik und kann es kaum erwarten, daß sein Unterricht beginnt. Für diesen Jungen gibt es kein gelangweiltes Auf-die-Uhr-Sehen. Er will das moderne Zeug lernen, Jazz und was nicht alles. Aber im Augenblick lasse ich das noch nicht zu. Ich will, daß er zunächst in der Standardmusik eine solide Grundlage erhält.

Charles Hambitzer in einem Brief an seine Schwester, Mrs. E. Reel; zitiert nach: I. Goldberg, *George Gershwin*, S. 61

Frances («Frankie») Gershwin, Charles Hambitzer

Ira Gershwin
(siehe Seite 8)

Hambitzer hatte seine Begabung schnell erkannt, förderte seinen Sinn für Harmonie und machte ihn mit der Musik der Meister bekannt, vor allem mit den Werken von Chopin und Debussy. George besuchte für kurze Zeit die Höhere Handelsschule [ungefähr 1913/14]. Während dieser Zeit betätigte er sich als Pianist bei den Morgenandachten.

Ira Gershwin «My Brother» in: Merle Armitage (Hg.), *George Gershwin*, New York 1938, S. 17

Edward Kilenyi
(1884 – 1968)

Der gebürtige Ungar war unter anderem Schüler von Pietro Mascagni. Seit 1908 lebte er in New York und war als Dirigent, Pianist und Komponist ebenso tätig wie als Lehrer. Gershwins Klavierlehrer Hambitzer schickte seinen Schüler zu ihm, damit er Theorie, Harmonielehre und Orchestrierung bei ihm lerne. 1930 verließ Kilenyi New York und ging nach Hollywood, wo er weiter unterrichtete und Filmmusik schrieb.

Oftmals haben wir im Unterricht klassische Meisterwerke analysiert und diskutiert. George begriff, daß er nicht «Regeln» lernen sollte, nach denen er selbst die Musik zu schreiben hätte, sondern daß er erkennen sollte, was und wie die Komponisten geschrieben hatten, welche Mittel, Stilrichtungen und Traditionen – also das, was später fälschlicherweise mit «Regeln» bezeichnet wurde – sie benutzt hatten. Infolgedessen brachte ihm der Stoff unseres Lehrbuches *The Material Used in Musical Composition* von Percy Goetschius Spaß.

Edward Kilenyi sen. in: Edward Jablonski und Lawrence D. Stewart, *The Gershwin Years*, New York, 1958; 1973, S. 83f

Ira Gershwin
(siehe Seite 8)

Mit fünfzehn Jahren und für fünfzehn Dollar die Woche wurde George Pianist im «professional department» bei Jerome H. Remick & Co., einem Verleger populärer Musik. Er war vermutlich der jüngste Klavierspieler, der jeweils in der Tin Pan Alley angestellt war. Er spielte den ganzen Tag, reiste in die umliegenden Städte, um die Song Plugger auf dem Klavier zu begleiten, wurde in Varietés geschickt, um zu berichten, wo Remick-Lieder benutzt wurden, schrieb hin und wieder selbst eine Melodie und besuchte Konzerte, wann immer er die Gelegenheit dazu hatte.

Ira Gershwin, «My Brother» in: Merle Armitage (Hg.), *George Gershwin*, New York 1938, S. 17

Henry O. Osgood
(siehe Seite 12)

Die Profiabteilung eines populären Verlagshauses ähnelt einer besonders lauten Stunde auf der psychopathologischen Station des Bellevue Krankenhauses. Einer besonders lauten, wohlgemerkt: Normalerweise geht es in dieser Abteilung viel lauter und turbulenter zu als in einem Krankenhaus ... Überall befinden sich Kammern, die theoretisch schalldicht sein sollten, eine jede ausgerüstet mit einem Klavier unsicheren Alters und noch unsicherer Tonhöhe ... Es bedurfte mehr als dieses Tollhauses, um George von seiner Liebe zur Musik abzubringen. Im Gegenteil, er blühte in dem Trubel richtig auf, blieb aber gleichzeitig vernünftig und widmete sich außerhalb seiner Arbeitszeit dem Studium der guten Musik.

Henry O. Osgood, *So This is Jazz*, Boston 1926, S. 175

Isaac Goldberg
(siehe Seite 10)

Die Café- und Kino-Erfahrungen waren unbezahlbar. Innerhalb und außerhalb des Büros konnte Gershwin sein Publikum beobachten. Er sah, was zog und was nicht; er fragte sich, woran das liegen könnte. Die Sänger, für die er die neuen Stücke spielte, wurden allmählich, ohne es selbst zu bemerken, der stumpfsinnigen, sich ständig wiederholenden Tanzformen überdrüssig. Sie hatten auch von den billig gemachten, schwunglosen Melodien genug. Die Harmonien waren banal, einfach nichtssagend, geschmacklose Lückenfüller für ebenso nichtssagende Lieder. Er sah, was die Café-Betreiber wollten: Schwung und «pep». Tatsächlich war «pep» die Vokabel, die zunehmend häufiger gebraucht wurde und unter dem gleichen Zeichen der Zeit auch unseren Lebensstil zu prägen begann. Und «pep» gehörte zum Wesen von George. Er war wie geschaffen für die neue Zeit.

Isaac Goldberg, *George Gershwin*, New York 1931, S. 75f

Fred und Adele Astaire, die die Hauptrollen in *Lady, be Good!* (1924) und *Funny Face* (1927) spielten

Fred Astaire
(1899 – 1987)

Geboren als Fred Austerlitz trat Astaire schon als Teenager zusammen mit seiner Schwester Adele (1897 – 1981) als deren Tanzpartner auf. Sie sangen und tanzten im Varieté bereits vor dem Ersten Weltkrieg, erzielten aber ihren ersten Erfolg im Jahre 1922 mit *For Goodness Sake*. Auch in London waren sie mit dieser Revue, die hier *Stop Flirting* hieß, erfolgreich. Ihren ersten Triumph in New York hatten sie mit Gershwins *Lady, Be Good!*. Danach konnten sich die Astaires einer Reihe von Erfolgen am Broadway (und in London) erfreuen, bis Adele sich von der Bühne zurückzog – nachdem sie in *The Band Wagon* das letzte Mal aufgetreten war –, um Lady Cavendish zu werden. Astaire ging nach Hollywood, wo er in über dreißig Hollywood-Musicals noch größere Erfolge feierte, darunter in einigen der besten, die jemals verfilmt wurden – mit Tanzpartnern wie Gingers Rogers, Judy Garland, Rita Hayworth, Jane Powell und Gene Kelly. Zu seinen hervorragendsten Filmen gehören *Top Hat, Shall We Dance, Swing Time, Holiday Inn, Easter Parade, The Band Wagon* und *Funny Face*.

Um an neues Material heranzukommen, besuchte ich regelmäßig die verschiedenen Verleger, und George saß am Klavier und spielte die Lieder vor ... Wir haben sofort Freundschaft geschlossen. Er fand meine Spielweise drollig und forderte mich häufig auf, für ihn zu spielen. Ich spielte mit der linken Hand, eine Technik, die stark an einen k.o.-Schlag erinnerte, aber ihm gefiel das. Er unterbrach mich oft und sagte: «Moment, Freddie, spiel' das doch noch 'mal.»

Fred Astaire, *Steps in Time*, New York 1959

Ira Gershwin
(siehe Seite 8)

Eines Tages reichte George einen seiner eigenen Songs ein. Der Leiter seines Ressorts meinte daraufhin zu ihm: «Du bist hier als Pianist und nicht als Komponist engagiert. Komponisten haben wir mehr als genug.» Kurz danach kündigte er. Er wurde dann als Proben-Pianist für die Dillingham-Ziegfeld-Produktion *Miss 1917* angestellt. Bei einem Sonntagabend-Konzert im Century Theatre, wo *Miss 1917* gerade lief (die Show stand an diesem Abend nicht auf dem Programm) stellte Fräulein Vivienne Segal zwei seiner Lieder vor, beide mit Texten von Irving Caesar: *Youoo, Just You* und *There's More to a Kiss than the x-x-x*. Dadurch wurde Max Dreyfus auf ihn aufmerksam, damals Chef des Musikverlages Harms, Inc. Mit Dreyfus unterzeichnete Gershwin einen Vertrag über fünfunddreißig Dollar die Woche. Obwohl er in finanzieller Hinsicht attraktivere Angebote erhalten hatte, meinte er, bei Dreyfus besser aufgehoben zu sein; Dreyfus verlegte nicht nur Musical-Comedies und Operetten, sondern war selbst ein vorzüglicher Musiker, der die Klassiker studiert hatte. Während dieser Zeit nahm er weiterhin Unterricht, zunächst bei Edward Kilenyi, dann bei Rubin Goldmark.

Ira Gershwin, «My Brother», in: Merle Armitage (Hg.),
George Gershwin, New York 1938, S. 17f

II
Entdeckung

Isaac Goldberg
(siehe Seite 10)

Gershwins erste gedruckte Komposition [im Jahre 1916, als er etwa siebzehn Jahre alt war] war nicht bei Remick's verlegt worden, sondern von Harry von Tilzer. Murray Roth schrieb den Text zu diesem ersten veröffentlichten Lied *When You Want 'em, You Can't Get em, When You've Got'em, You Don't Wam'tem* und erhielt dafür [Gershwin zufolge] «einen Vorschuß von fünfzehn Dollar. Ich dagegen verzichtete auf einen Vorschuß und wollte meine «royalties» [Tantiemen] – welch verheißungsvolles Wort – lieber in einer Pauschalsumme ausbezahlt bekommen. Nach einer gewissen Zeit ging ich wieder zu von Tilzer und fragte ihn, ob er mir für das Lied nicht ein bißchen Geld auf die Hand geben könne. Er gab mir fünf Dollar, und dabei ist es dann geblieben.»

Gershwin muß sich schon für das Komponieren als seine Lebensaufgabe entschieden haben, als er es selbst noch gar nicht wußte; denn als ihm Irving Berlin den Posten einer Art musikalischen Privatsekretärs anbot, weil ihn George's Klavierspiel und dessen angeborenes Harmoniegefühl beeindruckt hatten, kamen beide darin überein, daß George besser nicht einwilligte ... Hätte Gershwin den Job angenommen, so hätte die Geschichte

Das Verlagshaus von Jerome H. Remick in der Tin Pan Alley (links); George Gershwin, 1918 (rechts)

der populären amerikanischen Musik, und nicht nur die der populären, mit großer Wahrscheinlichkeit ganz anders ausgesehen ... George war dazu ausersehen, selbständig zu bleiben. Es ist das Verdienst von Irving Berlin, in Gershwin sofort mehr gesehen zu haben, als nur einen klimpernden Marktschreier aus der Tin Pan Alley.

«Ich suche einen geschickten Arrangeur, aber Sie können weit mehr als das,» meinte er zu Gershwin. «Sie sind ein begabter Künstler. Diese Art von Beschäftigung würde Sie nur einengen. Sie sollen Größeres leisten.»

Isaac Goldberg, *George Gershwin*, New York 1931, S. 85, 90f

Ira Gershwin
(siehe Seite 8)

3. September 1917
Labor Day [Tag der Arbeit – gesetzlicher Feiertag in den USA].
Mit Henry B.[1] in Proctor's 58th Street Theatre, um Rita Gould zu hören. Sie wurde von keinem anderen als George Gershwin alias George Wynne[2] begleitet.

19. Oktober 1917
George arbeitet weiter beim Century Theatre als Pianist für die Proben. Er arbeitet ganz schön hart, kommt dadurch aber in Kontakt mit so berühmten Leuten wie Jerome Kern, Victor Herbert, P. G. Wodehouse, Ned Wayburn, Cecil Lean und dessen Frau, Margot Kelly, Vivienne Segal, Lew Fields und anderen mehr.

18. Dezember 1917
George hat *You Just You* an Remick's verkauft.

20. Januar 1918
Am Sonntag mit George... im Majestic Theatre, Brooklyn, wo wir Louise Dresser getroffen haben. Sie probt mit George gerade eine neue Nummer...

10. Februar 1918
George ist bei T. B. Harms Co. untergekommen. Er bekommt 35 Dollar die Woche als Fixum, weitere 50 Dollar als Vorschuß

[1] Gemeint ist der Kunstmaler Henry Botkin, ein Cousin Gershwins (siehe Seite 21).
[2] Gershwin überlegte damals, ob er Wynne zu seinem Künstlernamen machen sollte. Zu dieser Zeit hatte er sich bereits verschiedene Pseudonyme zugelegt, unter denen er als «Musikaufzeichnungskünstler» fungierte: Bert Wynn, Fred Murtha, James Baker.

und für jedes angenommene Lied 3 Cents Tantiemen. Für ihn heißt das, daß er nur noch zu komponieren braucht und nicht mehr als Plugger oder Pianist arbeiten muß. Ein leichter Job.

Isaac Goldberg
(siehe Seite 10)

La Lucille ist Gershwins erste Musical-Comedy, für die er die gesamte Partitur geliefert hat. Seine Feuertaufe bestand er allerdings schon einige Monate zuvor mit einem Stück, das aus einem seltsamen Gemisch gemacht und ebenso seltsam betitelt war: *Half Past Eight* (vielleicht so genannt nach der Uhrzeit, zu der man sich das Aufgehen des Vorhangs erhoffte).

Mr. [Max] Dreyfus förderte nicht nur junge, talentierte Komponisten, sondern auch vielversprechende – und manchmal eben nur versprechende – Regisseure. Als sich nun einmal ein begeisterter Mr. [Edward B.] Perkins bei ihm meldete und den Plan für eine Revue vorlegte, gab Dreyfus ihm nicht nur einen Vorschuß, sondern bot ihm sogar an, auch für die erforderliche Instrumentierung aufzukommen. Perkins hatte aus Paris ein paar Lieder und einige originelle Ideen mitgebracht. Er sei selbst ein bißchen ein Versemacher und bräuchte fünf zusätzliche Nummern, um das Material für die Produktion zu vervollständigen. Ob Mr. Dreyfus ihm nicht einen Komponisten nennen könnte? Tatsächlich? Nun ja, er hatte da in seinem Büro ein gescheites Kind sitzen, genau der richtige Bursche, den Perkins für sein Unternehmen suchte. .. George bekam den Job.

Die Show sollte in Syracuse [New York] anlaufen, und als eine Agentur vor Ort den ersten Abend für 800 Dollar ausverkaufte, sah es so aus, als würde *Half Past Eight* rund um die Uhr laufen. Die Vorstellung lief in zwei Akten. Der erste Akt begann um Viertel vor neun und war um halb zehn zu Ende.Nach einer halbstündigen Pause begann der zweite Akt und dauerte bis 22 Uhr 45. Wie George sich erinnern kann, lautete der einzige Kommentar, den am nächsten Morgen eine Zeitung brachte: «*Half Past Eight* ist nicht mal die Kriegssteuer wert.»

Sofort machte sich in der Truppe Unbehagen breit. Die Darsteller einer Nummer meuterten und wollten aufhören, wenn Mr. Perkins nicht mehr Geld springen lasse. Als das Chaos auszubrechen drohte, tauchte George unrasiert und in einem seiner blauen Anzüge zufällig hinter den Kulissen auf. Perkins stürzte sich auf ihn. «George, hör' mal, eine der Nummern weigert sich weiterzumachen. Du mußt einspringen, es ist unbedingt notwendig, damit wir Zeit gewinnen und die Szene umstellen können.»

Gershwin an seinem Schreibtisch bei T. B. Harms Co., Februar 1918

George ließ sich wie üblich nicht aus der Ruhe bringen. «Geht in Ordnung,» sagte er, «was soll ich denn tun?» «Spiel' einfach ein paar von deinen Schlagern!», rief Perkins. Schlager! Wo waren sie? George hätte sich nichts sehnlicher gewünscht als ein Potpourri von Schlagern ... Der Eingebung des Augenblicks folgend improvisierte er und spielte eine Mischung aus seinen verschiedenen Kompositionen. Dann erhob er sich und ging von der Bühne. Das Publikum war zutiefst verwirrt; eine beklemmende Stille breitete sich aus, als George wieder in den Kulissen verschwand. Nicht eine Hand rührte sich!

Es blieb nicht bei diesem einen Noteinsatz in dieser Revue, der nur ein kurzes Glück vergönnt war. Man hatte sie wie eine Broadway-Revue angepriesen, die entsprechende große Besetzung existierte allerdings lediglich auf dem Papier und in Perkins Phantasie. Aber was ist das Finale einer Revue ohne die obligatorische Showgirl-Riege? Woraufhin Baby-George mit der ganzen Unverfrorenheit seiner neunzehneinhalb Jahre eine brillante Idee hatte: Alle Darsteller könnten doch, wenn sie zum Schluß auf die Bühne kämen, chinesische Schlafanzüge tragen und riesige Schirme vor ihre Gesichter halten, um ihr Geschlecht zu verbergen. «Ah, da kommen die Girls!» würde das Publikum ausrufen und vielleicht so lange auf seinen Plätzen bleiben, bis die ganze Prozedur ausgestanden wäre. Dieser Vorschlag wurde von Perkins eifrig aufgegriffen. Aber wisse George denn, ob der Produzent bereit sei, billige Papierschirme zu beschaffen? Bei der Eröffnungsvorstellung versagten drei Schirme, und Syracuse erfuhr zu spät, daß man es betrogen hatte.

George schaffte es irgendwie, das Fahrgeld nach New York zu bekommen. *Half Past Eight* hielt bis zum Freitagabend durch; dann faltete es zum letzten Mal seine Schirme ein und stahl sich leise davon.

Einen Trost konnte der Komponist, der sich das alles ganz anders vorgestellt hatte, schließlich doch mit nach Hause nehmen: Wenigstens hatte er auf einer Reklametafel die Ankündigung gelesen: «Musik von George Gershwin.»

Isaac Goldberg, *George Gershwin*, New York 1931, S. 95–98

Irving Caesar
(geboren 1895)

Nach Abschluß des City College von New York arbeitete Caesar bei Henry Fords Peace Ship als Stenograph. Er hatte schon als Kind Klavierunterricht bekommen, begann aber, als er in die Tin Pan Alley kam, Texte für Revuen und Shows zu verfassen. Zusammen mit Gershwin landete er hier den Hit *Swanee*. Caesar arbeitete unter anderem mit Vincent Youmans (*No, No, Nanette: Tea For Two*), Rudolph Friml, Oscar Levant und Sigmund Romberg zusammen.

Wir spazierten den Broadway hinunter, und da hörten wir ein Lied, das damals gerade ganz groß herausgekommen war: *Hindustan*, ein One-Step. Ich sagte zu George: «Wir können doch auch einen amerikanischen One-Step schreiben, warum muß es ausgerechnet *Hindustan* sein?» Dann schrieben wir in zehn Minuten *Swanee* – in nur zehn Minuten!

Irving Caesar im Interview, *American Masters: George Gershwin*, Public Broadcasting System, 24. August 1987

An dem Abend saßen wir bei Dinty Moore's und redeten über das Lied, stiegen dann in einen Riverside Drive-Bus, fuhren zu ihm nach Hause, nach Washington Heights, und verzogen uns sofort in die Klavierecke, die durch den damals unvermeidlichen Perlenvorhang vom Eßzimmer getrennt war. Man war gerade beim Pokern, als wir kamen. In ungefähr fünfzehn Minuten hatten wir Swanee fertig, mit Text und Refrain. Wir dachten aber, daß das Lied noch ein Trio haben müsse, und überlegten ein paar Minuten, wie diese Erweiterung aussehen sollte. Die Verlierer des Spiels sagten andauernd: «Jungs, könnt ihr das nicht

Irving Caesar

ein anderes Mal machen», während die Gewinner uns dazu drängen wollten, das Lied erst fertig zu machen. Dies taten wir auch, und der alte Gershwin, nicht faul, besorgte sich gleich einen Kamm, legte ein Taschentuch darüber und begleitete George, während ich es immer und immer wieder sang; die Gewinner des Pokerspiels wollten uns gar nicht wieder aufhören lassen...

Irving Caesar in: E. Jablonski / L. Stewart, *The Gershwin Years*, Garden City, New York 1958, S. 67

Isaac Goldberg
(siehe Seite 10)

Ungefähr neun Monate danach trat Al Jolson zufällig in *Sinbad* auf. Er hörte das Lied, als George es auf einer Party spielte. Er witterte ungeahnte Möglichkeiten und baute es stante pede in sein Stück mit ein.

Der Rest ist Geschichte in Schlagzeilen. Eine Pleite (in der Capitol Revue) verwandelte sich über Nacht in einen Bombenerfolg. Das Lied breitete sich aus wie ein Lauffeuer, von Küste zu Küste, von Nord nach Süd. Die Phonographenaufnahme wurde allein 2 225 000mal verkauft. Zwei Jahre später war es

Gershwin (rechts), Al Jolson (2. v. r.) und Freunde. Jolsons Interpretation von *Swanee* machte Gershwin zum berühmten Tin Pan Alley-Komponisten

in London nach wie vor der Renner der Saison. Schwer zu sagen, was der Grund dafür war. Es gehört nicht gerade zu den besten Stücken von Gershwin, aber der Rhythmus war packend, und es zeigte neue Möglichkeiten für die Entwicklung des populären Songs auf. Georg Gershwin war berühmt.

Isaac Goldberg, *George Gershwin*, New York 1931, S. 99

Ira Gershwin

(siehe Seite 8)

Ab 1920 schrieb George fünf Jahre lang unter anderem die Musik für *George White's Scandals*. Für die dritte Show dieser Reihe brachten er und B. G. DeSylva in sechs Tagen *135th Street*[3] zustande, eine kurze Oper in einem Akt.

Ira Gershwin, «My Brother», in: Merle Armitage (Hg), *George Gershwin*, New York 1938, S. 19

3 Ursprünglich lautete der Titel *Blue Monday*. Als Paul Whiteman 1925 das Werk für ein Konzert in der Carnegie Hall mit einer neuen Orchestrierung von Ferde Grofé wieder aufgriff, wurde es in *135th Street* umbenannt.

Isaac Goldberg
(siehe Seite 10)

Anfang der zwanziger Jahre schmiedeten Buddy DeSylva, einer der gescheitesten Dichter, die jemals in der Tin Pan Alley gearbeitet haben, ... und Gershwin die ersten Pläne für eine gemeinsame Oper ... Der neue Jazz erreichte gerade seinen Höhepunkt, und Gotham [New York] schwamm gleichzeitig auf einer Welle der Negrophilie. Gemeinsam stellten sie ihr schwarzes Projekt dem Regisseur George White vor. Der sah sofort die Chancen eines solchen Vorhabens ... Nachdem er sich die Sache überlegt hatte, schlug White vor, das Unterfangen einstweilig noch zurückzustellen. Da sämtliche Darsteller, die in den *Scandals* auftraten, weiß waren, sah White Schminkprobleme zwischen den Akten. Dennoch kam er drei Wochen bevor die Show anlaufen sollte auf die beiden Partner zu und verkündete, daß er Lust hätte, das Experiment zu wagen ... Fünf Tage und fünf Nächte lang plagten sie sich mit diesem bahnbrechenden Projekt, einer Art einaktigen Varieté-Oper ab sahen, daß es gut war.

George erwartete die Premiere mit der allergrößten Spannung. Der Abend war eine ungeheure Belastung für seine Nerven. Seine berühmten, nervösen Magenbeschwerden führt er auf diesen Tag zurück.

Die Oper kam – in New Haven – großartig an. «Diese Oper wird noch in hundert Jahren gespielt werden», so meinte ein Kritiker ... Die New Yorker Presse nahm von *Blue Monday Blues* [sic.] am Morgen nach dem Abend davor kaum Notiz.[4]

Charles Darton reagierte in der «World» kurz und sarkastisch und muß den Künstlern einen erneuten Fall von «blue Monday blues» geliefert haben. Er fand, das Stück sei «der ödeste, dümmste und unglaublichste ›blackface‹-Sketch, der jemals verbrochen worden ist. Das Stück endet damit, daß eine düstere Sopranistin ihren Mann, der Spieler ist, über den Haufen schießt. Sie hätte ihre sämtlichen Kollegen in dem Moment, wo sie auf die Bühne kommen, auf der Stelle erschießen und anschließend die Pistole gegen sich selbst richten sollen.»

Einige Kritiker erwähnten *Blue Monday* gar nicht erst. Eine positive, vorsichtig formulierte Kritik von jemandem, der seine

4 *Blue Monday* wurde nur einmal, am 28. August 1922, aufgeführt. Paul Whiteman stellte es dann bei seinem zweiten «Experiment» in der Carnegie Hall am 29. Dezember 1925 und am 1. Januar 1926 vor.

Meinung bescheiden mit den Initialen «W.S.» unterzeichnet hatte, gab es allerdings: «Herr White und seine Mitarbeiter sind sich dessen vielleicht gar nicht bewußt, aber was sie da geleistet haben, wird oder sollte zumindest in die Geschichte eingehen; sie haben uns die erste richtige amerikanische Oper beschert ... Hier wird endlich eine Handlung vertont und inszeniert, die mitten aus dem amerikanischen Alltag gegriffen ist. Die im volkstümlichen Stil gehaltene Musik trifft den Lebensnerv. Jazz wird nur an den richtigen Stellen eingesetzt, ebenso der 'sentimental song', und vor allem der neue, freie Ragtime-Sprechgesang. Zugegeben, es gab einige Unebenheiten, aber wir konnten darin auch die ersten Anzeichen einer neuen amerikanischen Musikkunst erkennen.»

Isaac Goldberg, *George Gershwin*, New York 1931, S. 120–23

Carl van Vechten
(1880 – 1964)

Der Autor, Kritiker und Fotograf Carl van Vechten schrieb Musik- und Tanzkritiken für die «New York Times» und war in der New Yorker Kulturszene der zwanziger Jahre eine bedeutende Erscheinung. Er besaß ein feines Gespür für zeitgenössische Musiker (er schrieb als erster unter anderem über Strawinsky und Gershwin), für populäre Kunstformen (Broadway-Songs, Jazz, Film) und für schwarze Künstler. 1926 veröffentlichte er den bahnbrechenden Roman *Nigger Heaven*, zuvor war 1920 bereits der etwas gelehrtenhafte, aber faszinierende Roman *The Tiger in the House* erschienen. Er gründete an der Fisk University in Nashville, Tennessee, die «George Gershwin Memorial Collection of Music und Musical Literature». Er und Gershwin trugen sich mit dem Gedanken, gemeinsam eine Oper herauszubringen; die Zusammenarbeit kam jedoch nie zustande. Der Adressat des unten zitierten Briefes wird von Gershwin-Biograph Isaac Goldberg lediglich als ein «Zeitungsfreund» bezeichnet.

Ich habe gerade gute Nachrichtgen erhalten. Gestern abend rief mich Eva Gauthier an und sagte mir, daß sie eine Jazz-Gruppe in ihr erstes Konzert Anfang November aufnehmen wollte. Diese große Aufmerksamkeit, die sie damit dem amerikanischen Volk erweist, ist von ihr durchaus aufrichtig gemeint; die Lieder sollen nicht eingeklemmt werden zwischen Opernarien und englischen Balladen. Sie sollen im Programm unmittelbar nach Béla Bartók gespielt werden, gefolgt von einer Auswahl von Schönbergs *Gurreliedern*! George Gershwin soll sie bei diesem Teil des Konzertes auf dem Klavier begleiten. Unter anderem wird auch sein herrliches *I'll Build a Stairway to Paradise* gespielt ... Ich denke, dies wird eins der wichtigsten Ereignisse für die Musikgeschichte Amerikas sein.

Carl van Vechten, zitiert nach: Isaac Goldberg, *George Gershwin*, New York 1931, S. 126f

Im Frühjahr 1923 bat mich Eva Gauthier, unermüdlich in ihrer Suche nach Neuheiten, ihr ein paar Vorschläge zu machen, womit sie ihr Herbstprogramm noch erweitern könnte. «Wie wär's mit ein paar amerikanischen Liedern?» ermunterte ich sie. Ihre Miene verriet wenig Interesse. «Jazz», spezifizierte ich meinen Vorschlag, und ihr Gesicht erhellte sich. Als ich die Sängerin im September wiedertraf, war sie gerade aus Paris zurückgekehrt. Sie erzählte mir, daß Ravel ihr denselben weisen Rat erteilt habe. Sie hatte sich nun dazu entschlossen, die Idee wirklich aufzugreifen, und ersuchte mich, ihr einen Musiker zu empfehlen, der sie bei diesem Abenteuer begleiten könne. Ich nannte nur einen Namen: George Gershwin ... Das Experiment wurde schließlich gewagt ... Das Konzert fand am 1. November 1923 in der Town Hall statt. Es war George Gershwins erster Auftritt als Pianist auf einer richtigen Konzertbühne.

Carl van Vechten, «Vanity Fair», März 1925, S. 40

Eva Gauthier
(1885 – 1958)

Von Geburt Kanadierin, begann Eva Gauthier bereits in jungen Jahren ihr Musikstudium in einem Kloster; später setzte sie ihre Studien in London, Paris und Rom fort. Ihre erste Tournee führte die Mezzosopranistin 1910 in den Orient. Sie ließ sich dann in New York nieder, wo sie sich als Fürsprecherin der zeitgenössischen Musik für Komponisten wie Schönberg, Strawinsky und Bartók sowie für die jungen Amerikaner wie Charles T. Griffes und dann auch George Gershwin einsetzte. Nachdem sie sich von der Bühne zurückgezogen hatte, unterrichtete sie in New York Gesang.

Lassen Sie mich vierzehn Jahre zurückgehen – wie schnell seitdem die Zeit vergangen ist – und aus dem «Literary Digest» vom 24. November 1923 das Resümee einer Kritik zitieren, die Deems Taylor über das Konzert am 1. November 1923 in der New Yorker Aeolian Hall geschrieben hat. George Gershwin hatte mich bei diesem Konzert begleitet, und wir sangen und spielten eine Reihe von seinen eigenen Kompositionen, sowie Lieder von Irving Berlin, Jerome Kern und Walter Donaldson. «Pause – [schrieb Taylor] als die Sängerin wieder erschien, folgte ihr ein schlanker, schwarzhaariger junger Mann, der so ganz und gar nicht den Eindruck machte, als sei für ihn ein Auftritt in der Aeolian Hall eine alltägliche Sache. Unterm Arm trug er ein kleines Bündel von Notenheften mit leuchtend schwarzen, roten und gelben Deckeln. Das Publikum begann sich merklich zu entspannen; dies versprach, lustig zu werden ... Der junge Herr Gershwin begann rhythmisch und kontrapunktisch rätselhafte und faszinierende Kunststückchen in das Begleitspiel mit einfließen zu lassen ... Als *Swanee* gespielt wurde, amüsierte er [ein «berühmter europäischer» Musiker, den Taylor namentlich nicht nennt] sich schon genauso ungeniert wie jeder andere im Saal auch.»

Eva Gauthier, in: Merle Armitage (Hg.), *George Gershwin*, New York 1938, S. 193f

Henry Taylor Parker
(1867 – 1934)

Nach seinem Examen an der Harvard University war der Kritiker und Schriftsteller Henry Taylor Parker als Korrespondent der Bostoner Zeitung «Evening Transcript» zunächst in New York und später in London tätig. Er war nach seiner Rückkehr der verantwortliche Redakteur für das Theater- und Musikressort dieser Zeitung (letzteres ist besonders beachtenswert, da er Musik nicht studiert hatte) und hatte diesen Posten bis zu seinem Tode inne. Er schrieb folgende Kritik über das Gauthier-Konzert in Boston:

Die Jazz-Songs gewannen durch Gershwins Spielweise ... Er variierte sie mit Gegenrhythmen, fügte einen beweglichen und markanten Kontrapunkt hinzu, setzte Pausen und Akzente, wurde den Kadenzen gerecht, gab den Takteinheiten ohne Gesang Charkter ... Er beherrscht die gesamte Skala des Gefühlsausdrucks und setzt sie je nach Bedarf, wie zum Beispiel *Swanee* zeigt, gekonnt und sicher ein. In *Ingenue Baby* und *Do It Again* läßt er sich (unschuldig) von der Laune verführen. Mit gezielten Schlägen und dem richtigen Gespür für Farbe und Akzente versteht er es, die Treppe zum Paradies [*Stairway to Paradise*] zu bauen. Die Europäer – Casella, Milhaud und andere – könnten von ihm Ideen und Anregungen beziehen. Für Amerika – und weit über Mr. Berlin hinaus – bedeutet er den Beginn des Zeitalters des kultivierten Jazz.

Henry Taylor Parker, «Evening Transcript», Boston, 30. Januar 1924

III
Rhapsody in Blue

Whiteman-Juroren ernannt
Komitee entscheidet:
Was ist amerikanische Musik

Zu den Mitgliedern des Ausschusses, der anläßlich des Paul Whiteman-Konzerts am Donnerstagnachmittag, den 12. Februar, in der Aeolian Hall über die Frage «Was ist amerikanische Musik?» entscheiden soll, zählen Sergej Rachmaninow, Jascha Heifetz, Efrem Zimbalist und Alma Gluck.

Leonard Leibling, Herausgeber von «The Musical Courier» wird dem Kritikerkomitee vorsitzen, in dem sich die renommiertesten Musikkritiker der Vereinigten Staaten versammelt finden. Die Frage, was denn unter amerikanischer Musik überhaupt zu verstehen sei, hat in Musikerkreisen lebhaftes Interesse hervorgerufen; Mr. Whiteman erhält jede Menge Manuskripte der verschiedensten Art, vom einfachen Blues bis zur komplexen Symphonie.

George Gershwin arbeitet zur Zeit an einem Jazz-Konzert, Irving Berlin an einem Tongedicht in synkopiertem Rhythmus und Victor Herbert an einer Amerikanischen Suite.

New York Tribune, 4. Januar 1924

Ira Gershwin
(siehe Seite 8)

Die Zeitungsnotiz war für George der erste Hinweis darauf, daß Whiteman es ernst gemeint hatte, als er einmal mehr am Rande die Idee geäußert hatte, er wolle eines Tages dieses Konzert veranstalten und er hoffe, daß George dazu beitragen werde. In seinen Notizbüchern fand er ein Thema (das Klarinettenglissando), von dem er meinte, es würde sich gut als Einleitung zu einem längeren Stück, als er bisher je geschrieben hatte, eignen, und er beschloß, es damit zu versuchen.

Ira Gershwin, «My Brother» in: *Merle Armitage* (Hg.),
George Gershwin, New York 1938, S. 20

Gershwin mit der gedruckten Patitur der *Rhapsody in Blue*, seiner ersten «ernsten» Komposition, die veröffentlicht wurde.
Zeitungsnotiz aus der «New York Tribune» vom 4. Januar 1924 (unten)

Whiteman Judges Named

Committee Will Decide "What Is American Music"

Among the members of the committee of judges who will pass on "What Is American Music?" at the Paul Whiteman concert to be given at Aeolian Hall, Tuesday afternoon, February 12, will be Serge Rachmaninoff, Jascha Heifetz, Efrem Zimbalist and Alma Gluck.

Leonard Leibling, editor of "The Musical Courier," will be chairman of the critics' committee, which is to be composed of the leading musical critics of the United States.

This question of "just what is American music?" has aroused a tremendous interest in music circles and Mr. Whiteman is receiving every phase of manuscript, from blues to symphonies.

George Gershwin is at work on a jazz concerto, Irving Berlin is writing a syncopated tone poem and Victor Herbert is working on an American suite.

Henry O. Osgood
(siehe Seite 12)

> George Gershwin, der spielt, als würde er von Furien gehetzt, schrieb als Antwort ein Stück für sich selbst und Jazz-Orchester. Sein Leutnant, Ferdie (sic.) Grofé, sah sich vor ein ganz neues Problem der Instrumentierung gestellt; er löste es schnell und geschickt. Die ganze Arbeit war in zehn Tagen erledigt.
>
> Henry O. Osgood, *Jazz Bugaboo*, «The American Mercury», November 1925

Ferde Grofé
(1892 – 1972)

Ferde Grofé war damals Paul Whitemans Hauptarrangeur und erster Pianist. Er verließ Whiteman schließlich, um sich der Leitung seines eigenen Orchesters zu widmen und um selbst zu schreiben. Er komponierte unter anderem *Grand Canyon Suite, Mississippi Suite* und *Three Shades of Blue.*

> Die *Rhapsody* lag mir als Entwurf des Komponisten für zwei Klaviere vor, und ich bearbeitete sie für Orchester ... Er wohnte bei seinen Eltern, zusammen mit seinen Brüdern und seiner Schwester, die – außer Ira – noch Kinder waren, und ich wohnte praktisch mit bei ihnen in der Amsterdam Avenue und in der 110. Straße, da ich täglich vorbeischaute, um die nächsten Seiten von Georges Meisterwerk abzuholen ... Er und Ira hatten ein Hinterzimmer, in dem ein Klavier stand, und hier entstand die *Rhapsody* und nahm langsam Gestalt an. In dieser Zeit lernte ich Georges Zuhause und die herzliche Gastfreundschaft seiner Eltern kennen und lieben. Bei unserer Arbeit wurden wir liebevoll von Mrs. Gershwin betreut; bei ihr lernte ich den russischen Tee schätzen, den sie für uns kochte, wenn wir Pause machten.
>
> Ferde Grofé in: Merle Armitage (Hg.), *George Gershwin,* New York 1938, S. 28

Paul Whiteman
(1890 – 1967)

Der aus einer berühmten Musikerfamilie stammende Paul Whiteman begann seine musikalische Laufbahn als Violinist und Bratschist im Symphonieorchester von Denver und war später Mitglied der San Francisco Symphony. Im Ersten Weltkrieg spielte er in der US Navy-Band. Im Jahre 1919 gründete er eine Tanzkapelle, die sich an der Westküste so großer Beliebtheit erfreute, daß man ihn nach New York einlud. Er begann dort neben seinen öffentlichen

Auftritten Schallplattenaufnahmen zu machen. Seine Kapelle war in den zwanziger Jahren eine der erfolgreichsten in den USA und in Europa. Das Whiteman-Orchester griff hauptsächlich auf Arrangements zurück, die auf schwarzer Jazz-Musik basierten. Sein «Experiment in Modern Music» aus dem Jahre 1924 leitete die Phase des «Symphonischen Jazz» ein. Obwohl Whiteman es immer wieder versuchte, konnte er niemals mehr den Erfolg erreichen, den er gleich mit dem ersten «Experiment» erzielt hatte. Er war dennoch bis in die Mitte der fünfziger Jahre ein gern gehörter Gast im Radio und später auch im Fernsehen.

Fünfzehn Minuten vor Beginn des Konzerts wuchs mit der zunehmenden Nervosität auch das Verlangen nachzusehen, was draußen los war, derart, daß ich ihm schließlich nachgab. Ich zog mir einen Mantel über und schlüpfte hinüber zum Haupteingang der Aeolian Hall.

Dort bot sich mir ein Anblick, der mich mit neuer Zuversicht hätte erfüllen müssen. Es schneite gerade, aber Männer und Frauen erkämpften sich ungeachtet des Wetters ihren Weg zum Eingang. Ich war aber so verunsichert, daß ich mich fragte, ob ich wohl auch zum richtigen Eingang gekommen sei. Und dann sah ich Victor Herbert [der mit *A Suite of Serenades* zum Konzert beigetragen hatte] hineingehen. Es war also doch ganz sicher der richtige Eingang, und am nächsten Tag berichteten die Leute von der Abendkasse, daß sie das Haus über zehnmal hätten ausverkaufen können. Ich ging wieder zurück zum Hinterbühneneingang, verstörter denn je. Panische Angst hatte mich ergriffen. Ich ging im Flur auf und ab, nagte an meinem Daumen und hätte sofort 5000 Dollar geopfert, um auf der Stelle alles abzublasen. Niemals in meinem Leben habe ich ein derartiges Lampenfieber gehabt wie an diesem Tag.

Paul Whiteman und Mary McBride, «Jazz»,
New York, 1926, S. 97f

Olin Downes
(1886 – 1955)

Der Journalist und Autor Olin Downes war Musikkritiker bei der «New York Times».

Bühnenbild und Programm waren gleichermaßen ungewöhnlich. Mehrere unterschiedlich weit geöffnete Konzertflügel standen inmitten eines wilden Haufens der unmöglichsten Arten von Blasinstrumenten und Schlagzeugversionen. Zwei chinesische Mandarine, die auf zwei Säulen sitzend das Ganze überragten, schauten auf eine Szenerie herab, bei deren Anblick einem

Stokowski oder einem Mengelberg das Blut in den Adern gefrieren würde. Der goldene Glanz der in allen Größen vertretenen Blasinstrumente brach sich in dem chinesischen Gong und spiegelte sich in den prächtigen Farben eines orientalischen Vorhanges wider, der den Hintergrund der Bühne verdeckte. Bratpfannen lagen herum, riesiges Geschirr aus Blech und ein Sprachrohr, das später in das Ende der Posaune gesteckt werden sollte – und heraus kam ein Klang so weich wie Seide! Die Kombination dieser einzigartigen Ansammlung von Dingen sollte öfter als nur einmal seltsamerweise faszinierende und schöne Klangeffekte produzieren. Es war – muß man sich schämen, es zu sagen?– ein Stück von Amerika. Es erinnerte den Verfasser an eine Bemerkung, die ihm einmal zu Ohren gekommen war, daß nämlich ein Engländer auftrete, als sei er der Herrscher persönlich; ein Amerikaner dagegen schere sich den Teufel darum, wer der Chef am Platze sei. Die Musik hatte etwas davon. Dann kam etwas verlegen ein schmächtiger, dunkelhaariger junger Mann auf die Bühne: George Gershwin ...

Das Publikum war in Bewegung geraten, und so mancher hartgesottene Konzertgänger war erfüllt von der Sensation, ein neues Talent entdeckt zu haben, das dabei war, eine eigene Stimme zu entwickeln, und das der Welt womöglich etwas Persönliches und grundlegend Wichtiges mitzuteilen hätte.

Olin Downes, «New York Times», 13. Februar 1924

Die Kritiker

Die Reaktion auf das Whiteman-Experiment war insofern ungewöhnlich, als alle Kritiken die Tendenz aufwiesen, sich in der Hauptsache auf den Beitrag von Gershwin zu beschränken. Man reagierte darauf, sehr unterschiedlich. Sämtliche Kritiker waren sich über die Bedeutung des Wortes «Jazz» im unklaren, und die meisten hatten solche Klänge nie zuvor vernommen. Einige, wie Gabriel und Taylor, waren begeistert, andere, wie Gilman, fanden es einfach abstoßend. So wurde der Maßstab geschaffen, nach dem die zukünftigen Werke Gershwins, einschließlich seines letzten größeren Werkes *Porgy and Bess*, von den «seriösen» Kritikern beurteilt wurden. Gershwin freute sich über gute Kritiken, aber so weit bekannt ist, haben ihn negative Stellungnahmen niemals sonderlich beunruhigt; er war schon zu sehr mit dem nächsten Projekt beschäftigt.

Um es gleich vorweg zu sagen: Whitemans Experiment war ein grandioser Erfolg. Diese Musik besaß eine wundervolle Lebendigkeit und bestach durch eine unglaublich geschickte Rhythmusgebung und durch neuartige und schöne Klangmischungen.

Denn Jazz bedeutet vor allem eine bestimmte Art von Rhythmus und eine bestimmte Art von Instrumentation. Man hat allerdings das Gefühl, als sei diese Musik nur halb lebendig. Der sprudelnden Vitalität, die sich in Rhythmus und Klangfarbe mitteilt, wird der Lebenssaft durch melodische und harmonische Anämie entzogen ... Man denke nur an das ehrgeizigste Stück der Veranstaltung, an die *Rhapsody,* und man muß weinen über die Leblosigkeit von Melodie und Harmonie, so konstruiert und überanstrengt und so völlig ohne Ausdruck; und dann halte man dagegen die reiche Erfindungskraft, die in den Rhythmen und in den markanten und lebhaften Farben des Orchesters liegt.

Lawrence Gilman, «New York Tribune», 13. Februar 1924

Gershwins Beitrag erwies sich als eine hoch raffinierte Komposition, die vom Pianisten außerordentliche Fingerfertigkeiten abverlangte und einen orchestralen Hintergrund bereitstellt, in dem Saxophone, Posaunen und Klarinetten miteinander in einer wirklich geschickt gemachten Instrumentation verflochten werden. Wenn dies der Weg ist, auf dem die Entwicklung der amerikanischen modernen Musik hohe künstlerische Formen annimmt, dann kann man Mr. Gershwin nur von Herzen dazu gratulieren, daß er uns einige dieser Möglichkeiten gezeigt hat.

W. J. Henderson, «New York Herald», 13. Februar 1924

Gershwins Komposition trug zu Recht den Titel *Rhapsodie,* der dazu geeignet scheint, gewisse Formlosigkeiten im mittleren Teil des Werkes, der sich zu sehr auf das Frage-Antwort-Spiel seitens des Klaviers stützte, zu überdecken. Aber der Anfang und das Ende waren toll. Vor allem der Anfang, der trunkene Aufschrei einer Klarinette, erzielt durch die rollende Bewegung der Zunge, erschütterte das Publikum. In Mr. Gershwin stecken eine Menge nicht zu unterschätzender Begabungen.

Gilbert Gabriel, «New York Sun», 13. Februar 1924

Mr. Gershwin wird ganz sicher noch viel von sich reden machen. Ein Musikliebhaber, der seit dem letzten Donnerstagnachmittag zu den Bewunderern seiner Kunst zählt, hofft sehr, daß er weiterhin seinem Stil, in dem er frei und unabhängig schaffen kann, treu verbunden bleibt, und daß er sich nicht im akademischen Unterholz verfangen und im Schatten uralter Bäume verenden möge.

W. J. Henderson, «New York Herald», 17. Januar 1924

Die *Rhapsody in Blue* offenbart eine außerordentliche Begabung, sie zeigt aber auch einen jungen Komponisten, dessen Zielsetzungen weit über seine derzeitigen formalen Möglichkeiten hinausgehen ... Gershwins Absichten werden oftmals durch technische Unreife vereitelt – und doch: Er drückt sich in einer bezeichnenden und, im Ganzen gesehen, höchst originellen Weise aus. Schon allein sein erstes Thema läßt in seinen kapriziösen, humorigen und exotischen Umrissen ein beachtliches Talent vermuten ... Die Art, wie eine oder mehrere Ideen in verschiedenen und gut voneinander abgesetzten Rhythmen kombiniert und miteinander in Wechselwirkung gebracht werden, läßt den Hörer sofort neugierig werden. Dies ist im wesentlichen das Neue und Frische, das so vielversprechend wirkt ... Das zweite Thema, mit einer reizvolles, sentimentalen Nuance, ist eher in der Art von Gershwins Kollegen. Die Tuttis sind zu lang, die Kadenzen sind zu lang. Das Finale verliert ungemein an Schwung und Großartigkeit, was nicht passiert wäre, wenn es besser vorbereitet worden wäre.

Olin Downes, «New York Times», 13. Februar 1924.

Whiteman und Gershwin haben ein neues Kapitel unserer Musikgeschichte geschrieben.

Henrietta Strauss, «The Nation», 5. März 1924

Carl van Vechten
(siehe Seite 28)

Es verstand sich eigentlich von selbst, daß das Konzert ein Bombenerfolg werden würde. Du hast ihm die Krone aufgesetzt, weil Du, wie ich nach wiederholtem Hören feststellen muß, etwas gemacht hast, was vor Dir noch kein amerikanischer Komponist jemals ernsthaft versucht hat. Mach so weiter, und ganz Europa wird aus dem Häuschen geraten. Geh beim nächsten Mal noch ein bißchen weiter und erfinde eine neue Form. Ich denke, es könnte von Nutzen sein, wenn man den Jazz mit der Filmtechnik in Verbindung brächte. Stell Dir die Themen als Nahaufnahmen, Rückblenden usw., vor! Dies ist nur ein naseweiser Vorschlag; wie auch immer, es ist völlig gleichgültig, was Du tust; alles, auch das Klavierspielen, machst Du so gut, daß Du der klugen Ratschläge nicht bedarfst.

Übrigens war Marguerite d'Alvarez[1] restlos begeistert von dem Konzert, besonders von Deinem Beitrag. Sie möchte unbedingt beim nächsten Konzert singen! Du könntest Whiteman sagen, daß sie es bestimmt versteht, dem Publikum einen vergnüglichen Abend zu bereiten.

Carl van Vechten, Brief an George Gershwin vom 14. Februar 1924

1 Die als «peruanische Altistin» (obwohl in Liverpool geboren) bekannte Marguerite d'Alvarez ließ sich, ebenso wie Eva Gauthier, bei verschiedenen Liederabenden von George Gershwin begleiten. Für eine Folge von Konzerten, die am 5. Dezember 1926 begann, komponierte er die *Piano Preludes*. Im Programm sind fünf Preludes verzeichnet (später waren es sechs), von denen drei veröffentlicht wurden.

IV
«Ein junger Koloß…»

Die *Rhapsody in Blue* rief in der amerikanischen Musikszene eine lebhafte und prompte Reaktion hervor: Die Kritiker begannen, über die wahren und die vermeintlichen Verdienste dessen, was sie als «Jazz» bezeichneten, zu diskutieren. (In Wirklichkeit ist es ein äußerst raffiniertes Arrangement aus Volkslied und Tanz. Paul Whitemans Standard-Orchester war keine Jazz-Kapelle; es war vermutlich eine Art Vorläufer der großen Tanzorchester, die Ende der dreißiger Jahre in Mode kamen.) Auch Gershwin geriet aufgrund der Verbindung zum Jazz ins Kreuzfeuer und wurde als Emporkömmling aus der Tin Pan Alley betrachtet, der versehentlich über den Broadway in die Carnegie Hall hineingerutscht war. Man lud ihn zu Interviews ein und schrieb über ihn; Anfang 1924 begann sich sein Leben vollends in der Öffentlichkeit abzuspielen, und er liebte es. Er war auf den großen, eleganten Parties gefragt, wo er den Erwartungen bereitwillig entgegenkam und stundenlang spielte. Nach der *Rhapsody* formulierte Isaac Goldberg den großartigen Satz über Gershwin: «Mit dem einen Fuß gerade aus der Tin Pan Alley herausgetreten und mit dem anderen schon in der Carnegie Hall, so stand er wie ein junger Koloß über der musikalischen Welt von Gotham[1].» Er war mit seinen fünfundzwanzig Jahren der berühmte Gershwin. Kurz vor der Premiere seines ersten größeren Erfolges, des Musicals *Lady, Be Good!*, wurde er zusammen mit den beiden Männern, die er am meisten bewunderte, nämlich Irving Berlin und Jerome Kern, in der «New York Times» vom 18. November 1924 erwähnt. In dem Artikel hatte Otto Kahn, ein Förderer der musikalischen Kunst, die Möglichkeit in Erwägung gezogen, in der Metropolitan Opera eine «amerikanische Jazz-Oper» herauszubringen, und angekündigt, daß er zu diesen drei musikalischen Giganten Kontakt aufnehmen wolle. Am Ende war es nur Gershwin, der dieses Ziel erreichte – und das aber auch erst sechzig Jahre nach seinem Tod.

Carl van Vechten
(siehe Seite 28)

Carl van Vechten war sehr stolz darauf, der erste gewesen zu sein, der einen längeren und ernsthaften Artikel über Gershwin für eine größere Veröffentlichung geschrieben hatte.

> In meinem Artikel, der unter dem Titel *The Great American Composer* in «Vanity Fair» (April 1917) veröffentlicht wurde, habe ich kurz die Gründe umrissen, weshalb meiner Ansicht nach die Entwicklung der amerikanischen Musikkunst ihren Anfang in der populären amerikanischen Musik nehmen würde, genauso . . . wie auch die europäische Kunstmusik sich aus dem nationalen Volkslied entwickelt hat. Beinahe sieben Jahre mußten vergehen, bevor sich meine Prophezeiung erfüllen konnte; denn am 12. Februar 1924 – ein Datum, das so manch einen von

1 Spitzname für New York City.

uns von nun an nicht mehr nur an den Geburtstag unseres berühmtesten Präsidenten [Abraham Lincoln] erinnern wird – wurde zum erstenmal George Gershwins *Rhapsody in Blue* aufgeführt, mit Paul Whitemans Orchester und dem Komponisten am Klavier ... Ich habe niemals auch nur den geringsten Zweifel daran gehegt, daß dieser junge Mann von fünfundzwanzig Jahren das Beste von dem geschrieben hat, was in Amerika jemals an ernsthafter Musik hervorgebracht worden ist; außerdem hat er das seit Tschaikowskys Klavierkonzert in b-Moll wirkungsvollste Stück für Klavier komponiert.

Die erste Aufführung der *Rhapsody* löste zwar Begeisterung aus, aber vielleicht eher aus der spontanen Bewunderung dem Komponisten gegenüber für seine virtuose Darbietung am Klavier. Die allgemeine und angemessene Wertschätzung des Glanzes und der Lebendigkeit der Komposition selbst, die eine wirkliche Begabung in der Erfindung von Melodien und fesselnden Rhythmen offenbart und eine glückliche Hand für die Formgebung zeigt, ließ zunächst etwas auf sich warten. Erst nachdem Gershwin es einige Male in New York und in andern Städten (Whiteman unternahm im Frühjahr 1924 eine Vorbereitungstournee mit seiner Truppe) gespielt hatte, wurden die erstklassigen Qualitäten des Klavierstücks im größeren Ausmaß anerkannt; die verkürzte phonographische Schallplattenaufnahme (selbst beide Seiten einer 12-Zoll-Schallplatte boten nicht genügend Platz, um das Stück in seiner gesamten Länge aufzunehmen) vergrößerte seinen Ruhm; und mit der Veröffentlichung seiner Partitur im Dezember in der Fassung für zwei Klaviere war sein Triumph endgültig besiegelt. Seitdem ist es beinahe in jedem Konzert, das das Whiteman-Orchester gibt, zu hören; allerdings nur selten mit dem Komponisten am Klavier. Zwei Gründe haben bisher dagegen gesprochen, das Werk auch bei gewöhnlichen Konzerten zu spielen: Erstens ist es für eine Jazz-Kapelle komponiert, und zweitens ist der Klavierpart ungewöhnlich schwierig und erfordert einen Pianisten, der das richtige Gespür für Jazz besitzt. Ich habe jedoch gar keinen Zweifel, daß die *Rhapsody,* sobald die Fassung für Symphonieorchester vorliegt, zum Repertoire eines jeden Pianisten gehören wird, vorausgesetzt, er kann es spielen. Schon möglich, daß es seine schwachen Stellen hat; aber die gibt es in *Tristan und Isolde* auch.

Carl van Vechten, *George Gershwin, An American Composer who is Writing Notable Music in the Jazz Idiom*, «Vanity Fair», März 1925

Franklin Pierce Adams
(1881 – 1960)

Der Schriftsteller und Journalist Franklin Pierce Adams war beruflich unter dem Kürzel «F.P.A.» bekannt. Er begann als Zeitungskolumnist beim Chicago «Journal», ging dann nach New York und schrieb u.a. für «Evening World», «Tribune», «World» und «Herald-Tribune». Seine wöchentliche Kolumne mit dem Titel «Kommandoturm» enthielt leichte, boshafte Anmerkungen, lockere Verse und oft Beiträge von befreundeten Schriftstellern wie Dorothy Parker und Ring Lardner. In seiner Samstagskolumne berichtete er im Stil von Samuel Pepys über sämtliche Ereignisse des New Yorker Kunst-, Musik-, und Theaterlebens und gab Neuigkeiten aus der Partywelt der zwanziger Jahre zum besten. Im Jahre 1909 hatte Adams zusammen mit dem Schriftsteller O. Henry an einem Musical mit dem Titel *Lo!* (Musik von A. Baldwin Sloane) mitgearbeitet, das sich als klassisches Fiasko erwies. Adams versuchte sich nie wieder an einem derartigen Projekt.

Samstag, den 24. Januar (1926)
Der Komponist George Gershwin schaute herein, und wir unterhielten uns über Musik und darüber, daß man vorwärtsgehen sollte, ungeachtet dessen, was die Leute einem raten; denn der eine sagt: «Studier' bloß nicht zuviel!» ein anderer sagt: «Studier' so viel, wie du kannst!» andere wiederum sagen: «Schreib nur Jazz!» und noch andere meinen, er solle nur Symphonien und Konzerte schreiben. Aber die Sache ist die, daß man das machen soll, was man meint, machen zu müssen; denn Ratschläge sind ohne jede Bedeutung.

Sonntag, den 7. Februar (1926)
W. Cox und Dot Knight zum Essen; abends kamen noch G. Gershwin und Will Daly dazu und spielten G.'s Konzert und seine *Rhapsody in Blue*; noch nie in meinem Leben habe ich Musik so genossen.

Sonntag, den 14. Februar (1926)
Wie immer früh aufgestanden und dies und jenes im Laufe des Tages erledigt; abends kamen E. Zimbalist und Alma [Gluck, seine Frau], Alice Kindler [die Frau des Cellisten Hans Kindler] und F. Crowinshield [Herausgeber von «Vanity Fair»] zum Essen; anschließend sind wir alle zu G. Gershwin gegangen und hatten eine große Party dort, mit einer Menge Musik und ein bißchen Unfug; aber vor allem die Lieder, gesungen von [den Songschreibern] Bert Kalmar und Harry Ruby, haben mir mehr gefallen, als alles andere, was ich jemals gehört habe, eins wie das andere und keines so ergötzlich, wie ein patriotisches Lied mit dem Titel *America, I Love You.*

Gershwin zu Anfang der dreißiger Jahre (oben links), mit Jerome Kern im Rundfunkstudio (oben), mit Gertrude Lawrence, 1926 (links)

Dienstag, den 26. Mai (1926)
Wieder zu Hause, machte ich mich gleich ans Werk und arbeitete bis nach zehn mit großer Konzentration, dann kamen Will Daly und G. Gershwin und A. Huxley mit seiner Frau; und George und Will spielten einige Werke von George, nämlich sein *Concerto* und die *Rhapsody in Blue*, von der Herr und Frau H. ganz begeistert waren und die mir immer besser gefällt, je öfter ich sie höre. Bei Gott!

Dienstag, den 9. November (1926)
Zu Hause, und mit meiner Frau wieder los, um *Oh, Kay*! zu sehen, eine vergnügliche Harlekinade mit Musik. Ich mag es von allen Stücken G. Gershwins am liebsten und Miss [Gertrude] Lawrence war voller Anmut und Zartheit.

Montag, den 6. Dezember (1926)
Dann mit G. Gershwin ins Plymouth Theatre, *The Pirates of Penzance* angeschaut, voller Melodie und süßen Gesangs.

Sonntag, den 19.Juni (1927)
Den ganzen Nachmittag Crocket gespielt, zusammen mit Will Daly gegen G. und I. Gershwin. Wir hielten uns ganz gut, mal gewannen, mal verloren wir; die beste Partie spielten wir gegen [Textdichter Howard] Dietz. Abends spielte uns G. Gershwin einige neue Stücke vor – höchst vergnüglich. Dann nach Hause.

Sonntag, den 15. Dezember (1929)
Nach dem Essen zu Gershwin, zusammen in ein Marionetten-Theater, wo ein von dem jungen John Huston geschriebenes und inszeniertes Stück gegeben wurde, eine Art Dramatisierung von *Frankie und Johnny*. Es war ganz anders, als ich erwartet hatte, weil die meisten Figuren nur sprachen; der größte Teil des Stückes lief in Prosa ab. Es war mit das Netteste, was ich je gesehen hatte, mit außergewöhnlichem Geschick und Sinn für Poesie geschrieben.

Sonntag, den 22. Oktober (1933)
Ein milder Sonntagmorgen, den man am liebsten auf dem Lande verbringen würde. Dann ein bißchen am Schreibtisch gesessen und nachmittags G. [Geoffrey] Parsons auf dem Tennisplatz getroffen – er gewann. Dann aber schlugen wir die beiden jungen Burschen, die uns herausgefordert hatten, einer von beiden war George Gershwin. Dann nach Hause zum Abendessen.

Franklin P. Adams, *The Diary of our Own Samuel Pepys*,
New York 1935

Henry O. Osgood
(siehe Seite 12)

Osgood war der Ansicht, daß sein Buch *So This is Jazz* (Boston 1926) «der erste Versuch einer umfassenden Darstellung des Jazz, seiner Entstehung, Geschichte und Weiterentwicklung» sei. Dies war es zwar nicht, dafür enthielt es aber die erste ernsthafte Einschätzung Gershwins in einem Buch – immerhin zwei Kapitel waren seiner Biographie und seinen beiden längeren Werken gewidmet.

Mehrere ernstzunehmende Komponisten haben bisher ungefähr ein Dutzend oder fünfzehn Kompositionen für Jazz-Orchester geschrieben mit dem Anspruch auf «höheren Jazz» ... Es ist jedoch von keinem dieser Stücke anzunehmen, daß sie sich dauerhafter Beliebtheit erfreuen können. Dies bleibt lediglich den Werken von Gershwin, der *Rhapsody in Blue* und dem *Piano Concerto in F*, vorbehalten. Sie stellen den erfolgreichen Versuch dar – und das ist bis heute unumstritten –, auf den alten Stamm der rechtmäßigen Musik die Schößlinge jenes jungen, kräftigen Baumes zu pfropfen, der die einzige, wirklich ursprüngliche Musik Amerikas hervorgebracht hat – des Jazz.

Er hat uns in der Musik etwas wirklich Neues gegeben. Dies haben von den Hunderten von Komponisten, die auf der Ehrenliste stehen, seit der Entstehung der Kunst des Komponierens nicht mehr als ein Dutzend geschafft.

Henry O. Osgood, *So This Is Jazz*, Boston 1926, S. 181, 203

Beverly Nichols
(1898 – 1983)

Der Schriftsteller, Bühnenautor, Kritiker und Komponist hatte nach dem Universitätsabschluß in Oxford begonnen, Theaterkritiken für «The Weekly Dispatch» zu verfassen, komponierte für die Revuen *Picnic* (1927) und *Cochran's Revue of 1930* und schrieb mehrere Bücher, u.a.: *Crazy Pavements, Prelude, For Adults Only, Self*. Er verfaßte außerdem Artikel und Rezensionen für den «Sun-Chronicle» und den «Daily Sketch» (in dem sein Interview mit Gershwin ursprünglich erschienen war).

Ich fange am besten mittendrin an; denn bevor George Gershwin Ihnen nicht sein erstes Klavierkonzert vorgespielt hat, werden Sie vermutlich geneigt sein (wie übrigens die meisten unserer unfertigen Kritiker), sich ihn als eine Art Hausierer vorzustellen, der von Tür zu Tür wandert und seine eingängigen Liedchen, wie zum Beispiel sein *Swanee* oder *Lady, Be Good!*, feilbietet. Also, Sie müssen sich einen dunkelhäutigen jungen

Mann von siebenundzwanzig Jahren[2] denken, der noch vor kurzem bei geöffnetem Fenster in einem Zimmer in der Pall Mall am Flügel saß, die Hände auf die Tasten sinken ließ und zu spielen begann. Es dämmerte schon stark, als er sich zum Spielen hinsetzte, und als er aufhörte, war es fast dunkel, und die Straßenlampen brannten. Und dennoch habe ich in dieser kurzen Zeit eine musikalische Erfahrung gemacht, wie ich sie zuvor noch nie erlebt habe.

Um sie angemessen beschreiben zu können, müßte man leicht angetrunken sein; denn das war die Musik des Rausches. Nur in zerrissenen Sätzen und mit einer Unzahl von Bühneneffekten und mit grellen und markanten Adjektiven könnte man versuchen, auf einer gedruckten Seite den Eindruck wiederzugeben, den die komplexen Rhythmen, die durch den allmählich dunkler werdenden Raum tanzten, auf das verwirrte und faszinierte Gemüt machten.

Wie kann ich diese Rhythmen beschreiben? Jedermann kennt natürlich die Kunstgriffe, die im Jazz üblich sind. Die meisten erzielen den Schluckauf-Effekt durch den klugen Einsatz von Achtelnoten zu Beginn eines Taktes; oder, wenn eine einfache Folge von sechs Achteln, die im Drei-Viertel-Takt gespielt werden müßte, sich in der Zwangsjacke des beibehaltenen Taktes windet und so die tollsten Sprünge vollführt. Jeder kennt diese kleinen Späßchen. Sie sind so alt wie Bach und wahrscheinlich sogar noch älter. In den ersten fünf Minuten mußte ich feststellen, daß Gershwin in seinem Konzert weit darüber hinausging. Es bedürfte einer Reihe höchst komplizierter mathematischer Tabellen, um erklären zu können, was er eigentlich tat; und selbst, wenn man es erklären könnte, so wäre – denke ich – die Zahl derjenigen, die das Ergebnis spielen könnten, nicht größer als jene derer, die Mr. Einsteins Relativitätstheorie verstehen. Um es weniger technisch auszudrücken: Er hat eine Anzahl von streng entgegengesetzten Rhythmen mit Hilfe eines ihm eigenen, unbegreiflichen Kontrapunktes zu einem funkelnden Ganzen verwoben, das man mit dem Begriff «geordnetes Chaos» umschreiben könnte.

Und dennoch schön. *Wirklich* schön. Visionen drängten sich mir auf während des Konzerts! Ich hasse Leute, die Bilder in die

2 Der Artikel stammt aus dem Jahre 1926, als Gershwin in London war, um seinen Erfolg von 1924, *Lady, Be Good!*, auch in England herauszubringen. Mit Fred und Adele Astaire in den Hauptrollen fand die Premiere am 14. April 1926 im Empire Theatre statt und wurde ein Volltreffer.

Musik hineinlegen, die mit leerem Grinsen von Wasserfällen faseln, wenn sie einer Kadenz von Liszt lauschen, oder die bei den ersten Takten eines sentimentalen Walzers von Chaminade penetrant an ihre erste Liebe erinnern oder an nichts anderes denken können als an Regentropfen, die aufs Dach plätschern, oder an George Sand im Dampfbad, wenn sie Chopins *Préludes* hören. Die Welt ist voll von diesen Leuten, und ich habe mir immer geschmeichelt, ich selbst würde nicht dazugehören. Offensichtlich habe mich ich da geirrt.

Denn als ich die Musik hörte, war mir plötzlich, als stünde das ganze Amerika in seiner vollen Pracht vor mir. Die Phrasen fegten über das Klavier mit einer Anmut, die an die strenge, konzentrierte Silhouette eines Wolkenkratzers erinnerte. Immer wieder waren die Bässe kurz davor, verrückt zu spielen ... Es gab lebendige und launige Passagen, plappernd wie die Revuegirls vom Broadway, die bei Child's ein Mintjulep [Whisky mit Eis und frischer Minze] trinken, und dann wieder langsame, verschlossene Weisen, die das geheimnisvolle Mysterium der riesigen Wälder erahnen ließen. Die Melodien stießen heftig gegeneinander und bekämpften sich verbissen, beherrschten sich wieder, fanden endlich zusammen und hetzten wie besessen über die Tastatur in einem letzten Ansturm – und es drängte sich mir unwillkürlich das Bild einer Rinderherde auf, die über die weiten Prärien im Westen donnert.

Als alles vorbei war, und die folgende Stille sich allmählich wieder mit den alltäglichen Geräuschen von der Straße zu füllen begann, dachte ich, die Gelegenheit sei gekommen, um das zu wiederholen, was Schumann gesagt hatte, nachdem er Chopin zum erstenmal gehört hatte: «Hut ab, meine Herren – ein Genie.» Nur gab es jetzt keine Hüte, die man hätte abnehmen können, und wir wären sicher beide ob dieser unenglischen Art, Gefühle zu bekunden, peinlich berührt gewesen. Deshalb schlug ich eine der kompliziertesten Seiten auf und fragte ihn, was recht plump war, wie er dies komponiert habe.

«Ich weiß es nicht.»

«Bitte, spielen Sie doch diesen Abschnitt einmal ganz langsam vor.»

Er spielte es. Da waren drei verschiedene Rhythmen, die einander bekämpften – zwei im Diskant und einer im Bass. Ich mußte lachen.

«Warum lachen Sie?»

«All diese Rhythmen, die einen Kampf miteinander ausfechten. Wie schaffen Sie das, daß sie sich so bekriegen?»

Er schüttelte den Kopf und spielte weiter. «Ich spüre die Dinge in mir und arbeite sie dann aus – das ist alles.»

«Sie müssen sich ganz schön vulkanisch gefühlt haben, als sie das geschrieben haben. Fühlen Sie sich immer so vulkanisch?»

«Nein. Mit einer gewöhnlichen Jazz-Melodie ist das anders.»

Während er sprach, ließ er die rechte Hand hin und wieder über die Tastatur spielen; Bruchstücke von Melodien entstanden, schwebten einen Augenblick im Raum und starben dahin. Ab und an spielte er eine Phrase zwei- oder dreimal und ließ sie dann auf einer Disharmonie ausklingen, als wolle er auf den Anspruch der Vaterschaft verzichten. Und dann kam plötzlich eine ganz faszinierende Phrase heraus.

«Ich muß sagen,» sagte ich, «das gefällt mir recht gut.»

«Mir auch.» Er spielte es wieder und improvisierte ein Anschluß-Thema dazu. «Da stecken Möglichkeiten drin. Aber es ist eigentlich eine Charleston-Melodie[3], und es hat keinen Charleston-Rhythmus.» Woraufhin er die arme kleine Melodie weiterhin so malträtierte, wie selten zuvor eine Melodie malträtiert worden ist. Er wiederholte sie immer wieder, bis ich das Gefühl hatte, ich würde sie nie mehr hören wollen. Endlich, als es perfekt schien, sagte er: «Nun, das ist auf jeden Fall ein Anfang.»

Da sitze ich nun und schreibe auf stummem Papier, das nicht die Kraft von Harmonie oder Disharmonie besitzt, und ich werde besser damit aufhören, eine Kunst zu beschreiben, die nicht beschrieben werden kann ...

Beverly Nichols, *Are They the Same at Home?*,
New York 1927, S. 108 – 111

Ring Lardner und George S. Kaufman
(1885 – 1933/1889 – 1961)

Lardner und Kaufman waren die führenden Satiriker und Humoristen der USA. Kaufman arbeitete während der zwanziger und der frühen dreißiger Jahre zusammen mit den Gershwins an den Produktionen von *Strike up the Band*, 1927 entstanden und mit dem Pulitzer Preis geehrt, *Of Thee I Sing* sowie der Fortsetzung davon, *Let 'em Eat Cake*. Der folgende kleine Sketch, in dem Gershwin buchstäblich die Bühne leerfegt, ist eine ironische Bestätigung seiner Berühmtheit nur sechs Jahre nach der *Rhapsody in Blue*.

Schauplatz ist ein Raum des Musikverlages Goebel: ein Klavier, ein paar Stühle, einige Regale, fertig ... Goldie kommt herein.

---

3 Wahrscheinlich *I'd Rather Charleston*, das in die Londoner Produktion von *Lady, Be Good!* hereingenommen wurde. Der Text stammte von Desmond Carter und wurde von den Geschwistern Astaire im Duett gesungen.

Goldie: Verzeihung, Mr. Hart!
Hart: Nun, was gibt's?
Goldie: George Gershwin ist draußen.
Hart: George Gershwin!
Goldie: Jawohl, Mr. Hart.
Hart: Meine Güte! (eilt hinaus)
Fred: Wer ist da?
Fensterputzer: George Gershwin. (eilt ebenfalls hinaus)
Brainard: Yeah! (zögert einen Augenblick und geht dann ebenfalls hinaus, beeilt sich ein bißchen. Benny folgt ihm.)
Paul (zu Fred): Hast Du ihn 'mal gesehen?
Fred: Nein.
Paul: Er hat mir meine *Rhapsody* gestohlen. (Er und Fred gehen ab)

Ring Lardner und George S. Kaufman, *June Moon*, Act II,
New York 1930, S. 113f

Alexander Woollcott
(1887 – 1943)

Der Theaterkritiker, Journalist, Rundfunkmann und Essayist Alexander Woollcott war gleichermaßen für seinen gnadenlosen Witz wie für seine zuckersüße Sentimentalität bekannt. Er schrieb für die «New York Times», den «Herald» und «The New Yorker». Er lieferte die Vorlage für den boshaften Helden der Kaufman und Hart Comedy *The Man Who Came to Dinner* und spielte darin auf einer Tournee sogar sich selbst. Veröffentlichungen von gesammelten Schriften (*While Rome Burns*, 1934, und *Long, Long Ago*, 1943), die unter anderem Buchbesprechungen, Kurzgeschichten usw. enthielten, waren Bestseller.

Ich traf George Gershwin das erste Mal, als wir uns in meinem Hotel in Atlantic City zum Essen verabredet hatten. Vor mir saß ein schlanker, dunkelhäutiger, strahlender junger Mann, der mit seinem dunklen Gesicht, das tief erröten konnte, seinem aufblitzenden Lächeln und seiner starken persönlichen Ausstrahlung zu einer blendenden Erscheinung wurde, wenn er seinen Dienst an jenem Altar, den wir Klavier nennen, zelebrierte. Aber dies war nur ein gewöhnlicher Eßtisch, das Feuer war unter Kontrolle, der Glanz verschleiert von Melancholie. Er entschuldigte sich gleich für das exzentrische Essen, das er sich bestellen müsse. «Sehen Sie,» erklärte er mir, «ich habe schrecklichen Ärger mit meinem Magen.»

Später erfuhr ich noch eine ganze Menge über Gershwins Magen und lernte, wie man dies zu verstehen hatte. Auch der Maestro hatte, wie wir alle, ein großes Interesse an sich selbst, nur mit dem Unterschied, daß er nicht, wie die meisten von uns, den anderen etwas vorgaukeln wollte. Posieren war nicht seine Art, und ich glaube, es lag ihm nichts ferner als das. Er sagte, was er dachte, ohne Umschweife und ohne irgendeinen Eindruck, ob günstig oder ungünstig, machen zu wollen. Jede Beschreibung von ihm muß diesen Charakterzug enthalten, wenn sie treffend sein will. All die Geschichten, die man sich über ihn erzählt, sind davon abgeleitet.

Als Student am Hamilton College kurz nach dem Französischen und dem Indischen Krieg schlug ich einmal einer Gruppe vor – wir waren an einem Nachmittag im Studentenwohnheim eingeschneit –, für jede Person unserer Klasse das Adjektiv zu finden, das am besten auf sie zuträfe. Ich wagte sogar die These, daß man bei treffender Auswahl der Adjektive die Leute anhand unserer Liste wiedererkennen würde... Nun, wäre ich jetzt im Platz derartig eingeschränkt, daß ich nur ein einziges Adjektiv für George Gershwin nennen dürfte, dann würde ich «unbefangen» wählen.

In allem, was am Klavier und drum herum geschieht, unbefangen. Einmal stand der Gelegenheitskomponist Oscar Levant neben dem Klavier und beobachtete die Gershwin-Finger, wie sie sicher, kräftig und geschmeidig ihr brillantes Trommelfeuer hervorbrachten – die ungestüme Kaskade der *Rhapsody in Blue*, das verliebte Schmachten von *The Man I Love*, schelmisches Vergnügen in *Fascinating Rhythm*, der feine, muntere und alles Verstaubte verachtende Spott von *Strike up the Band*. Ob der Pianist auch mit Werken anderer Komponisten vertraut war, konnte man dem nicht entnehmen. Levant hörte man leise murmeln: «Ein Abend mit Gershwin ist ein Gershwin-Abend.» «Ich frage mich,» sagte träumerisch unser junger Komponist, «ob meine Musik wohl in hundert Jahren noch gespielt wird.» «Ganz bestimmt,» erwiderte Levant bissig, «wenn du dann noch lebst.»[4]

Nun mögen es alle Musiker, wenn sie gebeten werden, etwas zu spielen, aber die Tradition gebietet es, nur mit geheuchelter Widerwilligkeit darauf einzugehen. Sicherlich sind Sie alle mit der Verwirrung des Tenors vertraut, der sorgfältig darauf bedacht war, seine Noten mit zur Party zu bringen, um dann ganz überrascht auf die Bitte zu reagieren, er möge doch etwas vorsingen ... Nun würde Gershwin diesen albernen Zwang nicht

4 In Wirklichkeit stammt dieser Scherz nicht von Oscar Levant, sondern von dem Humoristen und Verfasser leichter Verse, Newman Levy.

gelten lassen (d.h. ein eigenes Orchester mitzubringen). Er ist nicht bloß ein guter Pianist; er ist einfach großartig. Keiner weiß das besser als er selbst; außerdem macht es ihm Spaß, seine eigene Musik zu spielen. Er plagt sich nicht mit irgendwelchen Verhaltensregeln ab, die von ihm Verstellung erfordern würden.

Es ist allerdings charakteristisch für Liederschreiber, bereitwillig vorzutragen, sobald man sie dazu ermuntert. So soll George Kaufman, aus dessen fruchtbarer Zusammenarbeit mit Gershwin u.a. die Werke *Of Thee I Sing* und *Let 'em Eat Cake* hervorgegangen sind, einmal eine interessante Veranstaltung für die kommenden Olympischen Spiele geplant haben. Zwölf Komponisten sollten sich hinter einer Linie aufstellen. In einer Entfernung von hundert Yards sollte ein verführerischer Flügel aufgebaut, festgestellt und geöffnet werden. Dann, während Tausende von Zuschauern gespannt auf ihren Plätzen saßen, sollte das Startsignal ertönen und das Rennen beginnen.

Man war sich allgemein darüber einig, daß Gershwin spielend das Rennen machen würde, klavierspielend, sozusagen. Derartige Bereitwilligkeit verdroß Kaufman nur, wenn sie gerade an einem neuen Stück arbeiteten, und George darauf bestand, Wochen und Monate im voraus in jedem Salon die Partitur zu spielen. Kam dann endlich der ersehnte Abend der New Yorker Premiere, kannte jedermann im Publikum das Stück schon auswendig. Sogar die Kritiker beeilten sich, an ihre Schreibmaschinen zu gelangen, und konnten nicht umhin, ihrem Bericht über die nonchalante Fröhlichkeit der neuen Partitur die Bemerkung hinzuzufügen: «Ganz sicher ist einem der größte Teil der Musik erinnerlich.» Nur vage waren sich die armen Teufel der Tatsache bewußt, daß sie die Musik einfach irgendwo schon einmal von Gershwin selbst gehört hatten. Gershwins absolute Aufrichtigkeit in seiner Selbstbeurteilung empfanden seine Kollegen manchmal als sehr störend. Es machte sie manchmal geradezu böse. Da gab es einmal den Vorfall mit Harry Ruby, selbst kein schlechter Songschreiber, aber eben auch kein Gershwin, während eines Sommeraufenthaltes in Gershwins Haus auf dem Lande. Sie spielten Ball, und das Spiel wurde immer stürmischer, bis Gershwin schließlich aufhörte. Er meinte, seine Hände seien ihm zu kostbar, um sie so aufs Spiel zu setzen.

«Und,» antwortete Ruby, «was ist mit meinen Händen?»

«Nun, « sagte Gershwin, «das ist nicht das gleiche.»

Diese Antwort brachte Ruby aus der Fassung. Er mußte lange darüber nachdenken und besuchte schließlich seinen einstigen Freund nur noch höchst ungern. Tatsächlich hatten sie sich zwei Jahre nicht mehr gesehen, als sie sich zufällig auf der Strandpromenade von Atlantic City wieder begegneten.

Gershwin war begeistert über das Zusammentreffen. Wo hätte sich denn der gute alte Ruby die ganze Zeit herumgetrieben? Was wäre denn überhaupt los? Hätte er, Gershwin, irgend etwas gesagt oder getan, was ihn verletzt haben könnte? Nach kurzer Überlegung entschloß sich Ruby, zumal er sah, daß unbedingte Offenheit angebracht war, ihm den vergessenen Vorfall so zu schildern, wie ich ihn eben erzählt habe. «Und dann,» endete er, «sagtest du, daß das nicht das gleiche sei.»

Gershwin schwieg zunächst. Er prüfte die Geschichte in den geheimsten Regionen seines Herzens und sagte schließlich: «Nun, das ist es auch nicht.»[5]

Und natürlich hatte er recht. Es ist verständlich, daß unter seiner freimütigen Art einige seiner Romanzen gelitten haben. Er ist ansehnlich, frei und sechsunddreißig, und es gab immer hübsche Damen, die seinen Weg kreuzten. Einmal wollte er sogar heiraten, aber er hat es dem Mädchen nie erzählen können. Unterdessen lief sie mit einem andern davon. Als Gershwin davon erfuhr, war er gerade mit Freunden beim Essen. Sein Kopf sank ihm auf die Brust. Aus Achtung vor seinem männlichen Kummer schwiegen alle und warteten, daß er als erster sprechen würde. «Ich würde mich schrecklich elend fühlen,» sagte er, «wenn ich nicht gerade so beschäftigt wäre.»

Dann gab es da das Mädchen, das ihn gern geheiratet hätte. Die Sache war nur, sie war die weitaus bessere Musikerin. Von der Wiege an hatte sie gelernt, mit Bach und den großen Komponisten umzugehen. Es war unvermeidlich, daß sie George für geringer einschätzte als Bach. Er konnte darüber auch kaum streiten, aber er wußte, daß er mit dieser entmutigenden Auffassung an seiner Seite nicht länger schöpferisch tätig sein könnte. Besser, sich eine Gefährtin zu suchen, die nicht genug von Musik verstünde, um seine Grenzen zu erkennen. Diese Art der Entscheidung ist ja nicht neu, und Gershwin trug dem Rech-

---

5 Die Geschichte ist wahr, aber – wie es Woollcotts Art ist – reichlich ausgeschmückt. In einem Brief aus dem Jahr 1957 oder 58 beschreibt Ruby den Vorfall. Ruby, dem Baseball verfallen, kam nach Ossining, N. Y., wo die Gershwins ein schönes Landhaus gepachtet hatten, um dort mit an dem 1927 entstandenen *Strike Up the Band* zu arbeiten. Es kamen oft Gäste, unter ihnen Ruby, der wie immer seine Baseball-Ausrüstung mitbrachte. Von all den Anwesenden war lediglich Gershwin dazu bereit, sich einen Handschuh überzuziehen und ein paar Würfe mit dem übereifrigen Ruby zu üben. Nachdem sie den Ball ein paarmal hin- und hergeworfen hatten, wollte Gershwin Schluß machen, da Ruby gute, scharfe Bälle warf. Woollcott zufolge hat Gershwin in diesem Zusammenhang die Bemerkung fallen lassen, Ruby zufolge erst ein paar Wochen später im Büro ihres Verlegers. Der ehrgeizige Gershwin hatte zugegeben, daß Ruby ein großartiger Werfer sei, und hinzugefügt: «Ich könnte es auch ganz gut, wenn ich es versuchen würde, aber ich muß meine Hände schonen.» Dann folgte, so schrieb Ruby, «in seiner liebenswürdigen und natürlichen Art, der jede Beleidigung fern lag: «Bei dir ist das ja nicht so wichtig.»

nung, indem er den Grund für sein Unbehagen erkannte, ihn heiter eingestand und es dabei beließ.

Diese Unbefangenheit kam auch immer wieder ganz besonders in seiner Einstellung zur Malerei zum Ausdruck. Er hatte damit begonnen, die Malkunst in großem Umfang zu betreiben. Er konnte Stunden an seiner Staffelei verbringen und hob nur gelegentlich den Kopf, um nachdenklich den Blick über die Dächer der unwiderstehlichen Stadt schweifen zu lassen und sich zu fragen, ob er nicht besser die Musik ganz aufgeben sollte zugunsten von Pinsel und Leinwand. Da die Malerei doch die interessanteren Probleme böte, könnte er doch, da er offensichtlich für beides eine Begabung hatte, in den andern Bereich überwechseln? Mittlerweile können eine ganze Reihe seiner Arbeiten in seiner neuen Wohnung betrachtet werden, wo sie sich leutselig die Wände mit kleinen Sachen von Utrillo, Renoir und Cézanne teilen, die ja auch keine schlechten Maler sind. Ich kann mir kein fachkundiges Urteil über diese frühen Gershwins erlauben, und mein erster unwillkürlicher Eindruck, daß sie einfach scheußlich sind, muß nicht viel besagen. Diesen Eindruck habe ich bei den meisten modernen Bildern, für die sich unsere großen, reichen Banausen übervorteilen lassen und viel zu viel bezahlen.

Er wohnt jetzt in einem Penthouse in der 72nd Street East, New York City, einem Junggesellen-Apartment mit vierzehn Zimmern (den Abstellraum mitgezählt). Zu den Extras zählen eine große, holzvertäfelte Empfangshalle, drei Klaviere und eine Bar, die geradezu eine Rhapsodie farbenprächtiger Flaschen, Flacons und Gläser darstellt. Ein privates Telefon stellt die Verbindung her zwischen seinem Arbeitszimmer und der Wohnung gegenüber auf der anderen Straßenseite, wo sein Bruder, Ira Gershwin, lebt und die Texte zu seinen Liedern schreibt. Es gibt eine Schlafveranda mit seltsamen Jalousien, es gibt erstaunliche Apparate, die bei Leibesübungen die Willenskraft überflüssig machen, es gibt Treppenfluchten, die sich bei sanfter Berührung zusammenfalten und verschwinden…

Nachdem ich mir abends einmal seine luxuriöse neue Wohnung angeschaut hatte, ertappte ich mich dabei, wie in mir hämisch der Seufzer hochkam: «Ach, wenn Franz Schubert nicht in einer Dachstube Hungers gestorben wäre, sondern solch einen Platz zum Arbeiten gehabt hätte, was hätte er dann nicht alles erreichen können.»[6] Ich unterdrückte diese Bemerkung, aber

6 Wieder ein «Woollcottismus»: Schubert ist weder Hungers, noch in einer Dachstube gestorben.

ich mußte mich auf dem Nachhauseweg doch fragen, ob es an Gershwin irgend etwas gab, was mich zu derartigen Neckereien reizte – weshalb man dazu neigt, all die Anekdoten, die man sich über ihn erzählt und von denen ich hier nur ein paar Beispiele genannt habe, ins leicht Lächerliche zu ziehen. Und es dämmerte mir, daß wir alle gelegentlich in die Rolle des kleinen Bengels schlüpfen, der mit Steinchen nach ihm wirft, weil wir im Grunde die Wahrheit kennen – die für uns unangenehme, beunruhigende Wahrheit – nämlich, daß er ein Genie ist…

Alexander Woollcott, *George the Ingenuous*, «Cosmopolitan», November 1933, S. 32f., 122f

I
Annäherung

Obwohl es so aussieht, als habe Gershwin den größten Teil seines Lebens in der Öffentlichkeit zugebracht (er gab bereitwillig Interviews, war zugänglich und schien oft auf Parties gewesen zu sein), gab seine Persönlichkeit auch Rätsel auf. Seine Schwester Frankie drückte es einmal so aus: «... sehr verschlossen, und doch sehr lieb und beschützend.» Seine Hingabe an die Arbeit ging auf Kosten eines erfüllten Privatlebens. Es verwunderte seine Freunde, daß er niemals geheiratet hat; seine Verleumder hängten ihm ein ungeheures Ego an, und seine Verehrer fanden ihn «freundlich» und «anregend». Viele waren begeistert von seinem jungenhaften Eifer, stundenlang und ununterbrochen auf Parties Klavier zu spielen. Einmal, als seine Mutter ihn davor warnte, er solle es nicht übertreiben, antwortete er: «... die Sache ist nur, wenn ich nicht spiele, dann macht es mir auch keinen Spaß.» Was sein Ego betrifft, so fand Isaac Goldberg ihn «... im Grunde zu bescheiden, um den Anschein von Bescheidenheit zu erwecken», obwohl seine «Offenheit einem manchmal den Atem verschlägt.» Goldberg erzählte die Geschichte von Gershwins Einladung nach Detroit, der Hauptstadt des Automobils, anläßlich und zu Ehren des Besuchs «einer der Infantinnen aus Spanien.» Er erhielt einen Ehrenplatz «ganz in der Nähe der großen Automobilmagnaten, einschließlich Henry Ford.» Als er zurückkam, erwarteten seine Freunde und Angehörige «einen glanzvollen Bericht über das Erlebnis» – Geschichten von der Spanischen Königlichen Hoheit und König Henry. «Ich war ein Bombenerfolg,» war das einzige, was er erwiderte. Offenbar hatte man ihn gebeten zu spielen.

George Gershwin war nicht streitsüchtig und schrieb lieber neue Lieder, wenn ein Regisseur oder Sänger sich gegen einen Song aus der Show entschied. Er schrieb auch keine Briefe, um sich über ungerechtfertigte Beurteilungen zu beschweren. Seine Freunde waren jedoch sofort dazu bereit, ihn zu verteidigen. Im «American Spectator» erschien 1932 ein Artikel mit dem Titel «The Gershwin Myth», der George Gershwin unterstellte, daß er die Orchestrierung seiner Kunstwerke nicht selbst vornehme und sein guter Freund, der Allround-Musiker und Dirigent William Daly, sein Ghostwriter sei. Der Verkünder dieser Unterstellung, Allan Lincoln Langley, war ein wenig erfolgreicher Komponist, der sich seinen Lebensunterhalt als freier Mitarbeiter in einigen größeren Orchestern (vor allem Boston Symphony und New York Philharmonic) verdiente. In seiner entwaffnenden Entgegnung schrieb Daly: «Ich denke, ich sollte die Tatsache, daß Langley Gershwins Arbeit mir zuschreibt, wirklich übelnehmen, da Langley alles so schlecht findet. Aber glücklicherweise für meine amour propre habe ich einige Kompositionen von Langley gehört. Er sollte lieber die Finger vom Tintenfaß lassen und bei der Viola bleiben.» «Gershwin», so fuhr er fort, «erhält viele ... Anregungen von seinen vielen Freunden, denen er immer seine verschiedenen Kompositionen, die leichten und die symphonischen, vorspielt, wenn sie noch nicht abgeschlossen sind. Möglicherweise stellt sich Herr Langley das so vor, daß wir alle zusammenkommen (und wir müßten uns dann schon im Yankee Stadium treffen) und Herrn Gershwin seine Musik schreiben.»

Gershwin hatte einen riesigen gemischten Freundeskreis, nicht nur aus der Welt der Musik und des Theaters, sondern auch aus der Welt der Literatur, der Finanzen, der Kunst und des Sports. Einige haben ihre Eindrücke über ihren Mitarbeiter und Freund niedergeschrieben. Interessante Vignetten, journalistische und ganz alltägliche, haben verschiedene Aspekte seiner Persönlichkeit aufgedeckt. Sein Bruder Ira stand Gershwin näher als jeder andere; ihre Beziehung war erfreulicherweise völlig frei von jeder geschwisterlichen Rivalität. Bereitwillig überließ Ira es George, der Gershwin zu sein, und gab sich damit zufrieden, sich im Abglanz seines Bruders zu sonnen. Später, als er sich vom Texteschreiben zurückgezogen hatte, nahm er sich der Verwaltung der Werke seines Bruders an (Aufbewahrung der Manuskripte usw. in der Library of Congress) und setzte sich für den Erhalt seines Nachruhms in der amerikanischen Musikgeschichte ein.

Charles G. Shaw
(geboren 1892)

Charles G. Shaw ist Schriftsteller und Essayist, dessen Erzeugnisse, die Persönliches (*Reveries of a Batchelor Nearing Forty*) und Philosophisches (*On Love and the Girls*) umfassen, in so angesehenen Zeitungen und Zeitschriften wie «The Bookman,» «The New Yorker» und «Vanity Fair» erschienen sind. Er verfaßte Dutzende von Kurzbiographien berühmter Persönlichkeiten der zwanziger Jahre aus der Welt des Sports, der Künste und der Politik.

> George Gershwin wurde in Brooklyn, New York, geboren und zog im Alter von sechs Wochen nach Manhattan. Er ist der Sohn von Morris und Rose Gershwin und hat zwei Brüder, Ira und Arthur. Seine Schwester heißt Frances.
>
> Erst im Alter von dreizehn Jahren bekam er seinen ersten Musikunterricht und war für seine Lehrer in der Schule ein hoffnungsloser Fall. Er war aber der Champion der Seventh Street im Rollschuhlaufen. Er hat nie Geschmack am Pokerspiel gefunden, dafür spielt er gern Hearts, Pingpong und Golf, reitet gern und ist gelegentlich auch einem Tennismatch nicht abgeneigt. Seine Vorlieben wechseln jedes Jahr.
>
> Trotz seines starken Bartwuchses schwört er, daß er sich um nichts in der Welt zweimal am Tag rasieren würde. Hin und wieder läßt er ihn drei Tage wachsen – aber nicht länger. Er bevorzugt entweder einen blauen oder einen grauen Anzug, würde aber unter keinen Umständen ein bestimmtes Braun tragen. Er will keine amerikanische Kleidung anziehen...Von seinem Arbeitszimmer aus hat er einen direkten Blick auf die Seifenfabrik von Jersey.[1] Sein Lieblingsgericht ist Borschtsch nach dem Rezept seiner Mutter. Er hat außerdem eine Schwäche für eine doppelte Portion Lammkoteletts.

1 Damals lebte Gershwin in einem Penthouse am Riverside Drive 33 mit Blick auf den Hudson River; er hatte eine wunderbare Aussicht auf die «Palisaden», die Felsen von New Jersey, und auf Downtown-Manhatten.

Eines der seltenen Familienfotos, um 1930/31: Rose (vorne links), George, Arthur, Morris und Ira (von links); Frances ist nicht mit auf dem Foto, weil sie zu der Zeit schon mit Leopold Godowsky jr. verheiratet war und in Rochester, New York, lebte

Er glaubt, daß New York sich am besten von allen Städten der Welt zum Arbeiten eignet; er schätzt London wegen seiner Ruhe, und Paris liebt er aufgrund seiner Schönheit ... Nicht leiden kann er vor allem laute Menschen, «süßliche» Musik, Knoblauch, Menschenmassen (außer bei seinen Konzerten) und Avocados. Die Ehe hält er für den Idealzustand, und er ist bisher nur deshalb Junggeselle geblieben, weil ihm das richtige Mädchen noch nicht über den Weg gelaufen ist. Seiner Meinung nach scheitern so viele Ehen aus Mangel an Einsicht, und er vergleicht unglücklich verheiratete Paare mit hervorragenden Musikern, die langweilige Musik schreiben.

Kinos sind für ihn im großen und ganzen eine Zeitverschwendung. Er findet Pferde und Hunde interessant und hat Spaß an den Stücken von George Bernard Shaw. Sein liebstes Literaturwerk der Moderne ist *Porgy.* Wenn eine Arbeit nicht zu einem bestimmten Termin abgeschlossen sein muß, kann er sich

Monate damit aufhalten. Er geht in keiner Weise methodisch vor und arbeitet nur, wenn er in der Stimmung ist.

Er mag Ice Cream Sodas und Scotch Highballs, gelegentlich zusammen mit einem Cocktail; und nur selten trinkt er Brombeersaft. Don Sebastians sind seine Lieblingszigarren. Er hat eine frische Gesichtsfarbe, sein Haar ist tiefschwarz. Er arbeitet oft zwölf Stunden lang ohne Unterbrechung, wobei er sich so verausgabt, daß er unter nervösen Magenverstimmungen leidet. Darüber hinaus hat er keine weiteren Probleme mit seiner Gesundheit. Um sich zu entspannen, geht er zu einem Osteopathen. Wenn er in guter Stimmung ist, kann er überall arbeiten, ungeachtet der Größe, der Form oder der Ausstattung des Raumes. Die *Rhapsody in Blue* schrieb er in drei Wochen in einer Wohnung in der Amsterdam Avenue, umgeben vom Verkehrslärm der Busse und Straßenbahnen. Auf der anderen Seite kann er das Froschgequake auf dem Lande nicht ausstehen.

Ein guter Boxkampf begeistert ihn. Nachtclubs langweilen ihn zu Tode, und obwohl er gerne tanzt, geht er von Jahr zu Jahr weniger auf Parties. Zu seinen größten Schätzen gehören ein Foto von Prinz George von England (mit der Widmung «Von George für George») und ein goldenes Zigarettenetui mit den Unterschriften von achtundzwanzig Freunden, das Otto Kahn ihm auf einer Party überreichte, nachdem Gershwin sein *Concerto* gespielt hatte.[2]

Er raucht selten Zigaretten, ausgenommen in weiblicher Gesellschaft, und greift gelegentlich auch zur Pfeife. Pünktlichkeit ist für ihn eine Schwierigkeit. Das Ziel seines Lebens besteht darin, die richtige Ausdrucksweise seiner Vorstellungen in der Musik zu finden. Er würde viel dafür opfern, so sagt er, um so viel Technik zu lernen, daß diese Vorstellungen wiedergegeben werden können. Den Blues schätzt er in seiner einfachsten Form. Er brach den Rekord der Besucherzahl im Lewisohn Stadium, als dort am 25. Juli 1927 achtzehntausend Fans zusammenkamen, um seinem Konzert beizuwohnen.

Die Politik interessiert ihn nicht im geringsten. Ebenso fühlt er sich auch nicht zu maskulinen Frauen hingezogen. Er meint, es sei unmöglich, irgendwelche Aussagen darüber zu machen, welche Formen die Musik einmal in hundert Jahren annehmen wird, doch gleichgültig was geschehe, eine Verbesserung über Bach hinaus werde es nicht geben.

---

2 Der Mäzen Otto Kahn engagierte sich bei der New York Philharmonic Society (als deren Präsident) und bei der Metropolitan Opera (1907–1934). Seine Bemühungen, Gershwins *Porgy and Bess* an der Met herauszubringen, blieben aber erfolglos.

Er ist auch der Meinung, daß das Hörvermögen der Menschen sich mit der Zeit kultiviert und daß heutzutage der Klang höher geschätzt werde denn je zuvor. Er betrachtet es als sein aufregendstes Erlebnis, wenn eines seiner Orchesterwerke genauso gespielt wird, wie er es gefühlt hatte, als er es schrieb.

Jede Nacht, bevor er zu Bett geht, verschlingt er einen Teller voll Cornflakes und Kleie.

Seine größte Zuneigung gilt seinem Hund Tinker und seiner Familie. Er nimmt an allen Proben für seine Aufführungen teil und hilft bei der Besetzung, der Inszenierung und den allgemeinen Bühnenangelegenheiten. Er vermag gut Leute einzuschätzen, meistens nach seinem ersten Eindruck. Er kann seine Produzenten gut leiden und gibt ihnen in allem recht.

Seine Schecks und Rechnungen werden sämtlich von seinem Bruder Ira ausgestellt; sie würden sonst vergessen und blieben unbezahlt. Ira beantwortet auch den größten Teil seiner Post und Telegramme. Erst seit kurzem hat er sich dazu überreden lassen, einen Sekretär dafür anzustellen. Da er leicht schockiert ist, grenzt seine Unterhaltung – vor allem mit Frauen – beinahe ans Puritanische.

Seine normale Arbeitsbekleidung besteht aus einer Pyjamahose, einem Bademantel und einem Paar Pantoffeln. Er bewundert Igor Strawinsky, Bill Daly, Edgar Selwyn[3] und Max Beerbohm und beneidet aufrichtig die Erstausgaben-Bibliotheken von MM. (B.G.) DeSylva und von Jerome Kern, auch wenn er keinen Versuch unternimmt, ihnen darin nachzueifern. Er spielt auf jede Bitte hin und sitzt Stunde um Stunde am Klavier, gleichgültig, ob einer oder eintausend zuhören. Ihn amüsiert der unschuldige Humor seines Vaters mehr als der der Komiker, die der Welt zwerchfellerschütternde Lachsalven abzuringen vermögen, und hat die Gershwin-père-Witze zu Klassikern am Broadway gemacht.[4] Von seiner ganzen Familie war er der erste, der Anzeichen einer musikalischen Begabung aufwies.

Charles G. Shaw, *The Low-Down*,
New York 1928, S. 151 – 159

3 Der Broadway-Produzent Edgar Selwyn brachte *Strike Up The Band* zweimal heraus: 1927 war es ein Reinfall, 1930 ein Erfolg. Selwyn ließ sich schließlich als Filmproduzent in Hollywood nieder.

4 Einer seiner Lieblingswitze: Einmal hörte Morris Gershwin zufällig, wie George und Ira über Einstein und seine Theorie sprachen, und George die Bemerkung machte: «Stell dir nur vor, zwanzig Jahre lang an einer Idee zu arbeiten und dann in der Lage zu sein, alles auf nur drei Seiten niederzuschreiben.» «Dann ist es wohl sehr klein gedruckt gewesen,» war Morris Gershwins Kommentar.

Merle Armitage
(1893 – 1975)

Der Impresario und gelernte Bauingenieur, später Zeichner und Autor Merle Armitage hatte in den letzten Lebensjahren des Komponisten engen Kontakt zu Gershwin; er arrangierte das erste reine Gershwin-Konzert in Los Angeles im Februar 1937. Gershwin spürte auf einer Probe dazu und bei einem Konzert die ersten Anzeichen des tödlichen Gehirntumors. Kurz vor seinem Tod besprachen er und Armitage die Möglichkeit der Wiederaufführung von *Porgy and Bess*.

George Gershwin war stolz darauf, Amerikaner zu sein. Wenn er sagte: «Mein Volk ist das amerikanische Volk; meine Zeit ist die heutige Zeit – die Musik muß die Gedanken und das Sehnen der Zeit aufgreifen» – hat er in Worte gefaßt, was seine Musik ausnahmslos ausdrückt ... Die Erregbarkeit, Nervorsität und Beweglichkeit Amerikas beeinflußten entscheidend Gershwins Leben und seine Musik. Es ist allgemein bekannt, daß zu seinen Lebzeiten seine Musik kaum eine durchdachte Einschätzung durch die Kritik erfuhr. Bewunderer und Freunde, Tausende, die für seine Musik schwärmten, verdrehten die Urteile – verdrängten jede Möglichkeit und Gelegenheit für objektive und überlegte Stellungnahmen. Und wenn auch Gershwin nicht unbedingt für jene erhabenen Sphären ausersehen war, in die einige seiner albernen Anhänger ihn erhoben wissen wollten, so ist seine Bedeutung doch unermeßlich viel größer, als es sich so mancher von den «Oberen» vorgestellt hat. Und die einzige vernünftige Erklärung für diese bemerkenswerte Bandbreite von Einschätzungen kann nur die sein, daß George beide Lager in Verwirrung gestürzt hat, weil er einfach einzigartig ist ...

Amerika hatte sich fast von seinem musikalischen Minderwertigkeitskomplex befreit, indem es mehr hervorragende Symphonieorchester besaß als ganz Europa, als seiner Selbstgefälligkeit ein kleiner Dämpfer versetzt wurde. Ein Unbekannter aus der Tin Pan Alley wurde zunächst geduldet und schließlich in die Tempel der großen Musik eingeladen.

Während viele europäische Kritiker längst die Lebendigkeit des amerikanischen Jazz' anerkannt und über die große Wahrscheinlichkeit, daß der Jazz und seine Technik die Zukunft entscheidend mitgestalten werde, geschrieben hatten, betrachteten wir noch selbstzufrieden unsere fremden Importe und wagten nicht, für ein Produkt aus dem eigenen Lande Bewunderung zu zeigen. Wir waren uns seiner Bedeutung auch viel zu unsicher – wenigstens die meisten von uns waren da im Zweifel ...

So sah die Situation aus, als George Gershwin auftauchte. In gewissen Kreisen war er schon verdammt; denn *Swanee* für Al

Jolson, dessen Erfolg einfach empörend war, und einige Lieder aus den *George White's Scandals* waren schon geschrieben. Eins der Lieder aus den *Scandals* beeindruckte Paul Whiteman, der schon immer den Jazz in die Konzerthallen bringen wollte, derartig, daß er George einlud, für das besagte Konzert am 12. Februar 1924 in der Aeolian Hall etwas zu schreiben, und die Welt vernahm zum erstenmal die *Rhapsody in Blue* ...

Gershwins Auftreten bewirkte, daß in gewissen Kreisen der musikalischen Welt merkwürdige Ansichten zum Vorschein kamen. Die einen gaben zwar zu, daß Jazz etwas Beachtenswertes an sich habe, daß es aber nur einem heutigen Wagner oder Debussy – damit meinten sie: einem richtigen Komponisten – gelingen könne, bedeutsamen Gebrauch davon zu machen. Natürlich wollten andere wiederum die Möglichkeit gar nicht erst gelten lassen. Aber es gab auch Leute mit Einsicht und Einfluß, die davon überzeugt waren, daß Gershwin ein richtiger Komponist war, und die wußten, daß seine Musik auf ernstzunehmenden Grundlagen fußte. Und dann gibt es die Ansicht, die wachsende Zustimmung gefunden hat, daß die« größeren» Gershwin-Werke nicht überleben würden, daß nur seine Lieder und die weniger anmaßenden Kompositionen den Keim der Unsterblichkeit in sich trügen ...

Will man zusammenfassen, was den Künstler George Gershwin ausmacht, kann man gut auf jenes Etikett zurückgreifen, das er einmal selbst benutzt hat: Er bezeichnete sich als einen «modernen Romantiker.» Seine Musik drückt dies aus; seine Malereien offenbaren es. Der Mensch George Gershwin besaß viel Köpfchen und viel Herz, beides Eigenschaften, die ihn äußerst beliebt machten. Er war von Grund auf ehrlich. Seine Fähigkeit, auch im geschäftlichen Bereich zu einem guten Einvernehmen zu gelangen, rührte daher, daß er seinem so großzügigen Wesen immer treu blieb. Er schien immer ausgeglichen zu sein. Er besaß eine sehr klare Vorstellung davon, wo in der Welt er stand und welche Bedeutung ihm als Künstler zukam – und doch war er bescheiden. Ich habe gesehen, wie er bei einem schmeichelhaften Lob errötete. Obwohl er nach außen hin etwas kühl wirkte, habe ich die Wärme seiner Freundschaft erfahren. George Gershwin liebte den Broadway, bewunderte die Filmindustrie und empfand Respekt gegenüber der ernsten Musikwelt – eine einmalige Leistung. Er verfügte über eine hervorragende Eigenschaft, ohne die alle andern nur wenig genützt hätten: Er hatte Stil!

Merle Armitage, «George Gershwin an His Time», in: Merle Armitage (Hg.), *George Gershwin*, New York 1938, S. 5–8, 11, 13–15

George bekam viele gutmütige und manchmal auch scharfe Kommentare über seine Beschäftigung mit der Musik zu hören. George S. Kaufmans sanfte Bemerkung: «Ich würde jederzeit auf George setzen – in einem Hundert-Yard-Sprint zum Klavier», und Oscar Levants verdrießliche Frage: «Sag 'mal, George, wenn Du alles nochmal machen müßtest – würdest Du dich dann immer noch in dich selbst verlieben?» sind typisch dafür. Aber keiner der engen Freunde meinte diese witzigen Spötteleien böse. Benett Clerf kam der Wahrheit wohl am nächsten, als er bemerkte: «Ich habe niemals einen glücklicheren Menschen gesehen, der eine größere Lebensfreude auszustrahlen vermochte, als George, wenn er seine Lieder spielte.» ...

Georges Interesse und Hingabe an jede Art von Musik war ein Zeichen seiner Bescheidenheit. Er war ungewöhnlich gut unterrichtet. Beispiele dafür sind seine Liebe und seine Kenntnis der Kammermusik von Mozart, Brahms, Debussy, seine große Verehrung für die Mozart-Opern. Er kannte beinahe alles, was Bach und Beethoven geschrieben hatten. Er vertiefte sich in die Musik von Rameau, Pergolesi, Palestrina und Gluck. Aber auch die größten Meister fanden sich – wie die alten Meister – nur im Museum wieder. Er empfand die allergrößte Bewunderung für sie und schlug doch eine andere Richtung ein, seine Richtung. Und während er einerseits dankbar war für das reiche Erbe von Palestrina bis Bartók und andererseits die Musik seiner Zeit, Schönberg, Ravel, Milhaud, Hindemith, Berg, Strawinsky, sehr spannend fand, wußte er, daß es für ihn noch eine andere Welt gab. Aber sein Interesse zum Beispiel an Berg war so groß, daß er sich trotz seines ausgefüllten Stundenplanes die Zeit nahm, zur *Wozzeck*-Vorstellung nach Philadelphia zu fahren.

Merle Armitage, *George Gershwin – Man and Legend,* New York 1958, S. 73

Sir Osbert Sitwell
(1892 – 1969)

In Eton erzogen und Mitglied einer außergewöhnlich literarischen Familie wurde Osbert Sitwell vor allem als Autor von Kurzgeschichten und Romanen (*Before the Bombardement,* 1926) bekannt. Er verfaßte außerdem mehrere witzige und kluge autobiographische Werke. Sitwell arbeite mit Sir William Walton an dessen Oratorium *Belshazzar's Feast.*

Gershwin war zwar kein enger Freund von mir, aber ich kannte und mochte ihn. Wenn er sich in London aufhielt, kam er meist zum Lunch bei uns vorbei. Er war eine schöne, rassige Erscheinung; man konnte gar nicht anders, man mußte ihn für einen Juden halten. Schlank und kräftig, wie er vor einem stand, mit der klaren Stirn, dem schön geformten Hinterkopf eines Widders und den ausgeprägten, aber stromlinienförmigen Gesichtszügen vermittelte er dem Betrachter den Eindruck von Willenskraft, Persönlichkeit und Begabung. Ich war immer der Auffassung gewesen, daß er der Sohn von deutschsprachigen Einwanderern aus Rußland und in den ärmsten Vierteln von New York aufgewachsen war.[5] Aber seine Umgangsformen waren wirklich ganz ausgezeichnet. Er hatte eine angenehme Stimme, und obwohl die Kraft seiner Persönlichkeit in seinem ganzen Auftreten deutlich zu spüren war, blieb er zurückhaltend und bescheiden. Ich habe niemals auch nur eine Spur von jener Arroganz feststellen können, die man ihm zuschrieb. Es mag angehen, daß viele Zeitgenossen die Wertschätzung seiner *Rhapsody in Blue* etwas übertreiben, aber die Hunderte von Liedern und Tänzen, die er schrieb, sind bestimmt der typische Ausdruck der Kühnheit des Zeitalters, dem sie entstammen; sie sind auf ihre Art so meisterhaft, daß keine Chronik der Epoche es versäumen dürfte, sie und ihren umsichgreifenden Einfluß zu erwähnen.

Sir Osbert Sitwell, *Laugther in the Next Room*,
London 1949

Paul Whiteman
(siehe Seite 34)

George Gershwin hat einen ganz besonderen Platz in meinem Herzen, der ihm allein gehört. Vor Gershwin gab es Hunderte von großen Liederschreibern, die nicht ungeschickt in ihren Kompositionen vorgingen, für die aber das weite Feld, das sich seinem ganz besonderen Genius erschloß, im Dunkeln blieb. Was ich damit sagen will, ist, daß es in ihren Beiträgen nichts gibt, was es von der technischen Seite oder von der musikalischen Entwicklung her rechtfertigen ließe, die sogenannte Jazz-Richtung mit in das Gebiet der klassischen Musik aufzunehmen. Dies vermochte erst Gershwin; durch ihn gewann jene Musikkunst, die vorher mit leichter Geringschätzung betrachtet worden war, an Würde. In seinem Klavierspiel drückte sich immer

5 Als die Gershwins auf der Lower East Side New Yorks lebten, war es noch nicht das Slumviertel, das es später wurde. Ihre Lebensweise entsprach eher der der Mittelschicht. Anders als bei Irving Berlin, der ebenfalls hier lebte, hat es echte Armut bei den Gershwins nie gegeben.

große Originalität aus, verbunden mit einem starken Gespür fürs Orchester. Er dachte immer in Orchestermaßstäben und spielte entsprechend.

Bei George Gershwin hatte ich stets das Gefühl, daß es mehr war, als nur der Anfang einer eigenen Stilrichtung. Mit Wissen und Fertigkeit schrieb er Melodien, die zu musikalischen Meilensteinen geworden sind. Er verstand es ausgezeichnet, die eingängigen Eigenschaften von Schlagern mit intelligenter Musikalität zu verbinden. Er zeigte den Weg. Er hat dem verfeinerten Jazz eine festverankerte Grundlage geschaffen – so fest, daß Nachfolger auf dieser von ihm begründeten Tradition aufbauen können. Das Gershwin-Thema hat sich den jüngeren Komponisten eingeprägt, und es ist an ihnen, es aufzugreifen und damit voranzugehen ...

George Gershwin war das Vorbild in Person. Er ist gegangen – aber seine Musik ist uns geblieben als ein ewiges Denkmal.

Paul Whiteman, «George and the Rhapsody» in: Merle Armitage (Hg.), *George Gershwin*, New York 1938, S. 24 ff

Walter Damrosch
(1862 – 1950)

Der in Deutschland geborene Dirigent und Komponist Walter Damrosch stammte aus einer musikalischen Familie; sein Vater Leopold und sein Bruder Frank waren ebenfalls Dirigenten. 1871 wanderte die Familie in die USA aus. Im Alter von zwanzig Jahren war Walter Dirigent der Newark (New Yersey) Harmonic Society; 1885 trat er die Nachfolge seines Vaters an und wurde Dirigent der Oratorio Society und der Symphony Society von New York, die zusammen mit der Philharmonic Society Vorläufer der heutigen New York Philharmonic waren. Als Dirigent der Society stellte Damrosch seinem Publikum die neuen Werke von Brahms, Tschaikowsky und Wagner vor. Musikalisch eher konservativ, gab er dennoch bei zeitgenössischen amerikanischen Komponisten Werke in Auftrag. Als Komponist wurde er vor allem durch seine Vertonung von Kiplings *Denny Deever* und durch mehrere Opern – u.a. *The Scarlet Letter* (1896), *The Man Without a Country* (1937) – bekannt. In den dreißiger Jahren setzte sich Damrosch für die Übertragung von Konzertmusik im Rundfunk ein.

1925 wurde ich das erste Mal auf George Gershwin und die Musik, die er für verschiedene Broadway-Produktionen geschrieben hatte, aufmerksam. Die Musik war in Melodie und harmonischer Umsetzung so originell, daß ich den starken Eindruck hatte, in ihm steckten Möglichkeiten, sich in die ernstere Richtung der Musik zu entwickeln. Ich machte Mr. Harry Harkness Flagler, dem Präsidenten der New York Symphony Society,

Gershwin und der Dirigent Walter Damrosch studieren die Partitur des *Concerto in F*, 1925

den Vorschlag, daß es für Gershwins künstlerische Entwicklung ein schöner und wichtiger Anreiz sein könnte, wenn er für die Symphony Society ein Klavierkonzert schriebe, das dann mit ihm am Klavier in einem unserer Konzerte uraufgeführt werden sollte. Mr. Flagler stimmte diesem Vorschlag begeistert zu. George Gershwin schrieb das Konzert für uns und erhielt fast uneingeschränkten und begeisterten Beifall, als es am 3. Dezember 1925 zum erstenmal aufgeführt wurde. Ich denke immer noch, daß der zweite Satz dieses Konzerts, mit seiner verträumten Stimmung einer Sommernacht in einem Südstaaten-Garten, ein deutliches Zeichen seiner Begabung ist.

Ich empfand große Zuneigung für ihn und für die Ungekünsteltheit seiner musikalischen Begabung. Er zeigte eine fast kindliche Liebe für seine eigene Musik und war stolz darauf. Um die Wahrheit zu sagen, ich versuchte gewissermaßen, ihm den Broadway aus dem Kopf zu schlagen, da ich meinte, er könnte mehr bringen, als die Broadway-Musicals verlangten oder gar zuließen. Aber die Verlockung der leichten Form, die er so meisterhaft beherrschte, war zu stark. Vielleicht habe ich ihn falsch eingeschätzt, und sein Instinkt riet ihm zu tun, wozu er sich am ehesten in der Lage fühlte. Am Ende ist es doch ein innerer Drang, den wir spüren und der uns zwingt, unser künstlerisches Los zu erfüllen.

Walter Damrosch, «Gershwin an the Concerto in F» , in: Merle Armitage (Hg.) *George Gershwin*, New York 1938, S. 32f

Seitdem [1925] hat er unzählige und vorzügliche Lieder geschrieben und die wunderschöne symphonische Dichtung *An American in Paris*, fröhlich, pittoresk und voller Humor, die ich in New York uraufgeführt habe. George Gershwin selbst war ein bezaubernder Mann, und es war beinahe rührend zu sehen, wie er sich an seiner eigenen Musik freuen konnte. Er war am glücklichsten, wenn er am Klavier sitzen konnte, umgeben von meinen Kindern und deren Freunden, und Dutzende von seinen Liedern sang und spielte. Sein viel zu früher Tod war eine wahre Tragödie für die amerikanische Musik. Er war noch jung und hatte ununterbrochen während seiner ganzen typisch amerikanischen Laufbahn Kostproben seines unverwechselbaren Genies geliefert.

Walter Damrosch, «Gershwin and his Music», *Rhapsody in Blue, The Jubilant Story of George Gershwin and his Music*, Werbebroschüre von Warner Brothers (Hollywood, 1945)

Mario Braggiotti
(geboren 1909)

Der gebürtige Italiener Mario Braggiotti wurde am New England Conservatory ausgebildet und studierte noch bei Nadia Boulanger in Fontainebleu, als er Gershwin kennenlernte. Später trat er dem Klavierduo (Jaques) Fray und Braggiotti bei. Das Duo wirkte bei der Inszenierung von *Funny Face* in London mit (im Orchestergraben). Braggiotti ließ sich schließlich in New York nieder, wo er als Pianist und Komponist sowie für den Rundfunk tätig war.

Als ich in den stürmischen zwanziger Jahren am Pariser Conservatoire studierte, las ich eines Morgens, daß der junge amerikanische Komponist George Gershwin nach Paris gekommen sei, um sich für sein neues Ballett, das Florenz Ziegfeld in Auftrag gegeben hatte, inspirieren zu lassen.[6] Als der Gershwin-Fan,

6 Gershwin hatte keinen Auftrag für dieses Werk; er wollte es einfach schreiben. Als es fertig war, wollten es sowohl Leopold Stokowski als auch Walter Damrosch uraufführen. Als Stokowski von Damroschs Interesse erfuhr, zog er sein Angebot zurück. *An American in Paris* fand als Balletteinlage in der Ziegfeld-Produktion *Show Girl* (1929) Verwendung.

Gershwin in Paris, auf der Rennbahn von Auteuil, April 1926

der ich war (und niemals aufhören werde zu sein), marschierte ich unverzüglich zu seiner Suite im Hotel [Majestic] und stellte mich ihm dreist als Musikerkollege vor. In einen Arbeitsmorgenrock gekleidet bat er mich munter und ohne Umschweife zu sich herein; er hatte dieses unbestimmte, leicht erstaunte Verhalten, das einer an den Tag legt, der konzentriert einer schöpferischen Eingebung lauscht. Neben seinem Steinway standen mehrere Beistelltische voller französischer Taxihupen aller möglichen Größen und Macharten. Ungeachtet meiner Gegenwart setzte sich George plötzlich an sein Manuskript und vollendete rasch die Sequenz, die mein Klingeln unterbrochen hatte; dann wandte er sich mir zu und sagte, als er mein Starren auf die lustigen Hörner bemerkte: «Ich suche die richtige Horntonhöhe für die Straßenszene des Balletts, das ich gerade schreibe. Nenne es *An American in Paris*. Macht großen Spaß. Ich glaube, ich hab' da etwas. Hab' gerade den Entwurf für den langsamen Satz fertig.» Er hielt inne und sah mit verzücktem Blick auf den Klimperkasten, wie eine Mutter ihre neue Wiege betrachtet. «Hier, ich will diese Begleitung ausprobieren. Woll'n Sie nicht die Melodie im Diskant spielen?» Geschmeichelt und eifrig setzte ich mich geschwind neben ihn auf die Klavierbank. Er begann und spielte zwei improvisierte Takte und ich setzte ein mit der Melodie in einfachen Noten, die ich auf dem frischen Manuskript las. Und so erklang zum erstenmal überhaupt der so wunderbar originelle und wehmütige langsame Satz von *An American in Paris*, zweifellos eins der besten Werke Gershwins. George schob kauend seine immerwährende Zigarre vom linken Mundwinkel in den rechten und sagte: «Wie gefällt Ihnen das?» ... Er war ein sehr bescheidener Mensch und ließ seine Musik und seine Art, sie zu spielen, für sich selbst sprechen. Die bestmöglichen Tips konnte man von Gershwin erhalten, wenn man neben ihm saß und ihm beim Spielen zuhörte. Und ich war in der glücklichen Lage, dies sehr oft tun zu können – als er lange Zeit hindurch einmal die Woche abends in seiner Wohnung eine Art «Haus der offenen Tür» veranstaltete. Dies waren anregende Parties, wo sich ein Kreis von Komponisten, Pianisten, Dirigenten, Sängern usw. um die Gershwin-Klaviere versammelte, und alles passieren konnte: von der Entstehung eines neuen Blues bis zur Diskussion über einen gerade stattgefundenen Boxkampf, ein Sport, den George heiß und innig liebte. Und natürlich – das war unvermeidlich – spielte er immer.

Alles, was er schrieb, erhielt Form, Gewicht und Farbe durch Gershwins leichten, scharfen Anschlag, durch die lyrischen Melodien und das sichere Gespür für Rhythmus. Gershwins Spielweise konnte einem aufmerksamen Zuhörer die Ratschäge sämtlicher Lehrer der Welt ersetzen. Vom Pedal machte er äußerst feinsinnig Gebrauch, und er machte niemals etwas, was auf Kosten des Rhythmus ging. In seiner Phrasierung setzte er immer Höhepunkte, so, als wollte er stets einen Gedanken mit einer Pointe abschließen. Und der singende Klang ist wehmütig gefärbt und besitzt eine unberechenbare Struktur, wie ich Vergleichbares noch nicht wieder gehört habe. Sein Spiel wußte intuitiv um das große, allumfassende Geheimnis, das in allen Formen des Hervorbringens – sei es in der Musik, in der Vortragskunst oder in der Athletik – eine so große Rolle spielt, kurz: Es war beherrscht. Das einzige, was er bei seinen Darbietungen nicht unter Kontrolle hatte, war die ungebremste Begeisterung seiner Zuhörer.

Mario Braggiotti, *Gershwin is here to stay*, «Etude», Februar 1953, S. 14

Isaac Goldberg

(siehe Seite 10)

Ich war selten auf den Parties, die Gershwin in seinen verschiedenen Wohnungen in New York gegeben hat. Zwischen uns bestand das scherzhafte Einvernehmen, daß ich zu jeder Party, die er veranstaltete, die Einladung hatte, nicht zu kommen. Ich zog die intimeren Augenblicke vor, wo ich Gelegenheit bekam, seinen Plänen, Verwunderungen, Zweifeln zuzuhören. Ich hatte von Anfang an das Gefühl, daß er nicht der Mann war, angestrengt die akademische Richtung der Musik zu verfolgen ... Gershwin war wie seine Musik, ehrlich, reell, geradeheraus, ungekünstelt, im Grunde vernünftig ... George wünschte sich leidenschaftlich, ein paar Takte Musik zu schreiben, die am Leben bleiben würden. Er stellte oft die Frage: «Glaubst du, daß irgend etwas von mir die Zeit überdauern wird?»

Isaac Goldberg, «Homage to a Friend» in: Merle Armitage (Hg.), *George Gershwin*, New York 1938, S. 163f

Abram Chasins

(1903 – 87)

Der Pianist, Komponist und Schriftsteller Abram Chasins hatte bei Ernest Hutcheson und Rubin Goldmark an der Juilliard Schule of Music studiert. Nach einer erfolgreichen Laufbahn als Klaviersolist, der oft seine eigenen Werke, einschließlich der beiden Klavierkonzerte, spielte, arbeitete er beim New Yorker Rundfunksender WQXR im Ressort «Gute Musik» als Musikberater und wurde 1965 zum Direktor ernannt. Zu seinen bekanntesten Büchern zählen *Speaking of Pianists, The Van Cliburn Legend*, sowie *Stokie, the Incredible Apollo* (Stokowski). Er war ein lebenslanger Freund der Familie Gershwin.

Die andauernde Aktualität der *Rhapsody in Blue*, des *Concerto in F* und *An American in Paris* muß denjenigen, die George Gershwin niemals richtig anerkannt haben, unverständlich erscheinen. Seit über einem Vierteljahrhundert nun haben diese Werke trotz ihrer offensichtlichen Fehlerhaftigkeit international eine magische Anziehungskraft auf die Menschen ausgeübt und sie scharenweise in die Konzertsäle gelockt. Aber es bedarf schon einer gewissen Naivität, die der Ästhetik Gershwins nicht unähnlich ist, wenn man sein Ansehen lediglich auf den banalen Geschmack oder auf die unvollständige Bildung eines Massenpublikums zurückführen will. Dabei bleibt völlig außen vor, weshalb – bei Gershwin plötzlich – Form und Inhalt, Mittel und Zweck nicht mehr so untrennbar erscheinen, wie wir bisher angenommen haben. Die glückliche Fügung des Genius hat offenbar wirksam und eindeutig in den großformatigen Werken Gershwins alle theoretischen und technischen Fragen in den Hintergrund treten lassen. Ich habe keine andere vernünftige Erklärung für die starke und nachhaltige Wirkung seiner Musik.

In der kleinen Liedform ist Gershwin Meister – dem braucht man nichts hinzuzufügen. In seinen unnachahmlichen Musical Comedies und Filmpartituren werden selbst lange Szenen bewunderungswürdig von seiner Musik zusammengehalten. Hier erinnern wir daran, daß er auf Expertenhilfe zurückgriff – vor allem auf die seines Bruders Ira, ein Künstler aus eigenem Recht. *Porgy and Bess* ist trotz aller außergewöhnlichen Elemente ein überzeugendes Meisterwerk. In seinen instrumentalen Werken werden Gershwins Ideen in starre Regeln gepreßt und mit jener Unbekümmertheit an ihrer freien Entfaltung gehindert, die nur durch fundiertes Wissen und unerbittliche Disziplin möglich wird.

Gershwins Erfolge sind längst nicht nur auf besondere technische Verfahrensweisen zurückzuführen. Er besaß das, was Kunst zum Leben erweckt: Inspiration. Und ist ein Werk auch noch so vollendet konstruiert, ohne Inspiration kann es nicht überleben. Inspiration kann einem Marsch oder einer Messe innewohnen; sie kann einen Schlager oder ein Meisterwerk durchdringen. Nach wie vor ist sie für den Zauber verantwortlich, der sowohl die großen Publikumsmassen als auch den penibelsten Experten bezaubert.

Abram Chasins, *Paradox in Blue*, «Saturday Review of Literature», 25. Februar 1956, S. 37f, 64 ff

Vernon Duke
(1903 – 69)

Geboren als Vladimir Dukelsky floh Duke 1920 vor der Russischen Revolution und gelangte ein Jahr später nach New York, wo er Gershwin kennenlernte, der ihm den neuen anglisierten Namen vorschlug. Duke schrieb unter seinem neuen Namen Volkslieder, unter seinem alten Konzertmusik (immerhin drei Symphonien, Konzerte für Violine und Cello sowie Kammermusik – heute selten gespielt). Bekannt geworden ist er durch Lieder wie *April in Paris* (Text E.Y. Harburg) *I Can't Get Started* (Ira Gershwin), *Taking a Chance on Love* (John Latouche und Ted Fetter).

Als ich ihm von der Zeit mit Reinhold Glière erzählte und von den Schwierigkeiten, die ich hatte, als ich – fünfzehnjährig – Kontrapunkt und Orchestration lernen mußte, schien er irgendwie beeindruckt. «So was! Das muß toll sein, so viel zu wissen,«

sagte er und sah mich neugierig an. «Aber jetzt, wo du all das gelernt hast – was machst du damit?» Statt einer Antwort spielte ich eine reichlich konstruierte Klaviersonate. Gershwin hörte zu, ziemlich ungeduldig, wie ich glaubte, und schüttelte dann den Kopf. «Mit diesem Zeug kann man doch kein Geld verdienen,» sagte er, «hat außerdem auch kein Herz. Versuch' mal ein paar richtige, volkstümliche Melodien zu schreiben – und hab' keine Angst davor, zu geistlos zu werden. Sie werden dich frei machen!»

Vernon Duke, *Passport to Paris*, Boston 1955, S. 90

S.N. Behrman
(1893 – 1973)

Der Schriftsteller, Bühnen- und Drehbuchautor S.N. Behrman schrieb etwa zwanzig Theaterstücke, darunter *The Second Man* (1927), *End of the Summer* (1936) und *No Time For Comedy* sowie, zusammen mit Joshua Logan, die Vorlage für das Musical *Fanny* (Lieder von Harold Rome). Seine nichtfiktiven Arbeiten umfassen die Biographien *Duveen* (1952) und *Max* (Beerbohm, 1960) und einige autobiographische Bände. Seine besten Drehbücher schrieb er für Greta Garbo: *Queen Christina* (1933) und *Anna Karenina* (1935).

Georges Leben war viel zu sehr nach außen hin gerichtet, spielte sich hauptsächlich in der Öffentlichkeit ab, und diese Aktivitäten nahmen ihn derart in Anspruch, daß er immer sagte, er sei «viel zu beschäftigt», um sich mit inneren Problemen auseinanderzusetzen. Einmal erzählte er mir, daß er für junge Mädchen schreiben wollte, die in heißen Sommernächten in New York auf Feuertreppen säßen und von der Liebe träumten. …

George wurde einer der begehrtesten Junggesellen Amerikas; seine Freunde waren von Anfang an gespannt, welches Mädchen es wohl schaffen würde. Dann war plötzlich immer die Rede von einem «Traummädchen». Das Traummädchen, das ich nie kennengelernt habe, kam aus Chicago und war Leibeserzieherin. Sie machte mit George Konditionstraining, von dem er meinte, daß es gut für ihn wäre. Das körperliche Wohlbefinden endete in großer Verliebtheit…Wir warteten auf die Ankündigung der Hochzeit. Sie kam nicht; sie wurde immer wieder hinausgezögert. Jahre vergingen. Eines Tages rief Ira mich an, um mir verheerende Neuigkeiten mitzuteilen: «Traummädchen» (so nannten wir sie immer; ich habe ihren Namen nie erfahren) hatte geheiratet! Ira konnte es nicht über's Herz bringen, es George zu erzählen. Er bat mich, ihm diese unangenehme Aufgabe abzunehmen. Ich tat es ... «George», sagte ich,

«ich habe schlechte Nachrichten für dich. Traummädchen hat geheiratet.» In seinen braunen Augen zuckte es. Er sah mich unverwandt an. Dann sprach er. «Weißt du,» sagte er, «wenn ich nicht so viel zu tun hätte, würde ich mich furchtbar fühlen.»

S.N. Behrmann, *People in a Diary,* Boston 1972, S. 256 und 246

Vernon Duke
(siehe Seite 73)

Am 29. Mai [1928] nahm ich Diaghilew und Prokofjew mit in die Pariser Oper, wo Gershwins Klavierkonzert unter der Leitung von Vladimir Golschmann mit Dimitri Tiomkin als Solist gespielt wurde. Ob nun der Fehler bei den französischen Musikern lag, die für ihre Allergie gegen Jazz berüchtigt waren, oder bei Herrn Tiomkin, der ein guter Pianist ist, aber sicher kein Gershwin, vermag ich nicht zu sagen. Diaghilew schüttelte den Kopf und murmelte etwas von «guter Jazz und schlechter Liszt», wohingegen Prokofjew neugierig geworden war und sich für einige pianistische Eigenheiten interessierte. Er bat mich, George am nächsten Tag zu seiner Wohnung mitzubringen. George kam und gab sein Bestes; Prokofjew gefielen die Melodien und die geschmackvollen Ausschmückungen, aber hielt nicht so viel von dem Konzert (von Gershwin wiederholt), das, wie er später sagte, aus 32-taktigen Refrains bestand, die unbeholfen zusammengefügt wären. Er war jedoch fest von Gershwins Fähigkeiten als Pianist und als Komponist überzeugt und sagte voraus, daß er weit kommen würde, wenn er sich weniger um «Geld und Gesellschaften» kümmerte.

Vernon Duke, *Passport to Paris*, Boston 1955, S. 209

Oscar Levant
(1906 – 72)

Der Pianist, Komponist, Filmschauspieler und Schriftsteller Oscar Levant war bekannt für seine umfassende Bildung und seinen scharfen Verstand. Er stammte aus Pittsburgh, lernte Gershwin Mitte der zwanziger Jahre kennen und wurde einer seiner feinsinnigsten Interpreten. Von Gershwin angeregt, versuchte er sich selbst im Liederschreiben, allerdings mit keinem großen Erfolg, abgesehen von Lady, *Play Your Mandolin* (Text von Irving Caesar). Seine Konzertwerke, die unter dem Einfluß seines Lehrers Arnold Schönberg entstanden, umfassen u.a. ein Klavierkonzert, zwei Klaviersonatinen, zwei Streichquartette, Orchestersuiten und einen Trauergesang, den er Gershwin widmete. Levants Filmkarriere begann Mitte der vierziger Jahre, als er in

Oscar Levant, fotografiert von Gershwin

Rhapsody in Blue, einer Art Filmbiographie von Gershwin, sich selbst spielte. Weitere Filme waren: *The Barkleys of Broadway, An American in Paris, The Bandwagon.*

Ein Freund berichtete, daß der Konzertabend[7] zufällig auf den heißesten Tag eines ohnehin schon unerträglich heißen New Yorker Sommers fiel ... Trotz drückender Hitze selbst noch nach Sonnenuntergang kamen viele Leute zu dem Konzert, in dem George spielte und dirigierte.

In der Pause ging der Freund zur Hinterbühne, um George zu begrüßen, und traf ihn im Gespräch mit Frau Guggenheimer an, deren Mann Charles Leiter der Stadium-Konzerte ist. Sie sprach ihre Begeisterung aus, ... aber George schien abwesend und unaufmerksam. Als sie einen Augenblick innehielt, fragte er: «Wie ist die Besucherzahl?»

«Großartig», antwortete sie, «über zwölftausend.» Kopfschüttelnd meinte Gershwin: «Letztes Jahr waren es siebzehntausend.»

Der Freund schaltete sich ein: «Aber vergiß nicht, George – heute hatten wir den heißesten Tag in der Geschichte New

7 Am 9./10. Juli 1936 – Gershwins letzter Auftritt im Lewisohn-Stadium.

Yorks.» Bei diesen Worten erhellte sich sein Gesicht und er sagte halb leichthin, halb ernsthaft: «Das stimmt. Ich weiß von vier Freunden, daß sie eigentlich kommen wollten, aber von der Hitze einfach zu müde waren.»

Oscar Levant, *A Smattering of Ignorance*, Garden City, New York, 1941, S. 167f

Vernon Duke
(siehe Seite 73)

Die Gershwins wohnten damals [1930] am Riverside Drive 33 in benachbarten Penthouses. Georges Wohnung war umwerfend modern, versehen mit den neuesten technischen Raffinessen und einer vollständig ausgestatteten Turnhalle. Sein cabinet de travail schmückten ein riesiger Steinway und eine grandiose Aussicht auf den Hudson; an den Wänden hing eine Sammlung moderner Malereien, der in Abständen einige seiner eigenen Bilder (er malte bemerkenswert gut) hinzugefügt wurden. Parties waren an der Tagesordnung, und ich, als altgedienter Party-Löwe, war immer dabei. Zu den regelmäßigen Gästen gehörten Bill Daly, Gershwins Lieblingsdirigent im Orchestergraben, die schelmische Kay Swift, deren Kompositionen *Can't We Be Friends* und *Fine and Dandy* eine glänzende Laufbahn am Broadway versprachen, und der Sauertopf von Beruf, Oscar Levant, ein gutmütiger Neurotiker. ...

Wenn er nicht gerade im Erdgeschoß [seines fünfgeschossigen Hauses in der 103. Straße West] mit seine Brüdern Ira oder Arthur Pingpong spielte, konnte man George am Klavier finden, wo er Stunden verbrachte und unermüdlich spielte. Er übte niemals im Sinne von Czerny, sondern nahm im Eiltempo neue Melodien durch, fügte neue Griffe und Harmonien hinzu «erste und zweite Schlüsse», und wechselte die Tonart nach jedem Lied. Er war der geborene Improvisator.

Vernon Duke, *Passport to Paris*, Boston 1955, S. 222f und 93

Oscar Levant
(siehe Seite 75)

Das Vergnügen, das ich spürte, als ich zusammen mit George auf dem Programm[8] erschien, wurde nur noch übertroffen von seinen kleinen, unbedachten Reaktionen auf das Konzert. Es war kaum zu Ende, als einer seiner ihm wirklich wohlgesinnten Freunde nach hinten geeilt kam, ihm die Hand drückte und sagte: «George, das war wundervoll!»

«Das ist alles?» sagte George mit der für ihn bezeichnenden Zerstreutheit. «Nur wundervoll?»

Oscar Levant, *A Smattering of Ignorance*, Garden City, N.Y., 1941, S. 165

Rouben Mamoulian
(1898 – 1987)

Der gebürtige Russe war beim Theater und beim Film tätig; er führte Regie bei beiden Verfilmungen von *Porgy and Bess*, außerdem bei den Musicals *Oklahoma!* (1943), *Carousel* (1945), *St. Louis Woman* (1946) sowie *Lost in the Stars* (1949). An Filmen drehte er u.a. *Love Me Tonight* (1932), *Becky Sharp* (1935), *Silk Stockings* (1957).

Ich traf George Gershwin das erste Mal Ende 1923 in Rochester, New York, wo ich kurz zuvor aus Europa angekommen war, um am Eastman Theatre Opern zu inszenieren ...

Der erste Eindruck, den Gershwin an diesem Abend auf mich machte, ließ ihn mir als einen ziemlich beunruhigten, ängstlichen jungen Mann erscheinen, sehr ehrgeizig und nicht sehr glücklich. Ziemlich zurückhaltend und ich-bezogen und irgendwie mißtrauisch, dabei einem Kind nicht unähnlich, das mehr Äpfel in den Händen zu tragen versucht, als es bequem möglich ist, und Angst hat, daß man ihm die Äpfel wegnehmen könnte.

Leute, die ihn nicht gut kannten, waren durch die Haltung, die George sich selbst und seiner Arbeit gegenüber einnahm, schnell irritiert. Da er seine eigene Musik mochte und sich selbst lobte, glaubten manche, er sei eingebildet. Dies war nicht richtig, wie ich selbst entdeckt habe. Einbildung ist aus viel härterem Zeug gemacht – was George nicht zu bieten hatte. Stattdessen besaß er die Fähigkeit, sich selbst und seine Arbeit so distanziert zu betrachten, als beurteile er eine andere Person.

8 Gemeint ist als All-Gershwin-Concert am 16. August 1932 im Lewisohn-Stadium, New York

George besaß ein außerordentlich gutes Beurteilungsvermögen und war kolossal begeisterungsfähig, was er auch immer reichlich in Worten zum Ausdruck gab. Was er mochte, lobte er unbefangen und ohne falsche Bescheidenheit.

George dachte sich absolut nichts dabei – er war so naiv und unschuldig –, wenn er sein eigenes Werk pries, so daß dies mit zu seinen liebenswertesten Eigenschaften zählte. So ein paar kleine Sprüche, die von anderen Leuten anmaßend klängen, wirkten bei George rührend und einfach liebenswürdig.

George liebte es, den Leuten auf dem Klavier etwas vorzuspielen, und ließ sich dazu nie lange bitten. Stand ein Klavier im Zimmer, so würde George auf jedem Freundestreffen spielen. Ich bin mir sicher, daß die meisten seiner Freunde, wenn sie sich an George in Hochform erinnern, ihn sich nur am Klavier vorstellen können. Ich habe viele Pianisten und Komponisten bei zwanglosen Zusammenkünften spielen hören; aber ich kenne niemanden, den es so echt begeistert und der es mit solcher Verve getan hat. So wie einige wenige Auserwählte mit der joie de vivre, so war George mit der Lust am Klavierspielen gesegnet. Der George am Klavier war ein glücklicher George. Aus der Tastatur zog er eine reizvolle Melodie wie einen goldenen Faden hervor und begann nach Belieben mit ihr zu spielen; er wirbelte sie herum, drehte sie hin und her, warf sie hoch und verwob sie in unerwartet komplizierte Muster, verknotete sie, löste die Knoten wieder auf und verwandelte sie in Kaskaden von ständig wechselnden Rhythmen und sich verändernder kontrapunktischer Stimmführung ...

George war wie ein Kind. Er besaß die Unschuld und Vorstellungskraft eines Kindes. Er konnte immer wieder die gleiche Sache betrachten und jedesmal etwas Neues entdecken und sich daran erfreuen ... Und dann wirkte er wieder wie ein Patriarch. Wenn ich ihn anschaute, sah ich einen langen weißen Bart und in seiner Hand einen Stab. Dies geschah gewöhnlich, wenn eine Gruppe von Leuten um ihn herum sich heftig über irgend etwas stritt. George lächelte dann und pflegte sie zu betrachten, als seien sie kleine Kinder. Seine Miene schien sagen zu wollen: «Ihr seid alle so liebe Leute und seid in eurer lauten Aufregung alle ein wenig dumm. Ihr seid rührend in eurem Eifer, und ich bin euch dafür wirklich dankbar – aber jetzt hört auf – es ist genug.» Er war dann alt und weise und geduldig, eben ein Patriarch.

Die einfache, kindliche Unbeschwertheit und die klare, heitere Weisheit stellen die beiden Extreme von Gershwins Charakter dar. Dazwischen gab es vieles, was weder einfach, noch klar, noch vielleicht so glücklich war. George machte es sich nicht leicht. Er war ein kompliziertes, nervöses Produkt unserer

Zeit; ruhelose intellektuelle und emotionale Kräfte waren in ihm auf komplizierte Weise verknüpft: Widerstreitende Regungen trafen in ihm aufeinander mit verheerenden Wirkungen. Er war auch nicht frei von Hemmungen und Komplexen. Diese versuchte er immer zu analysieren ...

George besaß außerdem einen ausgeprägten und fröhlichen Sinn für Humor; nicht nur in dem Sinne, wie einer über eine lustige Geschichte lachen kann oder in der Lage ist, eine als solche zu erkennen. Es war in einem tieferen Sinne das Gespür für das Belustigende in allem, was im Leben um einen herum geschieht. Die Geschichten, die er mit liebevoller Belustigung über die Leute von der Straße, seine Freunde und seine Familie erzählte, würden ein ganzes Buch füllen. Er behielt seinen Humor auch den Dingen gegenüber bei, die ihm von allergrößter Wichtigkeit waren. Einmal, als wir ernsthaft über Psychoanalyse sprachen, fragte ich ihn: «Sag mal, George, wieviel nimmt eigentlich normalerweise ein Psychoanalytiker?» George lächelte und antwortete: «Er findet heraus, wieviel man verdient, und verlangt dann mehr, als man sich leisten kann.»[9]

Rouben Mamoulian, «I Remember» in: Merle Armitage, (Hg.), *George Gershwin*, New York 1938, S. 47 – 57

Isaac Goldberg
(siehe Seite 10)

Etwas an ihm blieb ewig jungenhaft, selbst an der Schwelle der Vierziger. Es gab da diesen Ausdruck in seinen Augen, der das Gegenstück zu seinen häufigen Zweifeln darstellte ... Ich erinnere mich, wie ich einmal Filmaufnahmen von ihm in einem Park in Boston machte. Neben einem Blumenbeet entdeckte er einen Schmutzhaufen, ergriff einen Zweig und nahm, während ich an der Kamera zu kurbeln begann, eine parodistische Haltung ein. «Und was soll das heißen?» fragte ich. «Nenne es 'Gershwin, wie er seinen Mist dirigiert'.« Dies war ein extremes

9 Ungefähr ein Jahr lang (1934/35) unterzog sich Gershwin einer Analyse bei Dr. Gregory Zilboorg, der ihm von seiner guten Freundin, der Komponistin Kay Swift, empfohlen worden war. Kay Swift ist heute der Ansicht, daß es einer der unglücklichsten Vorschläge war, die sie Gershwin je gemacht habe. Zilboorg schien den Komponisten, der nur neugierig auf die Psychoanalyse und sich selbst, aber kein Neurotiker mit Mutterkomplex war (wie ihm nachgesagt wurde), zu hassen.

Beispiel dafür, wie er manchmal über seine musikalischen Gehversuche dachte. Natürlich würde George niemals auch nur seine kleinste Arbeit als «Mist» bezeichnen.

Isaac Goldberg, «Homage to a Friend», in: Merle Armitage (Hg.), *George Gershwin*, New York 1938, S. 165

Oscar Levant
(siehe Seite 75)

Zu meiner Verwunderung erwies sich Gershwin in seiner Wohnung in der 110. Straße als erstaunlich zugänglich. Als ich ankam, arbeitete er gerade mit dem kürzlich verstorbenen Bill Daly, seinem ergebenen Freund und Lieblingsdirigenten, an dem ersten Satz «unseres» Konzerts. Ich hatte mich kaum an die Realität seiner Gegenwart gewöhnt, da bemerkte ich, daß er das neue Werk gerade halb durchgespielt hatte.

Vor Aufregung stotterte ich irgendeine nicht sehr taktvolle Bemerkung. George verstand meine Verwirrung und Bewunderung falsch und sah darin Mißbilligung, was ihn seinerseits unwillkürlich feindselig werden ließ. Zusätzlich zu dem Werk selbst hat mich sein flinkes und feuriges Klavierspiel derart gereizt und aufgeregt, daß der alte, latente Neid sich erneut regte. Er war bloß verärgert und wandte sich wieder seiner Arbeit zu. Ich verließ die Wohnung, wie immer erfolgreich einen schlechten Eindruck hinterlassend. …

Leonore Gershwin meinte, daß ich den Abend vielleicht gern mit George und Ira [ihrem Mann] verbringen würde, und ich begleitete sie zu dem Mietshaus am Riverside Drive, wo die Gershwins in benachbarten Penthouses wohnten. Diese waren durch einen kurzen Gang miteinander verbunden, was nicht nur die Zusammenarbeit erleichterte, sondern auch den gegenseitigen Austausch der Gäste. Das Haus war ständig belagert von einer bestimmten Spezies ästhetischer wie kulinarischer Parasiten. Hier stellte ich fest, daß ich der geborene Führer war; denn es dauerte nicht lange und ich nahm mich dieser bis dahin unorganisierten Gruppe an …

Von dem ersten Abendessen an steigerte ich mich auf vier oder fünf Mahlzeiten, die ich bei den Gershwins pro Tag einnahm, und fraß mich durch die Partituren und die Texte von *Delicious* und *Girl Crazy*. Ich hatte den Eindruck, es geschah aus purer Schadenfreude, daß George mich häufig beschwatzte, die wundervollen, schmackhaften Gerichte auf Iras Tisch gegen sein Menü einzutauschen, das seinem bevorzugten Leiden, dem

«Komponistenmagen» angemessen war. Sein Speiseplan bestand aus Haferschleim (und solchen Varianten wie Haferflocken oder Getreidestärke) Zwieback, Melba-Toast (nur bei Festivitäten), Roggenchips und Knäckebrot. Das pièce de résistance war gedünstetes Obst oder, wenn er sich in Freßlaune befand, Apfelkompott...

Als ich von George als Freund akzeptiert war, bekam ich an den Dingen, die er schrieb und tat, so viel Spaß, daß meine eigenen Sachen liegenblieben ... Ihm beim Improvisieren und Spielen zuzuhören, füllte mich vollkommen aus. Er spielte mit so großer Fingerfertigkeit Klavier, und der Fluß an Ideen strömte so stark und beständig, daß jedesmal, wenn er sich hinsetzte, um sich die Zeit zu vertreiben, etwas dabei herauskam. Im Grunde genommen ist dies die Art, wie er zumeist seine Ideen entwickelte – spielend. Das Schreiben brachte ihm so viel Spaß, weil es für ihn in gewisser Weise ein Spiel war, etwas, was er mehr als alles andere liebte ...

Wir nahmen einen späten Zug und teilten uns für die Nachtfahrt eine Kabine. Wir sprachen eine Stunde etwa noch über Musik, und ich hatte seine Frage erst halb beantwortet und wollte eigentlich noch weiterreden, als er sich in aller Ruhe auszuziehen begann und es sich in der unteren Koje gemütlich machte ... Mir blieb gar nichts anderes übrig, als mich ebenfalls auszuziehen und meinen Satz irgendwie zu Ende zu bringen. George nahm den Faden seiner Rede jedoch wieder auf, und ich dachte, er hätte vielleicht Schwierigkeiten, im Zug Schlaf zu finden, und bot ihm deshalb in der Art, wie man einem Freund nach dem Essen ein Gläschen kredenzt, eine Schlaftablette an.

Ich fügte mich den Unbequemlichkeiten einer oberen Koje und dachte über den wirtschaftlichen Fortschritt von Künstlern nach, der Paderewski einen Privatwagen, Gershwin einen Salonwagen und Levant eine schlaflose Nacht beschert. In diesem Moment muß mein Licht Georges Schlummer unterbrochen haben; denn er öffnete die Augen, sah zu mir hoch und sagte schläfrig: «Oberkoje – Unterkoje. Das ist der Unterschied zwischen Talent und Genie.»

Oscar Levant, *A Smattering of Ignorance*, New York 1941, S. 160, 169f

Vernon Duke
(siehe Seite 73)

Prokofjew und ich gingen zur Premiere von *Strike Up the Band* und anschließend auf die Mitternachtsparty bei den Warburgs[10], wo wehmutsvolle Stimmungen nicht angebracht waren und viel bessere Musik gespielt wurde: George verließ nur kurz das Klavier, als die Besprechungen – alle hervorragend – eintrafen, um dann wieder mit neuen Kräften weiterzumachen. Auf der Party tat sich Papa Gershwin zweimal hervor. Als Russel Crouse ihn fragte, ob ihm denn die Revue gefallen habe, erwiderte er: «Was meinen Sie damit, ob sie mir gefallen hat? Mir hat es zu gefallen.» Und noch einmal, als George ihm Roger Pryor vorstellte, der die Hauptrolle innehatte,[11] und Papa wohlwollend bemerkte: «Oh ja, Sie waren auf der Seite der Amerikaner.» (*Strike Up the Band* handelte von einem imaginären Krieg zwischen den USA und der Schweiz.)

Vernon Duke, *Passport to Paris*, Boston 1955, S. 234

S.N. Behrmann
(siehe Seite 74)

Er besaß auch eine Vorliebe für rätselhafte Bemerkungen. Einmal mußte ich noch Jahre später über eine solche Bemerkung nachdenken und konnte zu keiner befriedigenden Erklärung gelangen. George und ich gingen in einer warmen Augustnacht auf dem Broadway spazieren. Die Zeitungen waren derzeit voll von der Sensation des Tages: der Verlobungsanzeige von Irving Berlin und Ellin Mackay.[12] George und ich waren in ein Gespräch darüber vertieft. Plötzlich blieb er stehen, warf mir einen ernsten Blick zu und sagte: «Weißt du, ich denke, das ist für alle Liederschreiber eine schlimme Sache.»

S.N. Behrmann, *People in a Diary*, Boston 1972, S. 245

---

10 Der Financier James Paul Warburg war zu der Zeit noch mit Kay Swift verheiratet. Er schrieb unter dem Pseudonym Paul James Texte zu ihren Melodien. Kays Beziehung zu Gershwin, die 1926 begann, beendete ihre Ehe mit Warburg.

11 Er hat ihn hier vermutlich nicht Roger Pryor, sondern Jerry Goff vorgestellt, der die jugendliche Hauptrolle in der Fassung von 1930 gespielt hatte. Pryor hatte diese Rolle in der Produktion von 1927, die in New York nie herauskam.

12 Berlin heiratete Ellin Mackay 1926. Es war insofern sensationell, als ihr Vater Einwände dagegen erhob, daß sie einen Juden heiratete. Der Millionär Clarence Mackay war damals Präsident der Postal Telegraph & Co.

Frances Gershwin Godowsky

(siehe Seite 10)

George war ein vorzüglicher Tänzer; er war so gut koordiniert und sehr anmutig. Er bewegte sich sehr gekonnt. Er führte mich oft zum Tanzen aus, und wir hatten eine Menge Spaß, obwohl er mich mit Phantasieschritten zu verwirren suchte, aber ich habe durchgehalten. Er war ein Schatz.

Frances Gershwin Godowsky, im Interview vom 7. August 1990

Harold Arlen

(1905 – 86)

Harold Arlen komponierte die Musik u.a. zu den Liedern *Stormy Weather, It's Only a Paper Moon, Over the Rainbow, Blues in the Night,* und *The Man that Got Away*. Arlen war ein enger Freund der Gershwins, von den frühen dreißiger Jahren an. Das bekannteste Werk, für das er zusammen mit Ira Gershwin die Lieder geschrieben hatte, ist der Judy Garland-Film *A Star is Born.*

Ich glaube, daß man, wenn man Georges Werke kennt, auch George kennt. In den meisten seiner melodischen Phrasen kommt das Humorvolle, Satirische und Verspielte zum Ausdruck, das auch seinem natürlichen Wesen zugrunde liegt. Aber es könnte diejenigen, die nur die Legende von jenem Gershwin kennen, der über jedes Stück, das er schrieb, in Enthusiasmus ausbrechen konnte, überraschen, wenn sie erfahren, daß er sich für das, was andere produzierten, ebenfalls begeisterte und es von ganzem Herzen lobte. Immer dann, wenn man es am wenigsten erwartete, zeigte er sich interessiert an unserer Arbeit und sagte etwas Nettes darüber. Und immer, wenn er eine nette Bemerkung über meine Arbeit machte, hatte ich irgendwie das großartige Gefühl, daß er auch meinte, was er sagte, und daß es sich dabei nicht nur um die gerade angebrachte Floskel handelte. Dies war charakteristisch für alles, was George an Kommentaren lieferte. Ich für meinen Teil schöpfte großen Gewinn aus dem, was er konstruktiv anmerkte. Ich entwickelte ein sicheres Gespür für musikalische Werte und wurde in meinen Kompositionen bestimmter. Wenn wir Liederschreiber manchmal etwas ungnädig bei den gegenseitigen Beurteilungen unserer jeweiligen Bemühungen verfahren, wenn wir manchmal nur auf die schwachen Stellen zeigen, anstatt uns der Stimmung oder Eigentümlichkeit der Musik des Kollegen hinzugeben, dann ist es bestimmt gut, wenn wir nicht vergessen, mit welcher Spontaneität George oftmals auf unsere noch unfertigen Lieder reagiert hat.

Ich kenne da einen gewissen jungen Komponisten [Arlen selbst], der eines Abends im Foyer der Carnegie Hall, als George dort eigene Kompositionen mit Symphonieorchester spielen sollte, mit den Worten begrüßt wurde:»Hey, Baby, dein neues Lied ist nicht schlecht.» Dies von einem Mann, von dem man immer vermutet hatte, er habe nur seine eigene Bedeutung im Kopf und lebe nur für den gegenwärtigen Augenblick.

Harold Arlen, «The Composer's Friend», in: Merle Armitage (Hg.), *George Gershwin*, New York 1938, S. 123

Seine Augen und sein Mund drückten Sensibilität aus; sein Kinn war energisch; sein Körper schlank, sehnig und rhythmisch. Obwohl er von seiner Einmaligkeit überzeugt war, bemerkte ich an ihm einen ständig fragenden Blick – was für mich Demut bedeutete. Nicht nur in seiner natürlichen Kraft, in seinem Schwung und seiner Sicherheit, auch in diesem fragenden Blick lag Größe. Da wir in Hollywood für Filme schrieben, pflegten wir uns immer auf Parties zusammenzufinden, und es war unvermeidlich, daß wir am Klavier aufdrehten. Mir fielen vor allem Georges Natürlichkeit und seine ungezwungene Art auf. Eines Abends wollte ich es genau wissen. Ich stellte ihn in einer Ecke und fragte ihn: «George, du scheinst dich immer so wohl am Klavier zu fühlen. Wirst du denn niemals nervös?»

Er schwieg einen Augenblick, dann kam ungeschminkt die Antwort: «Natürlich – aber ich lasse es mir nie anmerken.»

Harold Arlen «Introduction» in: Edward Jablonski, *George Gershwin*, New York 1962, S. 7f

Jerome Kern
(1885 – 1945)

Kern übte den zweitgrößten Einfluß auf den Songkomponisten Gershwin aus (eigentlich den ersten, was den Zeitpunkt betrifft). Gershwin erfuhr von Kern das erste Mal auf der Hochzeit seiner Tante im Jahre 1914 (er ging noch zur Schule und studierte Klavier), als er *You're Here and I'm Here* (aus The *Laughing Husband*) und *They Didn't Believe Me* (aus *The Girl From Utah*) hörte. Gershwin bezeichnete Kerns *Show Boat* als «das schönste Operettenwerk der amerikanischen Musikgeschichte.»

Es gab nichts in seinem Leben, seinem Werk oder in seinen Ansichten, was von geringer oder gar keiner Bedeutung gewesen wäre. Er lebte, arbeitete, spielte, triumphierte oder litt mit Größe und Geschmack ...

Viel bleibt nicht mehr, was diese ungeübte Feder den zahllosen Bänden mit kritischen Würdigungen von Georges Werk hin-

Jerome Kern, fotografiert von Gershwin

zufügen könnte; dennoch soll eine Äußerung nicht verloren gehen, die direkt vom Herzen kam und so bezeichnend für ihn war. Er machte sie, als er sich am Scheideweg seiner Laufbahn befand, lange nach seiner Unzufriedenheit mit dem Broadway-Musical; sogar lange, nachdem er seinen Entschluß kundgetan und sich auf das Gebiet der ernsten Musik begeben hatte: «Glaubst du,» fragte er naiv, «daß ich nun imstande bin, große Opern zu schreiben? Denn, weißt du,» fuhr er fort, «alles was ich habe, ist eine Menge Talent und eine Menge Chutzpe.»

Jerome Kern, «Tribute», in: Merle Armitage, (Hg.), *George Gershwin*, New York 1938, S. 120

Isaac Goldberg
(siehe Seite 10)

Ihm haftet immer noch etwas die hebräisch-christliche Moralität an; vor allem im Umgang mit Frauen. In ihrer Gegenwart ist er ziemlich korrekt. Sein Unterhaltungsstil im Kreis von Männern ist maskulin, aber kaum rabelaisisch. Als seine Schwester Frances noch nicht verheiratet war, soll er sie in Gesellschaft einmal dazu aufgefordert haben, sich auszuziehen.

Isaac Goldberg, *George Gershwin*, New York 1931, S. 27

Burton Lane
(geboren 1912)

Der begabte Komponist wurde vor allem bekannt durch seine Zusammenarbeit mit E.Y. Harburg – sie schrieben die Lieder für *Finian's Rainbow* – und Alan Jay Lerner, der *On a Clear Day You Can See Forever* entsprang. Lane war, als er Gershwin kennenlernte, ein junger, entschlossener Songkomponist. Gershwin ermutigte ihn, und sie blieben bis zu Gershwins Tod befreundet. Ira Gershwin und Lane schrieben 1952 die Partitur für den Film *Give a Girl a Break*.

Ich erinnere George als einen Mann mit ungeheuren Energien. Er saß ständig am Klavier – man spürte, wie sich der Raum mit elektrischer Spannung auflud, wenn er spielte. Und er liebte das, was er machte. Die Leute erzählten, immer wenn sie auf eine Party gingen und George auch da sei, würde er vier Stunden am Klavier sitzen und spielen. Ich kann das verstehen. Er hatte solchen Spaß daran, und den Leuten brachte es so viel Spaß, ihm zuzuhören. Er war einfach wunderbar.

Er war als Pianist kolossal ... Er hatte solche Energie, wenn er spielte. Er transponierte in jede Tonart mit größter Leichtigkeit. Er beherrschte vollkommen, was er tat. Und was meiner Meinung nach George von allen anderen unterscheidet, ist, daß er mit den größten musikalischen Überraschungen aufzuwarten versteht – ungewöhnliche Tonartenwechsel, Harmonienwechsel. Er gehörte zu den wenigen Komponisten, die einen echten Sinn für Humor haben.

Burton Lane, im Gespräch, 1986

Nanette Kutner
(1906 – 62)

Etwa seit Mitte der zwanziger Jahre war Nanette Kutner Gershwins Sekretärin. Sie arbeitete für ihn bis Mitte der dreißiger Jahre.

Ihn kennenzulernen war ein Schock. Keine Künstlerpose, sondern eklatante Robustheit. Er war lebhaft, kräftig, sonnengebräunt, athletisch, trug blaue Hemden, rauchte schwarze Zigarren.

Briefe mußten geschrieben werden, und er hatte niemanden, der ihm das abnehmen konnte. Vielfache Autogrammwünsche. Die Briefe lagen unbeantwortet herum. Es kam ihm gar nicht in den Sinn, eine Sekretärin zu beschäftigen. Endlich kaufte er sich eine Reiseschreibmaschine, spielte eine Weile mit den Tasten, verzückt.

Dann begannen wir mit den Briefen. Erst die in der Kommode neben dem Bett. Ein Briefchen von Lady Diana Manners. Und eins von Adele Astaire, die ihn verwirrte. Ihre ausgesprochen liebenswerte Frische blieb ihm, von Natur befangen und gekünstelt, ein Rätsel.

Bilder tauchen in meinem Gedächtnis auf: Als er, überschwenglich, den *Black Bottom* tanzte, um zu sehen, ob die Schritte zu seinen Rhythmen paßten; sein Einwand «Aber jeder Mensch hat ein Ohr!» mit dem er mein fehlendes Verständnis nicht anerkennen wollte; der regnerische Nachmittag, «ein prima Tag zum Arbeiten, wenn ich nur eine Idee hätte»; der Morgen, als er mit der Begrüßung herausgeplatzt kam: «Um drei wachte ich mit einer Melodie im Kopf auf und hatte sogar den Titel! Ich stand sofort auf und schrieb sie nieder, möchte, daß Sie es lesen! Aber jetzt ... ist es nicht mehr so dringend!»[13]

Er mietete eine Wohnung, hypermodern, ein Penthouse am Riverside Drive, weit weg von der Familie. Ein silberner Flügel, ein Schlafzimmer, das nur aus Bett zu bestehen schien, die Decke aus hellbraunem Fell. Nichts, was es nicht gab, ein Punchingball in einem Raum, der für Spiele vorgesehen war, ein Mann im weißen Jackett, der die Tür öffnete, wenn es klingelte.

Zum Telefon lief er allerdings immer noch selbst.

Seine Stimmungen schwankten. Verletzt und überrascht über einen Mißerfolg. Schreitet den Flur auf und ab und ruft: «Die vergessen alles, was man schon geleistet hat, wenn man einen Fehler macht!»

---

13 Es handelte sich um den Song *I've Got Fidgety Feet* (*Funny Face*, 1926).

Unglaublicher Ärger über [Florenz] Ziegfeld, als der keine Tantieme zahlte, weil *Show Girl* nicht ankam. Selbst würdevoll und zuverlässig, erwartete er von anderen dasselbe. George Gershwin war vermutlich der einzige am Brodway, der keinen Rechtsanwalt beschäftigte.

Er zog wieder um, in ein Doppelapartment auf der Eastside. Das Wohnzimmer mit einer enorm hohen Decke beherbergte seine neu-erworbene Kunstsammlung, eine moderne und teure Auswahl, in der auch ein von Gershwin gemaltes Portrait seines Vaters hing, das verwegen auf einen Rousseau starrte.

Nanette Kutner, «Portrait in Our Time», in: Merle Armitage (Hg.), *George Gershwin*, New York 1938, S. 237 – 242

Arthur Schwartz
(1900 – 84)

Arthur Schwartz komponierte das gespenstische *Dancing in the Dark, I See Your Face Before Me, You and the Night and the Music* – alles mit dem Texter Howard Dietz, mit dem er meist zusammenarbeitete. Schwartz betätigte sich auch als Film- und Theaterproduzent. Er war vor allem in den dreißiger Jahren, als er und Dietz Lieder für die Revuen *The Band Wagon* und *At Home Abroad* schrieben, produktiv und erfolgreich. Mit Ira Gershwin hatte er die Lieder für die erfolglose Show *Park Avenue* (1946) geschrieben.

Ich dachte an George Gershwin zum erstemal, als ich im zweiten Jahr, glaube ich, auf dem College war ... George schrieb damals wunderbare Melodien – frisch und in einer Art, wie man sie nie zuvor gehört hatte. Ich selbst versuchte mich auch gerade im Schreiben von Melodien, aber ohne jeden Erfolg, und am Ende war ich immer furchtbar frustriert. Ich ertappte mich dabei, wie ich beim Spielen der eigenen Versuche in meiner finsteren Verzweiflung unweigerlich in etwas geriet, das mehr dem aktuellen Gershwin ähnelte.

Nach dem College glaubte ich, daß mein Talent nicht ausreichen würde, um eine musikalische Laufbahn riskieren zu können ... Ich studierte Jura und wurde Jurist. Aber ich vermochte dennoch nicht, meine geheimen musikalischen Wünsche aufzugeben. Ich entschloß mich, Gershwin aufzusuchen und ihn zu bitten, sich ein paar von meinen Stücken anzuhören. Damals schrieb ich gerade an einem Stück, von dem ich meinte, es sei ganz wunderbar. Es war eine Huldigung an die *Rhapsody in Blue* und knüpfte im Grunde an sie an. Ich nannte es *I'm Crazy About the Rhapsody in Blue* ... Offensichtlich meinte ich, es sei völlig in Ordnung, wenn ich sie benutzte und gewisse Passagen direkt aus der *Rhapsody* zitierte; ich sah es als Ausdruck herzlicher Zuneigung an. Ich hatte diese Verabredung mit George, und er sagte, ja, er würde es sich anhören. Ich wußte vor Furcht schon gar nicht mehr, wie mir geschah, und die lange Einleitung war lächerlich. Als ich es spielte, dachte ich: «Wie, zum Teufel, komme ich hier bloß weg? So eine idiotische, alberne Idee, George zu bitten, sich eine schmalzige Komposition über sein eigenes Werk anzuhören.» Aber ... ich mußte da durch, und ich kam auch durch. Ich erinnere mich, daß der Beginn hauptsächlich aus einem Zitat aus der *Rhapsody* mit Text bestand und der ging etwa so:

Oh, wonderful, wonderful, Georgie –
What you've done to me!
Your classical, jazzical orgy,
Won't let me be!

Nun, weiter wollte ich nicht spielen, trotz freundlichen Drängens seitens George. Ich sagte, daß ich auf der Stelle das Stück zurückziehen werde, und ich stellte fest, daß er gegen meinen Entschluß offensichtlich nichts einzuwenden hatte ... Er wechselte das Thema, was ich als Erlösung empfand. Er bat mich, ihm ein paar von meinen anderen Stücken vorzuspielen, und er war sehr nett und sehr ermutigend und gab mir das Gefühl, daß ich vielleicht doch ein bißchen Begabung hätte, und daß ich weitermachen sollte. Natürlich traf ich ihn dank unserer gemeinsamen, gleichzeitigen Anstrenungungen häufig wieder, und er war der faszinierendste und begabteste Mann auf dem Gebiet ...

Er war gleichermaßen intuitiv wie berechnend. Ich glaube aber, er verließ sich mehr auf seine Intuition, als auf sein Wissen ...

Ich denke, man kann George, wenn man ihn gut kannte, nicht anders als einen liebenswerten und hilfsbereiten Gefährten bezeichnen, der einem in jeder Hinsicht zur Seite stand, gleichgültig, wie er mit sich selbst beschäftigt war. Er war so bezaubernd und naiv, was sein eigenes Werk und sich selbst betraf, daß es keinen von uns Komponisten oder Freunden, die ständig um ihn herum waren, einfiel, sein egozentrisches Verhalten als unangenehm zu empfinden. In keiner Weise. Er hat etwas geschaffen, was keinem amerikanischen Komponisten – vor ihm und nach ihm – gelungen ist. Er erweiterte die Liedform, d.h. die heutige Liedform, den Song, das Idiom seiner Zeit, und er schrieb so viele Kompositionen in der erweiterten Form, daß es in dieser Hinsicht bisher keiner mit ihm hat aufnehmen können ... Und ihn singen zu hören mit seiner durchdringenden Stimme war so wunderbar, wie ihn spielen zu hören. Er konnte auch Stepptanz; haben Sie das gewußt?

Arthur Schwartz, in einem Interview, 1961

Kay Swift
(geboren 1897)

Die Komponistin, Texterin, Pianistin und Schriftstellerin Kay Swift erhielt ihre Musikausbildung am Konservatorium und neigte dazu, die populäre Musik etwas geringschätzig zu betrachten – bis sie um 1926 Gershwin kennenlernte. Sie begann dann, zusammen mit ihrem Ehemann James Paul Warburg, der aus einer prominenten, im Bankgeschäft tätigen Familie kam, originelle, anspruchsvolle Lieder zu schreiben. Warburg schrieb unter dem Pseudonym Paul James. Kay Swift komponierte u.a. *Can't We Be Friends?*, *Fine and Dandy* und *Can This Be Love?*. Zu ihren Konzert-Kompositionen zählen u.a. ein Ballett, der Liederzyklus *Reaching for the Brass Ring* und *Man Have Pity on Man*, dessen Text von Ursula Vaughan Williams stammt. Ihre Beziehung zu Gershwin dauerte etwa ein Jahrzehnt und endete erst mit seinem Tod. Er starb, kurz nachdem er sie von Kalifornien aus angerufen und gesagt hatte: «Ich komme zu uns beiden zurück.»

Bühnenmusik war für mich, als ich Gershwin noch nicht kannte, langweilig und seicht. Vielleicht stimmte das nicht, aber ich bin mit klassischer Musik aufgewachsen und hatte irgendwie diese Vorstellung. Und dann hörte ich Gershwins Musik, und ich dachte: «Hey, da ist ja etwas anderes und Neues!» ... Als ich ihn kennenlernte, wurde ich nicht enttäuscht. Er spielte wunderbar und war selbst genauso wie seine Musik. Das ist schon so eine merkwürdigen Sache – ich denke, den meisten von uns gelingt es nicht, sich in ihren Werken zu vestecken; dies traf besonders auf George zu, der genauso war wie sein Werk. Oh, es war so anregend, ihn spielen zu hören. Ich habe sehr alte Leute gesehen und Kinder und Leute, die populäre Musik heftig abgelehnt haben und nichts mit Shows und Revuen im Sinn hatten – wie sie zum Klavier gerannt sind und begeistert waren... Sie waren so begeistert, daß einige sogar zu tanzen anfingen. Die Leute wurden locker, unbefangen; das war das Großartige, was er bei den Leuten bewirkte – eins von den großartigen Dingen. Er schaffte es, daß die Leute sich selbst völlig vergaßen und einfach nur an die Musik dachten, die eine Art Zuflucht bedeutete, wie die Reise in ein anderes Land. Sie alle spürten es; denn sie ließen ihn so lange spielen. Wenn er auf einer Party spielte, dann nicht nur für fünfzehn Minuten; er saß da immer eine Stunde. Ich habe ihn schon eine Stunde und fünfzehn Minuten, anderthalb Stunden spielen sehen. Und wie er selbst seinen Spaß dabei hatte, und die Leute gesagt haben: «Mach' weiter! Mehr, mehr!»

George war davon überzeugt, daß vieles, was einem Komponisten zunächst einfällt, oberflächlich und uninteressant sei. So pflegte er immer zu sagen: «Spiel' es heraus» oder: «Schreib' es aus, bis du darüber hinweg gelangst, denn darunter stecken die

Kay Swift (rechts), George und Ira Gershwin, um 1924 (unten)

guten Sachen und außerdem … neigt die Musik an der Oberfläche dazu, tragisch und sehr traurig, so sehnsüchtig und unstet zu sein.»

Ich sagte: «Warum meinst du das?»

«Oh,» sagte George, «ich denke, wenn ein Komponist sich glücklich fühlt, könnte er sich Besseres vorstellen, als ausgerechnet an einem heißen Klavier zu sitzen.»

Er war eigentlich typisch für New York. Ich denke, wenn er von Chicago, San Francisco oder sonst woher käme, wiese er vielleicht andere, weniger ausgeprägte Wesenszüge auf. Er war fleißig, flink und bewegte sich schnell, was für mich New York bedeutet. Und er besaß Neugierde, suchte immer nach neuen Wegen – ich meine, das ist New Yorkisch.

Ich denke, er wußte, wie gut er war. Er wäre doch schließlich ein Dummkopf gewesen, wenn er es nicht gewußt hätte, nicht wahr? Aber er nahm sich selbst, als Person, nicht wichtig, nicht ein bißchen. Er war kein Wichtigtuer. Ich denke, er nahm seine Musik ernst, und ich meine, er hielt sie für etwas, das getan werden mußte, und das Resultat betrachtete er beinahe ehrfurchtsvoll, weil es so gut war. So wurde er sorgfältig. Es klingt nicht, als stecke Genauigkeit und harte Arbeit darin; es klingt so leicht und gefällig. Aber er arbeitete an einem Lied genauso hart, wie für An American in Paris oder für irgendein anderes Stück, weil es notwendig war, und er wußte es.

Er war wie eine Naturkraft – wie der Wind, der Regen oder die Sonne, wie Frühling oder Winter. Er war so fundamental – und entsprechend wichtig.

Kay Swift, *Forever Gershwin*, Fernsehsendung von WCNB, Boston, 3. Mai 1974

Ira Gershwin
(siehe Seite 8)

Abgesehen von geschwisterlichen Rivalitäten war Ira Gershwin zweifellos einer der ergebensten Bewunderer seines Bruders. Viele der Jahre nach Gershwins Tod brachte Ira damit zu, die «Fan»-Briefe zu beantworten (einige waren unbewußt für George bestimmt, aber an Ira adressiert), seine Gershwiniana (eine Sammlung von Manuskripten, Briefen usw.) einzurichten und sie im Gershwin-Archiv der Library of Congress, Washington, D.C., unterzubringen. Einen Großteil der Zeit war er damit beschäftigt, das Material sorgfältig mit Anmerkungen zu versehen, bevor er es dem Archiv übergab. Ira Gershwin ging nach dem Mißerfolg seiner letzten Broadway-Show, *Park Avenue*, im Jahre 1946, nach Beverly Hills zurück, wo er ganz in der Nähe des Hauses lebte, in dem er zusammen mit seinem Bruder dessen letztes Lebensjahr verbracht hatte. Von dort aus arbeitete er an ein paar Filmen mit: *The Shocking Miss Pilgrim* (1947), mit einer postum erschienenen Partitur von George Gershwin, arrangiert mit Kay Swifts Hilfe; *The Barkleys of Broadway*, zu dem Harry Warren unter Verwendung von The *Can't Take That Away From Me* die Musik geschrieben hat; *Give a Girl a Break* mit Musik von Burton Lane; *A Star is Born* mit Judy Garland und Musik von Harold Arlen und *A Country Girl*, ebenfalls mit Musik von Arlen. Er gab ein paar unveröffentlichte Gershwin-Lieder für den Film mit dem ziemlich treffenden Titel *Kiss Me, Stupid* aus dem Jahre 1964 frei. Er leistete Hilfestellung bei der Verfilmung des Gershwin-Füllhorns *An American in Paris* (1951). Nach *The Country Girl* widmete er der Verbreitung der Werke seines Bruders viel Zeit; bis zu seinem eigenen Tod im Jahr 1983 setzte er sich für deren Erhalt und Fortbestehen ein. Sein eigenes Buch *Lyrics on Several Occasions* (1959) ist eine zauberhafte Spruchsammlung mit einigen Anmerkungen zu Sprüchen, die zum großen Teil von George Gershwin stammen.

Von Gershwin ging eine neue amerikanische Musik aus, die es nicht rücksichtslos darauf absah, mit den konventionellen Regeln zu brechen, sondern die für einen neuen, volkstümlich orientierten Geschmack und Witz stand und ein neues Bewußtsein prägte. Seine Musik war Ausdruck des modernen Lebens, das den sensationsheischenden Charakter einer Schlagzeile in der Tageszeitung besaß. [1938]

Ich habe immer gedacht, daß ich, wenn George nicht mein Bruder gewesen wäre und mich zum Schreiben von Texten gedrängt hätte, auch als Buchhalter zufrieden gewesen wäre.

Edward Jablonski, Lawrence D. Stewart, *The Gershwin Years*, New York 1958, S. 310

Dadurch, daß George musikalisch nicht besonders festgelegt war, ist einiges, sogar vieles, entstanden. Denn er schrieb auf der einen Seite populäre Songs und Partituren für den Broadway und für Hollywood – und auf der andern Seite Instrumentalwerke wie das *Concerto* in F und *An American in Paris*. Dies bedeutet jedoch nicht, daß er ein musikalisches Doppelleben führte. Beides – das Schreiben einer Ouvertüre für die Revue und das Komponieren und Orchestrieren seiner Oper *Porgy and Bess* – entsprach gleichermaßen seiner Begabung. Für ihn war es alles dasselbe. Und die Langlebigkeit dessen, was aus dieser Einheit, die in der Veranlagung mitgegeben wurde, entstanden ist, ist doch ziemlich erstaunlich.

Vorwort zu *The George and Ira Gershwin Song Book*, New York 1960, S. IX f.

Obwohl George nur etwa achtzehn Monate jünger war als ich, glaubte ich, er könnte alles. Als er ins erste Trimester der Höheren Schule ging, kam er eines Tages aus der Schule und sagte: «Oh, ich habe heute auf der Versammlung gespielt.» So ganz nebenbei. Der Direktor fragte: «Kann jemand Klavier spielen?» und George meldete sich und spielte den Marsch, nach dem seine Klassenkameraden hereinkamen. So hatte ich immer das Gefühl, daß er in allem, woran er sich versuchte, Erfolg haben würde. So war er eine Berühmtheit, als ich mit ihm Lieder zu schreiben begann... Ich hatte gerade erst angefangen, und ich wollte nicht seinen Namen ausnutzen, auch wenn er mein jüngerer Bruder war. So begann ich unter dem Pseudonym «Arthur Francis», nach meinem Bruder Arthur und meiner Schwester Frances. Ich benutzte es mehrere Jahre. Die Sache war die, daß ich mich nicht in sein Ansehen einmischen wollte ... Aber später merkte ich, daß ich doch ganz schön bekannt war. Zu dem Zeitpunkt[14] hatte ich mit vielen anderen Liederschreibern schon zusammengearbeitet. Ich stellte außerdem fest, daß es einen Arthur Francis in der British Performing Rights Society gab. So gab es also noch einen Grund, «Arthur Francis» abzulegen und Ira Gershwin zu werden.

Meist textete ich zu fertigen Melodien. George sagte, diese Melodie eignet sich für diese oder jene Stelle. Ich blieb die Nacht auf. Ich erfaßte sie sehr schnell, lernte die Melodie auswendig; manchmal bekam ich auch die Noten, an die ich mich halten konnte, auch wenn ich mir nicht sicher war. Dann setzte ich mich 'ran und arbeitete hart. Ich fing um Mitternacht an, manchmal um zwei Uhr früh und arbeitete bis sechs oder sieben Uhr morgens. Dann zeigte ich ihm meinen Entwurf ...

Später arbeiteten wir noch viel stärker zusammen. Ich erinnere mich, daß wir bei der Arbeit an den Filmen von '36 und '37 erst eine Idee abgesprochen haben – ich hatte vielleicht einen Titel und er fing an, ihn zu vertonen, wir entschieden, daß es ein ganz guter Anfang war und entwickelten gemeinsam dann Melodie und Text weiter. So kam ein sehr erfolgreiches Lied zustande. George kam eines Nachts von einer Party nach Hause; ich las gerade und sagte zu ihm: «George, ich hätte eine Idee für Astaire. Wie findest du *A foggy day in London town*?» Dies war für den Film *A Damsel in Distress*. Er sagte: «Klingt nicht schlecht.» In einer halben Stunde hatten wir den Refrain fertig. Wir beide waren aber auch Feuer und Flamme in dem Moment. Wir mußten dann später natürlich noch die Strophen machen, und das nahm viel mehr Zeit in Anspruch. Mit unseren Texten

14 Gemeint ist das Jahr 1924, in dem mit *Lady, Be Good*! ihre erste wichtige Gemeinschaftsproduktion herauskam. Danach verschwand «Arthur Francis» von der Bildfläche.

waren wir sehr sorgfältig, wir wollten sie immer genau so gut machen wie die Refrains. Natürlich interessiert sich nachher keiner mehr für den Text. Aber wir brauchten für die Strophen genausoviel Zeit, wie für die Refrains. Ich sagte zu George (über dieses Lied): «Ich höre eine Art irischen Effekt heraus.» Und er wußte sofort, was ich damit meinte. [Ira Gershwin schreibt weiter in seinem Buch:] «Er spürte sogleich das Ausmaß der sehnsüchtigen Einsamkeit.»

Ira Gershwin in einem Interview mit Stuart Triff, 8. Mai 1968

Hollywood lehnte ihn im Grunde ab. Unser Agent rief uns hier in New York an und sagte:« Sie glauben, George sei zu intellektuell. Kann er nicht ein paar Worte schreiben und es ihnen erklären?» George schickte also ein Telegramm und sagte einfach: «Ich bin nicht intellektuell und bin es nie gewesen. Ich habe bis jetzt eine Menge erfolgreicher Lieder geschrieben und hoffe, dem in Zukunft noch viele hinzufügen zu können».

Immer wenn ich mit George eine Show machte, fühlte ich mich, als hätte ich für ein Jahr ausgedient. Ich war nie besonders tatkräftig gewesen. George hatte die ganze Energie für zwei. Er wußte immer genau, was mir vorschwebte.

«New York Daily News», 27. Mai 1953

Irgendwann Mitte der zwanziger Jahre saßen mein Bruder und ich mit dem Librettisten Herbert Fields drei Wochen an einem Musical, das *The Big Charade* heißen sollte. Ich habe vergessen, weshalb aus diesem Projekt nichts wurde. Jedenfalls haben wir damals daran gearbeitet, und es war u.a. ein pseudo-mittelalterlicher Marsch entstanden mit dem Titel *Trumpets of Belgravia*. Jahre später war mein Bruder mit den verschiedenen Entwürfen, die er für die Eröffnung von *Of Thee I Sing* geschrieben hatte, nicht zufrieden – ein Marschthema für eine politische Kampagne mit dem unvermeidlichen Titel *Wintergreen for President*. Eines Tages ertappte ich mich dabei, wie ich aus heiterem Himmel die sieben Silben zu dem genauen Rhythmus und der Melodie des ehemals verworfenen *Trumpets of Belgravia* / Sing ta-ra, ta-ra, ta-ra ... summte. Als ich George, ihren Schöpfer, an sie erinnerte, sagte er gar nichts, sondern setzte sich sofort ans Klavier. So wurde der glücklich wiedergefundene *Trumpets of Belgravia* der Anfang von *Wintergreen for President*.

Ira Gershwin, *Lyrics on Several Occasions*, New York 1959, S. 107

Ira und George Gershwin bei der Arbeit, im Wohnzimmer ihres Hauses in Beverly Hills (1019 North Roxbury), Anfang 1937

Als die Veröffentlichung der Partitur von *By Strauss* vorbereitet wurde, erhielt mein Bruder vom Verlag einen Brief, geschrieben von einer besorgten jungen Frau. Sie schrieb, daß der Text «ungewöhnlich lang» sei und «mindestens drei Seiten beansprucht ... Hätten Sie irgendeine Idee, die uns helfen könnte, den Text auf der üblichen Anzahl von Seiten unterzubringen?» (normalerweise zwei). Am 12. 4. 1936 schrieb mein Bruder zurück:

Liebe Selma,
es tut mir sehr leid, daß der Text von *By Strauss* so lang ist, und daß für seine Veröffentlichung unter Umständen eine Extra-Seite erforderlich ist, aber es ist auch immer mein Bestreben gewesen, den Leuten möglichst viel für ihr Geld zu geben; und ich denke, es ist eine gute Idee, auf der Titelseite einfach zu schreiben: «Dieses Lied hat einen besonders langen Text, so daß Sie pro Penny mehr Noten erhalten, als bei jedem anderen Lied dieser Saison.» ... Und selbst, wenn das Lied sich nicht verkaufen läßt, möchte ich, daß meine Enkelkinder (sollte ich denn mal

welche haben) sehen, was ihr Opa sich bei den Versen für Mühe gegeben hat. Mit anderen Worten, liebe Selma, ich möchte die Lieder gern so gedruckt haben, wie ich sie geschrieben habe, mit jedem einzelnen Komma.
Liebe und Küsse
George

Das einzige Mal, daß DuBose den Text zu einer Melodie zu schreiben versuchte, war im Fall von *I Got Plenty O' Nuttin'*. George vertonte seine schönen, lyrischen Texte, fast ohne auch nur eine einzige Silbe zu verändern – ein Beweis für die bisher noch nicht allgemein anerkannte Beweglichkeit des Komponisten. Diese vielen Jahre ... und ich kann immer noch den Kopf schütteln und mich darüber wundern, auf welch einen Reichtum an musikalischer Findigkeit, an Originalität und an handwerklichem Können George zurückgreifen konnte. Und das beruht jetzt nicht auf brüderlicher Vergötterung. Er nimmt zwei einfache Vierzeiler von DuBose, betrachtet sie eingehend Zeile für Zeile, und es dauert gar nicht lange, da kristallisiert sich das Wiegenlied *Summertime* heraus – weich und verträumt und dazu bestimmt, immer und immer wieder gesungen zu werden. Er übernimmt Bess' Dialogpart direkt aus dem Libretto und verwandelt ihre unverblümte, nicht gereimte Rede, die mit den Worten beginnt: «What you want wid Bess? She's gettin' old now», in eine rhythmische Arie; er setzt Crowns Zeilen «What I wants wid other woman? I gots a woman» dazu, und es entsteht ein rührendes und gleichzeitig triumphierendes Duett. Nicht eine Silbe wird von DuBoses eindringlichem *My Man's Gone Now* geändert, als der Komponist daraus einen Walzer macht, und dabei zwischen den Strophen die herzzerreißenden Klagen der Witwe aufnimmt und die erschütternde Wehklage in einem aufsteigenden Glissando sich zuspitzen läßt. Das Ergebnis ist ein unvergeßlicher Augenblick im amerikanischen Musiktheater.

Lyrics on Several Occasions, S. 171, 360f.

Ich wünschte, einige derjenigen, die meinen, sie hätten ihn gekannt, würden nicht diese Geschichten über ihn verbreiten. George ist zwar ein großartiger Komponist gewesen, aber er war niemals anmaßend, und es war in keiner Weise schwierig, mit ihm auszukommen. Er war schüchtern, zurückhaltend, ein liebenswerter Kerl. Seine richtigen Freunde, von denen er eine Menge hatte, kannten ihn auch so.

About Ira, «Music Business», Oktober 1946, S. 29

Kay Halle
(geboren 1900)

Die Schriftstellerin Kay Halle lernte Gershwin 1934 in Cleveland kennen, als er mit einem Orchester unter der Leitung von Charles Previn auf Tournee war. Sie war bei den Rundfunkübertragungen des Cleveland Orchestra für die Pausenkommentare zuständig. Nach Ihrer Rückkehr nach New York war sie oft mit Gershwin zusammen. Sie ist die Autorin des Buches *Irrepressible Churchill.*

Sein Bruder Ira, dessen Texte die Wirkung von Georges Musik noch erhöhten, stellte eine Art Gegengewicht zu dem spaß-liebenden Leben seines geliebten Bruders dar. Sie waren eng zusammen und wohnten den größten Teil ihres schöpferisch aktiven Lebens in benachbarten Häusern am Riverside Drive.

Georges Wohnung in der 72. Straße, ausgestattet mit hellgrün getäfelten Wänden und bequemen Möbeln, wurde gern von seinen ebenfalls begabten Freunden frequentiert. Der Philosoph und Architekt Buckminster Fuller kam gelegentlich vorbei ... Fred Astaire war häufig zu Gast. Die Komponisten Dick Rodgers, Jerome Kern und Irving Berlin waren zusammen mit Angehörigen des englischen Adels und den Star-Schauspielern und Schauspielerinnen der Stunde regelmäßige Besucher der Parties. Mit Sicherheit befanden sich auch immer ein paar Kunstmaler unter den Gästen, da George sich sehr für die Malerei interessierte. Der Bildhauer Isamu Noguchi zählte auch dazu.

In jedem Zimmer standen ein oder zwei Klaviere – zumindest schien es so – aber es war die Hammondorgel, auf der George jede neue Komposition spielte, um die volle orchestrale Wirkung auszuprobieren...

Äußerst vergnüglich waren bei George die gemütlichen Zusammenkünfte, bei denen sich sechs bis acht Gäste zum zweiten Früstück trafen, immer dabei Foxterrier Tony, der ihm nicht von der Seite wich. George war von neuen Erfindungen fasziniert und besaß ein erstaunliches Wissen über naturwissenschaftliche Dinge. Ich erinnere mich daran, wie er einmal seinen Butler bat, ihm sechs Hefte seines Lieblingsmagazins «Popular Mechanics» zu besorgen – für jeden Gast eins.

Sein Hunger nach Neuerungen war unstillbar. Als er eines Abends erfuhr, daß «Stuff» Smith, der phänomenale Geiger, mit seiner Band im Onyx Club in der 53. Straße in New York spielte, gingen wir hin, um sie zu hören. Bald nachdem uns ein Kellner an einen Tisch geführt hatte, verwickelten sich Stuff und sein Orchester in ein dichtes Knäuel von erstaunlichen und fesselnden Klängen und Rhythmen. Nach dem Auftritt kam Stuff an unseren Tisch, um einen verwirrten George zu begrüßen, der

Irving Berlin, fotografiert von Gershwin, 1936 (links); Gershwin bei der Orchestrierung von *Porgy and Bess* in Palm Beach, Florida

ihn fragte, was sie da gerade gespielt hätten. «Aber, Herr Gershwin,» lachte er verschmitzt, «haben Sie den *I Got Rhythm* nicht wiedererkannt?»

Das Ereignis, das George in seinen 38 Lebensjahren am meisten bewegt hat, war die Einladung seines großen Bewunderers Präsident Roosevelt, mit mir an der Neujahrsfeier im Weißen Haus (am 29. Dezember 1934) teilzunehmen. Als wir die Eingangshalle, die zum East Room führt, betraten, konnte George seine Freude und seine Aufregung nicht mehr zurückhalten. Er schoß aus der Reihe hervor, stand plötzlich unter dem glänzenden Lüster und rief voller Freude: «Wenn doch mein Vater mich jetzt sehen könnte.»

Kay Halle, *The Time of His Life*, «The Washington Post», 5. Februar 1978, S. F5 / F6

Oscar Levant
(siehe Seite 75)

Es gibt viele Geschichten über George Gershwin und seine unerschütterliche Selbsteinschätzung. Nicht so bekannt ist die folgende: Er nahm einmal ein Taxi, um ein etwas außerhalb stattfindendes Columbia-Football-Spiel zu sehen. Der Taxifahrer schlängelte sich etwas gewagt zwischen den Stützpfeilern der damals neuerbauten Hochbahn hindurch. George lehnte sich nach vorn und klopfte dem Taxifahrer leicht auf die Schulter: «Um Himmels willen, Mann, fahr' vorsichtig! Du hast Gershwin im Auto!»

Nach einem Don Quichotte zu Ehren gereichenden Ansturm gegen eine blonde Windmühle in Form eines bezaubernden Mädchens äußerte George sich einmal so: «Sie hat für jeden ein bißchen Liebe, aber für niemanden viel.» Ob dies nun auf das Mädchen zutrifft oder nicht, ich habe das Gefühl, daß George sich unbewußt selbst in diesen Worten gespiegelt hat.

Oscar Levant, *A Smattering of Ignorance*, Garden City N.Y., 1941, S. 150, 201

Irving Berlin
(1888 – 1989)

Irving Berlin hatte neben Jerome Kern den frühen Gershwin am stärksten beeinflußt und wurde außerdem ein lebenslanger Freund und Bewunderer. Als sich Gershwin am Anfang seiner Laufbahn um den Job als Berlins musikalischer Sekretär bewarb (Berlin konnte keine Noten lesen), wurde er abgewiesen. Berlin erklärte, daß Gershwins eigenes Talent zu originell und ausgeprägt sei, als daß er für einen anderen arbeiten sollte. Berlin sagte, was er dachte, und war oftmals grob dabei; seine knappen, auf den Punkt gebrachten Anmerkungen zeigen ihn als einen Mann, der nicht nur nicht viele Worte machte, sondern auch Urteilsvermögen besaß.

George Gershwin ist der einzige Songschreiber, den ich kenne, der Komponist geworden ist.

Irving Berlin im Gespräch mit dem Herausgeber, um 1961

VI
Die Entstehung von *Porgy and Bess*

An einem Nachmittag im Herbst 1926 zeigte Gershwin seiner Sekretärin Nanette Kutner «ein dünnes Buch und rief aus: 'Eines Tages werde ich daraus eine Oper machen.' Das Buch, gerade neu erschienen, hieß *Porgy*.» Gershwin war damals gerade mit den Proben für *Oh, Kay*! mit Gertrude Lawrence in der Titelrolle beschäftigt. Je näher der Tag der Premiere heranrückte, desto hektischer wurde die Probenarbeit, und George verbrachte viel Zeit im Theater. Nach einem besonders harten Tag wollte er noch etwas lesen, um besser einschlafen zu können, und begann mit dem Buch, das ihm seine Freunde Emily und Lou Paley geschenkt hatten. An Schlaf war allerdings nicht mehr zu denken; Gershwin las den Roman an einem Stück zu Ende und setzte sich kurz vor Morgengrauen an den Schreibtisch, um dem Autor DuBose Heyward seinen Wunsch mitzuteilen, den Roman über die schwarzen Fischer von Charleston, South Carolina, in eine Oper zu verwandeln. Heyward war begeistert von der Idee, mußte dann aber feststellen, daß seine Frau Dorothy bereits seit sieben Monaten damit beschäftigt war, den Roman zu einem Theaterstück umzuschreiben. In aller Ruhe setzte Gershwin den Heywards auseinander, daß er nicht mit der Oper beginnen könne, bevor er sich nicht eingehend mit formalen und technischen Problemen der Gattung beschäftigt hatte. So blieb es für die nächsten sechs Jahre still um das Projekt, und Gershwin nahm unterdessen andere Dinge in Angriff: mehrere Musicals, einen frühen Film, *An American in Paris*, die *Piano Preludes* und anderes. Die dramatisierte Fassung von *Porgy* wurde 1927 ein großer Erfolg, und Heyward schrieb weitere Romane und Drehbücher (wie z.B. zu Pearl S. Bucks *The Good Earth*). Dann, als es ihm wirtschaftlich am schlechtesten ging, und die Weltwirtschaftskrise allgemein ihren Höhepunkt erreicht hatte, kam ihm Gershwins unerwarteter Brief sehr gelegen. Ruhelos und wie immer voller Tatendrang kam Gershwin, nachdem er das mit dem Pulitzer-Preis ausgezeichnete Musical *Of Thee I Sing* auf die Bühne gebracht und die Premiere seiner *Second Rhapsody* gefeiert hatte, auf das Opernprojekt zurück. Er brauchte die neue Aufgabe, und Heyward das Geld (unglücklicherweise zog sich die Arbeit länger hin, als angenommen, weil Gershwin noch andere Projekte übernahm, wie z.B. eine Radioshow, die Gershwins Opern-Ambitionen zu finanzieren half).

Die Zusammenarbeit an der Oper *Porgy and Bess* war auf zweifache Weise einzigartig: Erstens sahen sich Gershwin und Heyward kaum – der Großteil der Arbeit wurde per Post erledigt; und zweitens bedeutete ihre Zusammenarbeit zweifellos eine seltene Ausnahme in der amerikanischen Theatergeschichte insofern, als sie geprägt war von hoher gegenseitiger Achtung und einer ungewöhnlich harmonischen Übereinstimmung beider Persönlichkeiten. Es besteht gar kein Zweifel darüber, daß George Gershwin, der um dreizehn Jahre jüngere Partner, ein primus inter pares war. Als die Arbeit an der Oper endlich aufgenommen wurde, war Ira Gershwin gerade mit anderen Projekten beschäftigt; er wurde später auf Heywards Vorschlag hin an dem Projekt beteiligt. Als Heyward im März 1932 den Brief von Geshwin erhielt, begründete er mit seiner Antwort den feinen und selbstlosen Umgangston ihrer Zusammenarbeit.

DuBose Heyward
(1885 – 1940)

Der Dichter, Schriftsteller und Folklorist DuBose Heyward erarbeitete seine Theaterstücke zusammen mit seiner Frau Dorothy Kuhn Heyward. Ihre Bearbeitung von *Porgy* diente Heyward als Vorlage für das Libretto von *Porgy and Bess*. Ihr letztes gemeinsam verfaßtes Stück war *Mamba's Daugthers*, das im Todesjahr von Heyward herauskam. Anfang 1937 schrieb Gershwin ihm aus Beverly Hills und machte ihm den Vorschlag, zusammen eine neue Oper zu schreiben.

Der erste Eindruck, den mein Mitarbeiter auf mich machte, ist mir besonders lebhaft in Erinnerung geblieben; ein junger Mann, körperlich und geistig enorm agil, mit der Fähigkeit begabt, sich selbst ziemlich kühl und realistisch einzuschätzen, und der genau wußte, was er wollte und wohin er ging. Sowohl Bescheidenheit als auch Überheblichkeit lagen ihm deshalb fern. Ein paar wenige Daten, Vorhaben und Fehlschläge waren das einzige, was er über sich selbst zu berichten gewillt war …

Wir sprachen über *Porgy*. Er meinte (1926), daß es mit der textlichen Gestaltung nicht darauf ankäme, da es noch ein paar Jahre dauern würde, bevor er sich technisch dazu in der Lage fühlte, eine Oper zu komponieren. Damals konnte er eine Reihe von Broadway-Erfolgen für sich verbuchen, und die *Rhapsody in Blue* … stellte ihn in die vorderste Reihe der amerikanischen Komponisten. Es war doch wirklich ungewöhnlich, dachte ich, wie jemand in Anbetracht dieses Erfolges, der jeden geblendet haben könnte, seine Möglichkeiten mit dieser ungeheuren Distanz einzuschätzen vermochte.

DuBose Heyward, *Porgy and Bess Return on Wings of Song*, «Stage Magazine», Oktober 1935, S. 25 – 28

Ich möchte Ihnen mitteilen, wie sehr ich mich darüber freue, daß Sie wieder Ihre ursprüngliche Idee, *Porgy* als Oper zu vertonen, aufgegriffen haben. Ich wäre an einer Kooperation mit Ihnen außerordentlich interessiert. Ich habe inzwischen einigen neuen Stoff, den ich mit einarbeiten könnte, und wenn ich erst Ihre Vorstellungen hinsichtlich einer allgemeinen Form, die für die musikalische Version geeignet wäre, erhalten habe, dann bin ich sicher, daß ich Ihnen eine annehmbare Geschichte dazu liefern könnte. Was die einzelnen Liedtexte anbetrifft, so bin ich da nicht so sicher, weil ich dafür wissen müßte, was Sie vorhaben. Vielleicht möchte sich Ihr Bruder Ira darum kümmern, oder wir könnten sie zusammen machen. Wie dem auch sei, ich möchte, daß Sie wissen, daß ich mit allem, was Sie von mir wünschen,

DuBose Heyward und Ira Gershwin, die Co-Autoren des Librettos von *Porgy and Bess*, 1935

einverstanden bin, und daß Sie sich gleichzeitig völlig frei darin fühlen, jeden weiteren Mitarbeiter, den Sie benötigen, mit hinzuzuziehen.

DuBose Heyward, Brief an George Gershwin vom 12. April 1932

Es stellte sich heraus, daß Heywards Erwartungen etwas voreilig waren. Er setzte zwar die Vertonung von *Porgy* in Gang, wurde aber von Gershwin in dessen nächstem Brief davon unterrichtet, daß er nicht vor Januar 1933 mit der Oper beginnen könne. Tatsächlich konnte er wegen anderer Verpflichtungen erst Ende Februar 1934 anfangen. Als es dann endlich losging, widmete er sich der Komposition allerdings wie keiner anderen.

Ira Gershwin
(siehe Seite 8)

Porgy and Bess, sein ambitioniertestes Werk, komponierte er in elf Monaten, und die Orchestrierung war in neun Monaten fertig; zwischendurch beteiligte er sich noch an einer Reihe von Radiosendungen. Der größte Teil der Oper entstand in New York; Er schrieb aber auch Teile in Charleston's Folly Beach, in Wetchester (N.Y.), in Palm Beach, auf Fire Island und in den Adirondacks.

Ira Gershwin, «My Brother», in: Merle Armitage (Hg.), George Gershwin, New York 1938, S. 22

In dieser Zeit und bevor er mit der Komposition der Oper begann, hatten die Gershwins zwei Musicals herausgebracht, *Pardon My English* und *Let 'em Eat Cake*, die trotz der außergewöhnlichen Partituren nicht erfolgreich waren. Und dann geschah noch etwas, was durchaus sämtliche Pläne hätte umwerfen können: Varieté-Star Al Jolson erschien auf der Bildfläche.

DuBose Heyward

Ich kann mir Bruder Jolson noch nicht als Porgy vorstellen, aber ich habe gehört, er soll sich jetzt nach etwas Anspruchsvollerem als der üblichen Sonnyboy-Rolle umsehen ...

Natürlich tut dies meinem Wunsch, mit Ihnen an der Geschichte zu arbeiten, keinen Abbruch; es erinnert mich nur daran, daß ich offensichtlich in *Porgy* einen Gegenstand von Wert besitze, was man in diesen kritischen Zeiten durchaus in Betracht ziehen sollte. Ich denke deshalb, wir sollten jetzt mit Ihrem Produzenten die üblichen Vereinbarungen treffen. Ich gehe davon aus, daß Sie mit ihm schon darüber gesprochen haben.

DuBose Heyward, Brief an Gershwin vom 3. September 1932

George Gershwin

Ich halte es für sehr interessant, daß Al Jolson die Rolle von Porgy übernehmen möchte, aber ich habe in der Tat auch keine Ahnung, wie er damit fertig werden wird. Er ist natürlich ein ganz großer Star, der weiß, wie ein Lied gut ankommt, und es könnte finanziell mehr für Sie herausspringen, wenn er die Rolle übernähme – vorausgesetzt, die Produktion insgesamt ist gut gemacht. Das, was mir für Porgy eigentlich vorschweben sollte, ist etwas sehr viel ernsteres, als Jolson jemals bringen könnte.

Natürlich würde ich nicht eher versuchen, die Musik zu Ihrem Stück zu schreiben, bevor ich nicht alle Themen und musikalischen Pläne für ein solches Unterfangen ausgearbeitet hätte. An dieser Arbeit wird mir mehr liegen, als an allen anderen ... Ich habe noch nichts mit einem bestimmten Produzenten abgesprochen, da ich erst das Werk schreiben möchte, um dann zu sehen, wer als der Beste dafür in Frage kommt.

George Gershwin, Brief an DuBose Heyward vom 9. September 1932

DuBose Heyward

Miss Wood von der Century Play Company schreibt, daß Jolson hinter ihr her sei wegen der Porgy-Geschichte, und daß sie in einem Telefongespräch von Ihnen beruhigt worden sei, daß der Stoff durch seine Art der Verwendung für eine mögliche Oper nicht unbedingt gestorben sein müsse.[1] Tatsache ist, daß ich nach meiner Rückkehr von dem Gespräch mit Ihnen von Umständen erfahren habe, die mich finanziell ziemlich knapp halten ... Bitte lassen Sie mich Ihnen sagen, daß Ihre Haltung in dieser Angelegenheit einfach großartig ist. Es macht mich nur noch begieriger darauf, mit Ihnen eines Tages zusammenzuarbeiten – irgendwann einmal, bevor wir aufwachen und feststellen müssen, daß wir altersschwach geworden sind.

DuBose Heyward, Brief an Gershwin vom 17. Oktober 1932

Jolson gab auf, als Kern und Hammerstein sich dazu entschlossen, nach England zu gehen, um dort an einem neuen Musical, *Three Sisters*, zu arbeiten. Im November 1933 begann Heyward die Arbeit am Libretto und schickte Gershwin per Post seine Ergebnisse. Gershwin hatte mit der Musik noch nicht begonnen. Im Oktober unterzeichneten er und Heyward einen Vertrag mit der Theatre Guild, die sich damit verpflichtete, die Oper aufzuführen. Im Dezember komponierte Gershwin in Florida, wo er sich auf seine Tournee vorbereitete, *Variations on I Got Rhythm* und einen Entwurf für das erste Lied der Oper, *Summertime*. Am 26. Februar 1934 endlich konnte er Heyward die Mitteilung machen: «Ich habe damit begonnen, die Musik für den ersten Akt zu komponieren, und schreibe als erstes die Lieder und Spirituals.»

1 Weder Gershwin noch Heyward wußten davon, daß Jolson sich Jerome Kern und Oscar Hammerstein für die Ausarbeitung der Partitur wünschte. Ihr *Show Boat* ist dem, was man als Oper bezeichnet, recht nahe gekommen.

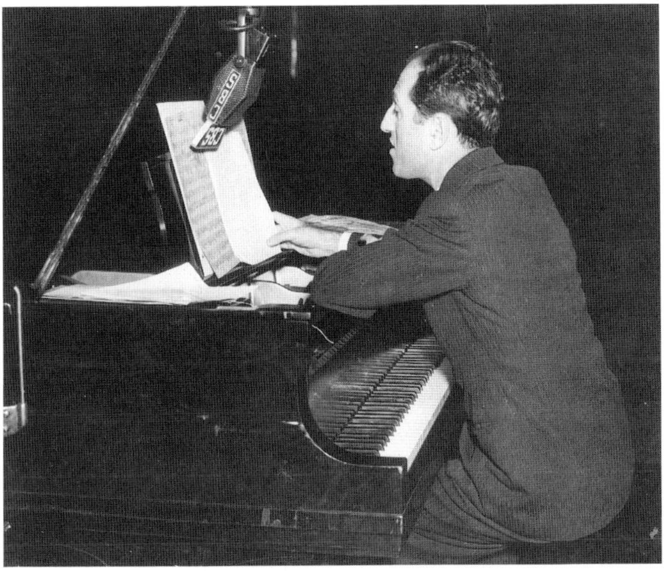

Gershwin als Moderator seiner Rundfunksendung
«Music by Gershwin», 1934

DuBose Heyward

Ich habe Sie im Radio gehört, und der Empfang war so gut, daß es schien, Sie seien direkt im Zimmer. Die Illusion war wirklich so perfekt, daß ich mich beherrschen mußte, um nicht laut auszurufen: «Super Show, George, aber was zum Teufel gibt's Neues von PORGY!!!» Die Sendung war liebenswert und ungezwungen, und Sie haben ihr trotz der Kürze den unverwechselbaren Stempel Ihrer Persönlichkeit aufgedrückt. Ich bin natürlich enttäuscht, daß Sie sich so lange in New York aufgehalten haben. Ich denke, es wäre sinnvoller gewesen, wenn Sie für eine gewisse Zeit heruntergekommen wären, um sich hier konzentriert mit dem Material auseinanderzusetzen. Ich will Ihren Entschluß nicht kritisieren; ich weiß ganz gut, was das Radio an enormen Vorteilen zu bieten hat, und ich weiß auch, daß diese Tournee[2] und die Sendungen Werbung bedeuten, die unserer Oper zugute kommen wird, und trotzdem bin ich enttäuscht.

DuBose Heyward, Brief an Gershwin vom 2. März 1934

2 Vom 14. Januar bis zum 10. Februar 1934 war Gershwin mit einem Orchester auf Tournee und gab 28 Konzerte in ebensoviel Städten, sowie eines in Kanada.

Henry Botkin
(1896 – 1983)

Zwei Wochen nach der letzten Rundfunksendung der Reihe «Music by Gershwin», die am 31. März ausgestrahlt wurde, kauften sich Gershwin und sein malender Vetter Henry Botkin eine Fahrkarte nach Charleston, South Carolina. Ihnen folgte Gershwins Faktotum Paul Mueller, der im Auto das gesamte Gepäck einschließlich der Malutensilien hinterherbrachte. Gershwin mietete auf Folly Beach, einer Sandbankinsel ungefähr zwanzig Meilen südöstlich von Charleston, ein Haus, wo er und Botkin sechs Wochen verbringen wollten. Kurz nachdem sie sich dort eingerichtet hatten, kamen die Heywards noch dazu. Gershwin fand den Platz «primitiv» und war überrascht von dem Mangel an Komfort: «Stell dir nur vor,» so schrieb er seiner Mutter, «es gibt auf der ganzen Insel nicht *ein* Telefon – weder öffentlich noch privat.»

> Unser Schlupfwinkel auf Folly Island war nicht gerade mit der Behaglichkeit des Waldorf-Astoria ausgestattet. Gershwins Zimmer war notdürftig gestrichen und mit einem harten Bett, einer kleinen Waschschüssel und einem altmodischen Klavier aus Charleston eingerichtet. Die Kleidung kam auf Haken, Schuhe und Gepäck wurden unterm Bett verstaut. Das Trinkwasser wurde in Fünf-Gallonen-Krügen aus Charleston geliefert.
>
> Sidney Jerome, *Porgy, Botkin and Bess*, «Village Chatter», June/July 1947, S. 20

Kay Halle
(siehe Seite 99)

> Ich erhielt begeisterte Briefe aus Folly Beach, wo er sich während der Komposition von *Porgy and Bess* mit den Lebensweisen und Umständen in den Südstaaten vertraut machte. Die Spirituals hatten es ihm auf seinen Besuchen in den Kirchen angetan – vor allem dort, wo die Holy Rollers sangen «Dr. Jesus reach down from Heaven and place a bellyband of love around me.»
>
> Kay Halle, *The Time of his Life*, «Washington Post», 5. Februar 1978

DuBose Heyward

> Die Gullah-Neger brüsten sich mit dem, was sie «Shouting» nennen. Dies ist ein komplizierter Rhythmus, der als Begleitung zu den Spirituals mit den Händen und Füßen geschlagen wird, zweifellos ein Relikt aus Afrika. Ich werde niemals den Abend vergessen, als George bei einem Negertreffen auf einer entlege-

nen Insel mit ihnen das «Shouting» begann und schließlich zu ihrem riesigen Vergnügen dem Meister-»Shouter» die Show stahl. Ich denke, er ist wahrscheinlich auch der einzige Weiße in Amerika, der dazu überhaupt in der Lage war.

DuBose Heyward, *Porgy and Bess Return on Wings of Song*, «Stage Magazine», Oktober 1935 S. 25 – 28

Mrs. Joseph I. Waring
(Daten unbekannt)

Er war mit den Heywards sehr eng befreundet; so habe ich ihn kennengelernt. Wir wohnten auf Sullivan's Island, sie auf Folly. George gefiel es hier ... Er war sehr glücklich. Er zog sich immer sein Hemd aus und wanderte am Strand auf und ab, und abends gingen wir spazieren und sangen Spirituals. Er liebte es, am Strand spazieren zu gehen; er wurde beinahe schwarz, denn er liebte die Sonne. DuBose nahm ihn mit in die Kirchen und Schulen der Farbigen. Jemand erzählte, daß er in einer Farbigen-Schule unter einem großen Bild von Robert E. Lee gespielt hätte. Er kam ganz schön herum.

Mrs. Joseph I. Waring, Erinnerungen, mit freundlicher Genehmigung von Frances Gershwin Godowsky, 1979

DuBose Heyward

Als wir an einem anderen Abend gerade die verfallene Hütte betreten wollten, die einer Gruppe von farbigen Holy Rollers als Versammlungsraum diente, ergriff George plötzlich meinen Arm und hielt mich fest. Durch lange Gewöhnung hatte ich dem Klang, der George zu fesseln schien, keine besondere Bedeutung beigemessen. Jetzt aber, da ich zusammen mit ihm lauschte und seine Erregung bemerkte, begann ich dessen ungewöhnliche Qualität zu erfassen. Es waren vielleicht zwölf Stimmen, die zu einem lauten, rhythmischen Gebet angehoben hatten. Das Seltsame daran war, daß die Stimmen, obwohl sie jeweils zu einer anderen Zeit mit einem anderen Thema einsetzten, ein klar definiertes rhythmisches Muster ergaben, und daß dies, auch wenn der eigentliche Text nicht verstanden werden kann, zusammen mit dem unvermeidlichen Stampfen des Rhythmus eine Wirkung hervorbrachte, die einen in ihrer ursprünglichen Intensität beinahe erschreckte. Von diesem ungewöhnlichen Effekt angeregt, schrieb George sechs simultane Bittgesänge, die eine erschreckende Anrufung Gottes angesichts eines Hurrikans darstellen.

DuBose Heyward, *Porgy and Bess Return on Wings of Song*, «Stage Magazine» Oktober 1935, S. 25 – 28

Kay Halle

(siehe Seite 99)

In einem Brief schrieb er: «Ich bin begeistert von den Stränden, den Krebsen und den Schildkröten mit 160 Nestern. Es steckt Musik in diesen Schildkröten, in dem Legen ihrer Eier ist Rhythmus, erst eins, dann zwei, dann eins und zwei zugleich ...» Er wechselt dann das Thema und fährt fort: «Dein Brief war wie ein Glas Wasser für einen durstigen Mann... so begierig war ich zu erfahren, was meine Yankee-Freunde wohl gerade machen, denn hier unten redet man immer noch über den Krieg – den Bürgerkrieg ...»

George hatte sich mit dem Leben der Schwarzen um Folly Beach und Charleston herum so indentifiziert, daß er die Weißen «vergleichsweise leidenschaftslos, eintönig und langweilig» fand.

Kay Halle, *The Time of His Life*, «The Washington Post», 5. Februar 1978, S. F5

Mrs. Joseph I. Waring

An einem Abend versammelte sich die Gesellschaft zur Erhaltung der Spirituals. Es war Sommer. Und das war schön, nur daß die Gesellschaft nicht sehr lange sang, weil George zu spielen begann. Jeder sagte: Spiel dies. Spiel das. Wir hatten einen wunderbaren Abend und hörten George beim Klavierspielen zu, anstatt für ihn zu singen, was wir ursprünglich vorhatten.

Mrs. Joseph I. Waring, Erinnerungen, mit freundlicher Genehmigung von Frances Gershwin Godowsky

Henry Botkin

Viele, viele unheimliche Sandkrebse, die eigentlich eher wie durchsichtige Spinnen aussehen, krabbelten um das Haus. Sie waren farblich nicht vom Sand zu unterscheiden – die natürliche Art der Tarnung. Ständig flogen Käfer und andere Insekten gegen das Fliegengitter, und das laute Zirpen der Grillen lenkte George ab und hielt ihn in der Nacht wach.

Sidney Jerome, *Porgy, Botkin and Bess*, «Village Chatter», Juni/Juli 1947, S. 20

Ashley Cooper

Als junger Berichterstatter vom «News & Courier» besuchte ich ihn auf Folly, um ein Interview mit ihm zu machen. Im Haus war er nicht, aber ich fand ihn, wie er im offenen Auto den Strand entlang raste und dabei strahlte wie ein Kind. Ich winkte ihn zu mir und erklärte, daß ich Reporter sei. «Steigen Sie ein und fahren Sie mit, und Sie können mir dabei Fragen stellen,» sagte er. Aber er war viel zu aufgeregt, um meinen Fragen große Aufmerksamkeit zu schenken. Man darf schließlich nicht vergessen, Gershwin stammte aus New York City und hat beinahe sein ganzes Leben dort verbracht. Er hatte niemals zuvor so etwas wie Folly Beach gesehen. Für ihn war Folly die reine Natur, zurück zur Wildnis. Das hat ihn bezaubert, und er liebte es.

«Ich bin noch nie auf dem Strand gefahren,» verkündete er. «Das ist aufregend, was?» Dann nahm er mich mit ins Haus, wo wir einen wahren Höllensumpf-Whiskey aus Mais, ein Erzeugnis der Prohibition, probierten. Und Gershwin sprach über Musik.

«Ich habe noch nie so mitten in der Natur gelebt,» sagte er ... Zu Hause stehe ich um die Mittagszeit auf. Hier steh' ich um sieben Uhr auf – nun ja, sagen wir um 7.30 Uhr.» Er konnte nicht lange über Musik reden, ohne auch Klavier spielen zu wollen. Im Haus gab es ein altes Klavier, auf dem er komponiert hatte, und er setzte sich dran und sagte: «Hier hab' ich was Feines!»

Dann lächelte er und schlug die ersten paar Takte seines großen Schlagers *I Got Rhythm* an. Er spielte dann *The Last Roundup* und sang dazu.[3] Obwohl meine Stimme dafür bekannt war, ganze Scharen zu verschrecken, fiel ich ein. Was George anging, so war er auch kein Bing Crosby. Noch bevor man das erahnen konnte, schlugen zwei schwarze Bedienstete hinten in der Küche den Takt dazu. Und George spielte. Und er und ich sangen.

Er hielt einen Moment inne und entschuldigte sich für sein Spiel – was einfach herrlich war. Er hielt den verpflasterten Zei-

3 Kein Gershwin-Song; Text und Musik stammen von Billy Hill.

gefinger seiner Rechten hoch und erklärte, daß er sich beim Versuch, ein Loch in den Kofferriemen zu machen, geschnitten hätte.

Es war schon längst dunkel, als ich endlich ging. Inzwischen saßen 30 oder 40 Leute – die meisten Bedienstete aus den umliegenden Häusern – draußen vor der Tür. George spielte weiter und die Leute wiegten sich im Takt der Musik. «Keine Ahnung, wer da am Klavier sitzt und spielt,» sagte einer der Zuhörer, «aber der kann wirklich spielen!»

Ashley Cooper, «Charleston News & Courier», mit freundlicher Genehmigung von Frances Gershwin Godowsky

Am 21. Juli war Gershwin wieder zurück in New York und hatte zunächst nur wenig Zeit, um an *Porgy and Bess* zu arbeiten. Er begann zwar im September mit der Instrumentierung der zweiten Szene des ersten Aktes, mußte aber die Arbeit an der Oper wieder zurückstellen, als am 30. September die Sendereihe «Music by Gershwin» begann, die er zusammen mit seinem Freund (und Mitarbeiter Iras) Harold Arlen als Gast bestritt. Am 23. Dezember 1934 wurde die letzte halbstündige Sendung dieser Reihe ausgestrahlt, und Gershwin machte sich nun ernsthaft an die Orchestrierung der Oper.

Mabel Schirmer
(geboren 1897)

Gershwins lebenslange Freundin Mabel Pleshette Schirmer kannte George schon von früher Jugend an. Ihr Onkel, der Songkomponist Herman Paley, hatte Gershwin in ihrem Haus in Manhattan eingeführt. Gershwin machte Mabel Pleshette mit Charles Hambitzer bekannt, bei dem sie Klavierunterricht nahm.

George mochte nicht allein sein, auch nicht, wenn er arbeitete. 1935 wohnte ich ganz in der Nähe der 78. Straße East. Er rief mich oft morgens an und lud mich zum Lunch ein. Nach dem Lunch zogen wir uns in sein Arbeitszimmer zurück, ich widmete mich meinen Petitpoint-Stickereien, und er ging an die Arbeit. Es müssen die Orchestrierungen gewesen sein – ich erinnere mich nicht, daß er sehr oft Klavier gespielt hat. Wenn er für den Tag Schluß gemacht hatte, gingen wir im Central Park spazieren. Er war ein sehr eifriger Spaziergänger!

Edward Jablonski, *Gershwin*, New York 1987, S. 285

Mabel Schirmer, fotografiert von Gershwin, um 1935

Rouben Mamoulian
(siehe Seite 78)

George war ganz scharf darauf, die ganze Partitur allein zu orchestrieren. Er arbeitete daran sehr lange und hart. In einem Brief schrieb er mir: «Im Augenblick bin ich dabei und orchestriere die Oper; fünf Monate werde ich dafür wohl noch brauchen. Es ist wirklich eine kolossale Anstrengung, drei Stunden hintereinander zu instrumentieren.» Das war es auch, und er schaffte es. (Und sein Manuskript sah so schön aus!)

«I Remember», in: Merle Armitage (Hg.), *George Gershwin*, New York 1938, S. 48f

George, DuBose Heyward und Ira Gershwin (von links) vor der Premiere von *Porgy and Bess* in Boston, September 1935

Eva Jessye
(geboren 1895)

Eva Jessye, die Chorleiterin bei *Porgy and Bess*, hatte in gleicher Funktion zuvor schon bei Virgil Thomsons Oper *Four Saints in Three Acts*, die ebenfalls von einem ausschließlich farbigen Ensemble aufgeführt wurde, mitgewirkt.

> George griff nicht in die Probenarbeit ein; er ließ uns gewähren, wo wir selbst wußten, was zu tun war. Ein Mann mit einem sehr traurigen Zug um den Mund. Ich erinnere mich, daß er Erdnüsse liebte und sie immer knackte und aß, wenn er vorbeikam und uns zusah ...
>
> Er lud mich in sein Penthouse in die 72. Straße ein. Ich erinnere mich an einen Wintergarten mit Blumen, und daß es drei Steinways in der Wohnung gab; zwei unten für die Arbeit an zwei Klavieren und einen oben. Aber das erste, was ich sah, war

der lange Tisch, an dem mehrere Leute saßen und eifrig damit beschäftigt waren, die Partitur von *Porgy and Bess* zu vervielfältigen.

Robert Kimball und Alfred Simon, *The Gershwins*, New York 1973, S. 184

Rouben Mamoulian
(siehe Seite 78)

Der erste Probentag ist immer schwierig. Es ist so, als müßte man Berge aus Eis aufbrechen. Am Ende ist man völlig erschöpft und fühlt sich meistens ein bißchen niedergeschlagen. So fühlte ich mich nach dem ersten Tag von *Porgy and Bess*. Ich lag im Bett und hing ziemlich traurigen Gedanken nach und haßte die Welt. Plötzlich klingelte das Telefon, George Gershwin wollte mich sprechen. Das kam genau richtig, denn ich fühlte, wie ich Ermutigung und freundliche Worte gebrauchen konnte. Ich nahm den Hörer auf und sagte in freudig Erwartung «Hallo». Georges Stimme glühte vor Begeisterung: «Rouben, ich konnte nicht anders, als dich noch anzurufen ... Ich mußte dich einfach anrufen und dir erzählen, wie ich mich fühle. Ich bin so aufgeregt und so begeistert über die Probe von heute.» (Mir wurde warm ums Herz, und ich fühlte mich schon viel besser!) «Natürlich,» sprach er weiter, «wußte ich immer schon, daß *Porgy and Bess* wundervoll ist, aber ich hätte niemals gedacht, daß ich mich so fühlen würde, wie ich mich heute fühle. Ich sag' dir, nachdem ich heute die Probe gehört habe, finde ich die Musik so wunderbar, daß ich kaum glauben kann, daß ich sie selbst geschrieben habe!»

Rouben Mamoulian, «I Remember» in: Merle Armitage (Hg.), *George Gershwin*, New York, 1938, S. 51

Todd Duncan
(geboren 1903)

Als Gershwin den Vortragskünstler Todd Duncan für die Rolle von Porgy auswählte, unterrichtete Duncan Gesang an der Howard University, Washington, D.C. Er trat in dem Film *Cabin in the Sky* (1940) sowie in dem Musical *Lost in the Stars* (1949) auf, das auf dem Roman *Cry, the Beloved Country* von Alan Paton beruht; dessen Bearbeitung stammt von Kurt Weill und Maxwell Anderson.

Es war ein großes Glück für mich, daß er mich, wenn irgend möglich, beim Vortrag seiner Lieder selbst begleitete ... Ein Auftritt mit George Gershwin war ein einzigartiges Erlebnis. Alle schenkten ihm in gleicher Weise Aufmerksamkeit: die Intelligenzija, die weniger Anspruchsvollen, die Reichen und die Armen, die Tausenden oder nur der Eine. Er war immer aufrichtig, rührend und mitreißend, und war sich immer seiner Pflichten bezüglich der Aufführung seiner Musik bewußt. Es gelang ihm stets, die Atmosphäre im Raum zu verbreiten, die er haben wollte ...

Während er fest darauf beharrte, daß man der Partitur unbedingt in allen Einzelheiten zu folgen hatte, war er gegenüber den Vorschlägen der Sänger immer offen und einfühlsam. Da gab es zum Beispiel John W. Bubbles, der in New York den Sportin' Life spielte und der beim Varieté große Erfolge gefeiert hatte und es mit einer Orchesterpartitur nicht allzu genau nahm. Der Sänger machte alles viel lieber ex tempore; er besaß außerdem die Eigenheit, eine bestimmte Note am Montagabend zwei Takte zu halten, am Dienstagabend aber für die gleiche Note sechs Taktschläge zu veranschlagen. So schuf dieser feine Schauspieler jedesmal, wenn er sang, eine andere Fassung von Mr. Gershwins Partitur. George Gershwin wurde hier oft von seinem ausgeprägten Sinn für Humor gerettet, was andernfalls einen tragischen Konflikt zwischen Sänger und Komponisten ausgelöst haben könnte, ganz zu schweigen von den Gefechten zwischen Sänger und Dirigent.

Todd Duncan, «Memoirs of George Gershwin», in: Merle Armitage (Hg.), *George Gershwin*, New York 1938, S. 63f

Oscar Levant

Ohne Zweifel rettete einmal Gershwin durch seine bloße Anwesenheit, die das Publikum versöhnte, eine der gelungensten Aufführungen von *Porgy,* die beinahe wegen Bubbles' Sportin' Life geplatzt wäre.

Bubbles Fähigkeiten konnten seine Nachlässigkeit, was Proben und Pünktlichkeit anbetraf, nicht immer aufwiegen. Einmal war [der Dirigent Alexander] Smallens so erbittert über die Abwesenheit von Bubbles, daß er seinen Taktstock fortwarf und Mamoulian anschrie: «Ich hab's satt, ständig diese Warterei. Wir müssen ihn rauswerfen und Ersatz finden.»

Gershwin sprang ein paar Reihen weiter hinten im dunklen Theater von seinem Platz auf und rannte den Gang hinunter. «Ihn hinauswefen?» rief er, «Das ist unmöglich. Er – er ist doch der schwarze Toscanini!»

Oscar Levant, *A Smattering of Ignorance*, Garden City, New York, 1939, S. 179f

Schlußapplaus für die Uraufführung von *Porgy and Bess* am 30. September 1935 in Boston: Ruby Elzy, Todd Duncan, Anne Brown, Rouben Mamoulian, Gershwin, Heyward (teilweise verdeckt), Warren Coleman und Ensemblemitglieder (von links)

Vernon Duke
(siehe Seite 73)

Ich begleitete George zu den Proben nach Boston. Bei der Orchesterprobe strahlte er vor Vergnügen über den gut abgestimmten Klang aus dem Orchestergraben. Ich hatte mich still in die letzte Reihe vom Orchester gesetzt, als George mich plötzlich von hinten an der Schulter packte und mir heftig ins Ohr flüsterte: «Du, Dukie! Hör dir nur mal diese Obertöne an!» Eines Tages spielte er die geniale «Würfelspiel»-Fuge ... mit leuchtenden Augen. «Stellt euch nur vor – der Gershwin schreibt Fugen! Was werden die Jungs wohl dazu sagen!»

Vernon Duke, *Passport to Paris*, Boston 1955, S. 312

J. Rosamond Johnson
(1873 – 1954)

Nach seinem Abschluß am New England Conservatory of Music betätigte sich J. Rosamond Johnson als Komponist, Schriftsteller, Dirigent, Schauspieler und Sänger. Er spielte den Lawyer Frazier in der *Porgy and Bess*-Uraufführung von 1935 und noch einmal in der Neuinszenierung von 1942.

Es war nach Schluß der Premiere von *Porgy and Bess* in Boston. George Gershwin lächelte in seiner unnachahmlichen Art. Er hatte sein eigenes Werk gesehen und den einstimmigen Beifall des Publukums gehört. Ich war erstaunt, wie er da in aller Bescheidenheit auf den Brettern des Colonial Theatre stand und die vielen warmen und herzlichen Glückwünsche entgegennahm. Endlich fand auch ich die Gelegenheit, ihm die Hand zu drücken. Und ich flüsterte ihm zu: «George, Sie haben es geschafft – Sie sind der Abraham Lincoln der Negermusik.»

J. Rosamond Johnson, «Emancipator of American Idioms» in: Merle Armitage (Hg.), *George Gershwin*, New York 1938, S. 65

Kay Swift
(siehe Seite 91)

Die Premiere war großartig. In der Pause gingen wir durch den Bühneneingang nach draußen ... Ich erinnere mich, wie [die Sängerin] Libby Holman sagte: «George, es ist so toll, ich kann nicht aufhören zu weinen,» und die Tränen liefen ihr übers Gesicht, als sie das sagte. Jeder weinte. Es ging so unter die Haut. Später wußten die Kritiker gar nicht, wie ihnen geschah – man verschlang geradezu ihre Artikel.

Robert Kimball und Alfred Simon, *The Gershwins*, New York 1973, S. 188

George Gershwin

Seit der Erstaufführung von *Porgy and Bess* bin ich immer wieder gefragt worden, weshalb man es als Volksoper bezeichnet. Die Erklärung dafür ist einfach. *Porgy and Bess* ist eine Geschichte aus dem Volk, und die Musik, die die Leute darin machen, ist natürlich Volksmusik. Gleich zu Beginn entschloß ich mich, beim Schreiben dieser Musik keine volkstümlichen Vorlagen zu verwenden, weil ich die ganze Musik aus einem Guß haben wollte. Deshalb komponierte ich meine eigenen Spirituals und Volkslieder. Aber sie gehören noch zur Volksmusik – und deshalb ist *Porgy and Bess*, da in der Form einer Oper, eine Volksoper.

Es kommt jedoch eins noch hinzu: *Porgy and Bess* handelt von dem Leben der Neger in Amerika, und es sind deshalb Elemente hinzugekommen, die bisher noch in keiner Oper aufgetaucht sind. Ich habe mein Verfahren so ausgerichtet, daß ich die Elemente des Dramas, des Humors, des Aberglaubens, der religiösen Inbrunst, des Tanzes und des unbesiegbaren Mutes, die dieser Rasse eigen sind, mit einbeziehen konnte. Wenn ich damit eine neue Form geschaffen habe, die Oper und Theater verbindet, dann hat sich diese neue Form ganz wie von selbst aus dem Stoff ergeben.

Es ist wahr, daß ich für *Porgy and Bess* Songs geschrieben habe. Ich schäme mich zu keiner Zeit, Songs zu schreiben, solange es nur gute Songs sind.

George Gershwin, *Rhapsody in Catfish Row*, «New York Times», 20. Oktober 1935

VII
Pro und Contra im Urteil der Experten

Der Name Gershwin ging den Herren Kunsttheoretikern nicht mehr aus den Köpfen, seit er dort mit der *Rhapsody in Blue* einen tiefen Eindruck hinterlassen hatte. Er bereitete ihnen echte Probleme. Es sah nämlich so aus, als führe er ein Doppelleben, und dies machte ihn natürlich besonders interessant. Denn war es ihm nicht gelungen, den Abgrund zwischen Tin Pan Alley und Carnegie Hall zu überbrücken? Wohin gehörte er nun wirklich? Was würde sich als dauerhaft herausstellen, die Lieder, oder die «ernsthaften» Kompositionen? Und was überhaupt hatte es mit diesem schrecklichen Jazz auf sich? (Hier sollte erwähnt werden, daß zu Gershwins Zeiten kaum einer der Kritiker – wenn überhaupt jemand – eine Vorstellung von Jazz hatte; erst in den Dreißigern konnte man vereinzelte Stimmen hören, die sich über den echten Jazz ausließen – und meist hatten die weißen Fachleute, die sich zu Wort meldeten, nur wenig Gutes über Gershwin und den selbstgekrönten Jazzkönig Paul Whiteman zu sagen). So bot das Phänomen Gershwin den Kritkern und Rezensenten verschiedenster Überzeugungen reichlich Stoff für Spekulationen, die sich in Essays, Zeitungs- und Zeitschriftenartikeln, sowie in Büchern manifestierten. Aus heutiger Sicht haben einige mit dem, was sie über Gershwin und sein Werk geschrieben haben, durchaus ins Schwarze getroffen; andere wiederum lagen unbegreiflicherweise weit davon entfernt.

Gilbert Seldes
(1893 – 1970)

Gilbert Seldes begann sich schon früh mit den verschiedensten populären Kunstformen wie Comic Strip, Film, Schlager, Musical, Varieté, Zirkus usw. zu beschäftigen. 1924 brachte er ein Buch mit seinen Ansichten unter dem Titel *The 7 Lively Arts* (1957 neu aufgelegt und von ihm selbst kommentiert und erweitert) heraus. Seldes war Zeitungskorrespondent, schrieb Leitartikel für die Zeitschrift «Collier's» und arbeitete eine Zeitlang für das Avantgarde-Magazin «The Dial». Später wurde er Fernsehdirektor bei CBS (Columbia Broadcasting System).

> Zwei Komponisten halte ich für die möglichen Nachfolger von [Irving] Berlin, sollte er jemals aufhören wollen; Jerome Kern lasse ich beiseite – die nähere Betrachtung seines Musikstils zeigt, weshalb. Ich denke an Gershwin und eigentlich noch mehr an Cole Porter, wenn ich dabei nicht den Verdacht hegen müßte, daß meine Faszination womöglich eher von seinen Texten herrührt, als von seiner Musik. Gershwin schreibt in der Tradition Berlins; er vereinigt fast alle Komponistenqualitäten des Älteren in sich (nicht als Texter; auch fehlt ihm Berlins Sinn für das Lied auf der Bühne).[1] Das soll heißen, Gershwin kann alles, von

1 Dies wurde offensichtlich vor 1924 geschrieben, als *Lady, Be Good!* noch nicht erschienen war.

Swanee bis *A Stairway to Paradise*. Er ist weicher in der Empfindung als Berlin, seine Verve sanfter. Nur er bringt diese Nuance des Zartgefühls oder gar der Verträumtheit in die Jazz-Musik. Und er besitzt das untrügliche Gespür für Rhythmus-Varianten und interessant gesetzte Akzente, für Betonungen und Farben. Mit der Bühne ist er noch nicht vertraut, und so fehlt ihm Berlins gelegentliche strenge Klarheit; und er hat niemals Berlins flotten Schick. Aber er scheint ein größeres musikalisches Wissen zu besitzen, außerdem eine unersättliche Wißbegierde und Neugier. Ich denke, auf ihn kann man setzen.

Gilbert Seldes, *The 7 Lively Arts*, New York 1927, S. 92

Gershwin wurde nicht nur von den Kritikern gelobt, auch die gerade im Entstehen begriffene Café Society nahm ihn mit offenen Armen auf. Dieser schnelle Erfolg hätte ihm, dem leidenschaftlichen, außerordentlich sympathisch wirkenden, gutaussehenden und enorm egozentrischen jungen Mann, schaden, ihn verwöhnen können. Ich kann in seinem Werk aber nichts entdecken, was erkennen ließe, daß er auch nur einen Deut von seiner ihm eigenen Richtung abgewichen wäre. Von all dem, was ich über ihn geschrieben hatte, griff er nur den Ausdruck «unersättliche Wißbegierde und Neugier» heraus, um mich zu fragen, woher ich das wisse. Ich konnte ihm nur antworten, daß es mir so erschien, als probierte er ein halbes Dutzend Stilarten erst aus, um so die einzig richtige für sich zu entdecken. Er fand den richtigen Weg, der ihn ins Theater und schließlich zur Oper führte.

Gilbert Seldes, *The 7 Liveley Arts*, New York, revidierte Ausgabe von 1957, S. 93

Vor zehn Jahren hörte ich, daß für George Gershwin die Kritikermeinungen nicht ganz ohne Interesse sind, und so hoffe ich, daß er nicht Anstoß daran nehmen wird, wenn er im folgenden etwas eingehender betrachtet wird. Wie die meisten andere Menschen, so ist auch George Gershwin im Laufe seines Lebens etwas herumgestoßen worden, aber er hat dabei niemals seine eigene Richtung aus den Augen verloren. Er weiß, was er tut, selbst wenn er zuviel oder die falschen Sachen macht. Als er sich vor langer Zeit einmal nicht gut fühlte und der Arzt ihm eine Diät verordnet hatte, führte Gershwin ein kleines Notizbuch, in dem er seine Diät, aber auch andere Einzelheiten notierte; so wußte er genau, was er tat. Ich nehme zwar nicht an, daß er über seine musikalischen Fortschritte Buch führt, aber er ist zumindest ein junger Mann mit Zuversicht und Selbstvertrauen. Man kann davon ausgehen, daß die Oper, die er in diesem Jahr im Begriff ist zu schreiben, im Rahmen eines größeren Vorhabens entsteht, das ein Thema für ein Kinolied, eine Tondichtung oder einen Schlager fürs nächste Jahr umfaßt. Entschließt er sich dazu, für die nächsten sechs Monate überhaupt nicht zu komponieren und sich stattdessen lieber mit der Malerei zu beschäftigen, dann hat er nach der Pause Ergebnisse zur Hand, die er nur noch aufzuschreiben braucht. Er ist weder berechnend noch ängstlich; er will einfach alles ausprobieren und ähnelt in seiner unersättlichen Neugier dem Dschungel-Kinde Kiplings. Gleichzeitig ist er aber schon viel zu gefestigt, als daß ihm der Wind des Zufalls etwas anhaben könnte. Meines Erachtens gibt es keinen populären amerikanischen Komponisten, der aufgeweckter ist, allgemein mehr weiß und einem größere geistige Befriedigung verschaffen kann als Gershwin. Und ich müßte jetzt eigentlich noch hinzufügen, daß ich so meine Zweifel bekomme, ob das, was Gershwin komponiert, überhaupt Volksmusik ist ...

In der Tin Pan Alley stellt man sich die Frage, wie lange Gershwins Musik wohl gespielt werden wird, und man findet auch gleich die Antwort dazu: Solange Gershwin lebt und sie selbst spielen kann! Er liebt das Klavier über alles; es heißt, daß ihn weder Spott noch Gewalt davon abhalten können – und er hat recht, schließlich ist er einer der unterhaltsamsten Pianisten überhaupt ... Der flinke Verstand kontrolliert die flinken Finger; es macht nicht nur Spaß, ihm zuzuhören, sondern auch ihm zuzusehen. Er muß allerdings für sein Geschick auch bezahlen. Bisher wurde Volksmusik geschrieben, um gesungen oder getanzt zu werden, jetzt wird sie geschrieben, um gespielt zu werden... Und Gershwins Lieder werden zunehmend instrumental. Sie sind einfach meisterhaft: *I've* [sic] *Got Rhythm* (und läßt es irgend etwas zu wünschen übrig?), *Strike Up the Band, Sam and Delilah* und *Wintergreen for President*, das beste Lied in zwei aufeinanderfolgenden Shows. Nicht einer hat jemals *Wintergreen for President* gesungen, noch es versucht oder die Absicht gehabt, es zu versuchen – und doch, wer kann es jemals vergessen?

Auf keinen Fall Gershwin. Was er auf dem Klavier spielen kann – und er kann alles spielen – hält er auf Papier fest und vergißt dabei ganz, daß wir, die wir zuhören, nicht seine Meisterschaft im Umgang mit komplizierten Rhythmen besitzen. So komponiert er, um gehört, nicht, um gesungen zu werden. Er hat Glück, daß wir dank des Radios eine Nation der Zuhörer werden. Aber er ist nicht mehr nur der Troubadour. Er selbst hat mit dem Singen aufgehört. Um seine Person macht Gershwin nicht viel Aufhebens. Er ist jung, er ist erfolgreich, er freut sich über seinen Erfolg. Immer, wenn man ihn besuchen kommt, steckt er bis über beide Ohren in Arbeit; ist begeistert über irgendeinen neuen Tänzer oder Sänger, der demnächst ein von ihm komponiertes Stück zur Aufführung bringen wird. Bei den Proben hat er stets die Zigarre zur Hand; er rast zurück in sein Penthouse, das übrigens noch vor der Zeit, als alle Welt sich ums Moderne riß, durch seine bequeme Modernität auffiel. Er überlegt, ob er nach Hollywood gehen soll; sein Bruder Ira, der nebenan wohnt, kommt herein, um mit ihm über einen neuen Text zu sprechen, gereimt, aber schön kompliziert, damit Bruder George nicht wieder auf Herz und Schmerz verfällt. Er ist schlank und dunkelhaarig, macht eine gute Figur im Frack und schaut, wenn er nicht arbeitet, immer ein wenig befangen aus; er fühlt sich recht behaglich in der Welt der teuren Clubs und kennt sie gut; von Leuten, die beinahe so berühmt sind wie er selbst, fühlt er sich nicht eingeschüchtert oder verwirrt, sondern geht freundlich auf sie zu und begrüßt sie unbefangen.

Diese liebenswerte Einfachheit seines Wesens ist ganz und gar nicht übertragbar auf sein Werk, das im Gegenteil von Jahr zu Jahr komplexer und interessanter, spröder und unmelodischer wird. Als ob Gershwin nur für die fünftausend Leute schreibt, die ins Lido gehen, den besten Club Londons kennen, in New York nicht weiter als bis 21 zählen können und Elsa Maxwell zu Füßen liegen. Diese fünftausend – vielleicht sind es ein paar mehr – machen den Großteil des Publikums während der ersten Woche einer neuen Show aus und können auf dem Theaterzelt jenes unsichtbare Banner hissen, das für ein Musikstück so viel bedeutet wie der Pulitzer Preis; gefallen ihnen Witz und Intelligenz, dann können die fünfzigtausend nachkommen, die nötig sind, um die Produktionskosten hereinzubekommen.

Im Grunde glaube ich nicht, daß Gershwin ein Spötter ist. Ich bin mir da natürlich nicht sicher, aber ich glaube nicht, daß er viel gelitten oder viel nachgedacht hat. Dafür hatte er nicht die Zeit; denn der Erfolg kam früh, häufig und reichlich. Ich glaube eher, daß er das Ironische von anderen übernommen hat. Erste Anzeichen davon kann man in einer musikalischen Burleske finden, für die Brian Hooker die Texte verfaßte und deren Höhepunkt hinsichtlich Text und Musik das Lied *Innocent Ingenue (Baby)* darstellte. Diese Show[2] wurde kein Erfolg, und es erinnern sich allenfalls noch ein Dutzend Leute an die Lieder – allen

2 *Our Nell* (1922); *Innocent Ingenue Baby* wird auch William Daly zugeschrieben.

voran meine Person. Hier ist die Melodie leicht und frisch, und lediglich das Wort «Baby» ist etwas spöttisch betont; neun Jahre später jedoch ist in *Of Thee I Sing, Baby* die Ironie überall gegenwärtig. So wirken die Tänze mit hey-nonny-nonny und hotchacha höchst befriedigend, oder wenn man den Jubel für sein eigenes Land hört und das s-s-s für die Schweizer. Und die Musik ist dem angepaßt und steckt voller guter Einfälle. Es gibt keinen zweiten, der politische Vorgänge und Institutionen wie den Obersten Gerichtshof, den Senat, die Kommunisten und die Wirtschaftskrise musikalisch so frei schildern und darstellen könnte. Hier ein bißchen Parodie, dort eine kleine Verschiebung in der Betonung oder im Rhythmus, und das Marschlied wird lächerlich pompös; ein halber Ton höher oder tiefer, wenn man es nicht erwartet, und das Liebeslied kann man nicht mehr allzu ernst nehmen; überall der Anflug von fröhlicher Unbeschwertheit – Gershwin versteht es, Pointen zu setzen und heitere Stimmung zu verbreiten; die Einfälle fliegen ihm nur so zu, und dem Zuhörer vergeht die Zeit wie im Fluge.[3] Der Grund dafür ist, daß er selbst Spaß an seiner Musik hat. Als er entdeckte, daß er sich in Amerika auf einem neuen Weg befand, als er nämlich Jazz für Symphonieorchester zu komponieren begann, war er fasziniert von den Möglichkeiten der Orchestrierung, von den Instrumenten und ihren Klangfarben. Er war noch jung genug, um die Mühe auf sich zu nehmen und all die technischen Dinge zu lernen, die man kennen muß, wenn man Musik schreiben will: Harmonielehre, Kontrapunkt und Stimmverteilung. Und das, was er sich angeeignet hatte, wandte er auch an; von einer Reise ins Ausland brachte er *An American in Paris* mit, und er schrieb ein Konzert für Orchester und sich selbst (der offizielle Programmtitel lautete natürlich «Für Orchester und Klavier»; und ich glaube, andere haben es auch gespielt, aber wahrscheinlich nicht so gut).[4] Als man Otto Kahn großzügig falsch zitiert hatte, daß er nämlich eine «Jazz-Oper» für die Metropolitan wolle, tauchte plötzlich Gershwin am Horizont auf. Er schien der Mann zu sein, der das, was Kahn wirklich vorschwebte, schreiben könnte: Eine große Oper im Stil und Rhythmus amerikanischer Volksmusik. Ich selbst denke, daß Gershwins eigentliches Element das amerikanische Ballett ist ... Ich sähe ihn lieber das machen, als eine Opernversion von *Porgy,* die ich niemals besonders favorisiert habe. Ich sähe lieber, wenn

---

3 Seldes bezieht sich hier auf die Operetten mit politischen Themen: *Strike Up The Band, Of Thee I Sing* und *Let 'em Eat Cake.*

4 Die *Second Rhapsody.*

er ein Ballett komponierte und nicht Lieder, die genausogut auch Cole Porter geschrieben haben könnte (mit dem Unterschied, daß Gershwins von Grund auf unschuldig sind). Man sollte einem guten Ballettmeister *Stairway to Paradise* (in einer vom Komponisten überarbeiteten Fassung, da es über zehn Jahre alt ist, und Gershwin seitdem eine Menge dazu gelernt hat) in die Hand drücken, und man fände dort die Grundformen des Balletts. Oder in seinen eigenen Variationen von *I've Got Rhythm*. Oder irgend etwas anderes, was er in den letzten fünf Jahren geschrieben hat.

Gilbert Seldes, *The Gershwin Case*, «Esquire», Oktober 1934, S. 130

Paul Rosenfeld
(1890 – 1946)

Paul Rosenfeld hat sich vor allem als Musikkritiker, der die Musikszene aufmerksam zu beobachten verstand, einen Namen gemacht. Er schrieb aber auch über Malerei und bildende Künstler, über Fotografie und Literatur. Seine Artikel sind in den literarisch-politischen Magazinen «The Dial», «The New Republic» und «Seven Arts» erschienen. Eins seiner interessantesten Bücher enthält verschiedene Essays über zeitgenössische amerikanische Komponisten, u.a. über Carlos Chávez und Edgar Varèse, und wurde unter dem Titel *An Hour with American Music* veröffentlicht. Der erste Essay in diesem Band behandelt den Jazz und beginnt mit dem Satz: «Amerikanische Musik ist nicht Jazz. Jazz ist nicht Musik.» Man muß im Verlauf dieses Essays feststellen, daß er sich, wie so viele seiner Kollegen, unter Jazz nichts vorstellen konnte. Er brachte auch Gershwin keine Bewunderung entgegen.

Gershwins *Rhapsody in Blue*, sein *Piano Concerto* und *An American in Paris* haben großen Anklang gefunden, und Gershwin selbst ist sicherlich ein begabter Komponist der einfacheren, anspruchslosen Musik. Es stellt sich jedoch die Frage, ob seine Vorstellung von Musik eine Verbindung zu den «richtigen» Komponisten zuläßt. Er scheint mir wenig Sinn für die Realität zu haben. Seine Kompositionen malen die rosa-rote Welt von Klischee-Vorstellungen und -Gefühlen und wollen den Zuhörer darin einlullen. Die *Rhapsody in Blue* ist doch im Grunde Zirkusmusik, eine Mischung aus Flitterglanz und Schwulst, die sich bei Tageslicht als dichte Nebelwolke von abgegriffenen Vorstellungen und Ekstaseschablonen entpuppt. Man fragt sich, ob man diese Musik, die mit altmodischen, ein wenig an Liszt erinnernden Schnörkeln ausstaffiert ist und von brutaler Effekthascherei lebt, überhaupt noch als Musik bezeichnen kann und ob man sie nicht viel eher als aufgetakelten Jazz bezeichnen müßte.

Gershwins *Concerto* macht einen ganz ähnlichen Eindruck auf mich. Der zweite Satz wird eröffnet mit einem Blues-Thema, und dieser Teil ist bezaubernd und stimmungsvoll. Aber man sucht in dem ganzen Werk vergeblich nach den Spuren, die von etwas Lebendigem künden, und so verbleibt das *Concerto*, wie schon die *Rhapsody in Blue*, innerhalb der Grenzen, die das Vergnügen eines anspruchslosen Publikums ausmachen. *An American in Paris* ist an Themen ärmer als alles, was Gershwin davor geschrieben hat; und wenn sich die Musik gegen Ende, nachdem sie sich zwischendurch etwas verloren hat, in den quirligen und irgendwie leeren Verzierungen, die sich gewöhnlich in Musicals am Schluß des ersten Aktes zusammenballen, verwirrt, hören wir plötzlich Gershwins Instrument, und es ist, als spräche der Esel Bileams, der den falschen Propheten zurechtweist und ihn der Welt zuführt, die seiner Begabung entspricht.[5]

Paul Rosenfeld, *An Hour with American Music*,
Philadelphia 1929, S. 138f

Einige Kritiker hielten George Gershwin aufgrund seiner Rhapsodien und anderer symphonischer Stücke für einen Komponisten guter Unterhaltungsmusik ... «Notre Chabrier à nous», wie ihn liebevoll ein Kritiker nannte, in Abänderung des Beiwortes, das Vincent d'Indy für Debussy geprägt hatte. Diese Beurteilung ist äußerst unkritisch. Ihr liegt ein falsches Verständnis von guter Unterhaltungsmusik und Gershwins ehrgeizigem Unterfangen sowie von dem Unterschied zwischen beiden zugrunde. Es ist klar, daß vieles von dem, was unser Broadway-Paladin in den beiden Rhapsodien, im *Piano Concerto*, in *An American in Paris* und der zur *Cuban Overture* umgearbeiteten *Rumba* verwendet hat, populär und amerikanisch ist. Es sind nicht die ersten symphonischen Werke, die den Broadway-Stil mit traditionellen und eigenen Elementen vermischen oder zu vermischen suchen; denn Saties *Parade* und eine Reihe anderer Stücke aus der Pariser Gruppe «Les Six», die noch vor der *Rhapsody in Blue* entstanden waren, experimentierten schon mit dieser Möglichkeit. Gershwins Kompositionen sind kompromißlos und programmatisch; er verarbeitet darin zahlreiche Jazz-Stilelemente, eine breite Palette von Klangfarben und eine reiche Viel-

5 Bileam hatte von Balak, dem König der Moabiter, den Befehl erhalten, die Israeliten zu verfluchen, doch seine getreue Eselin sprach zu ihm, öffnete ihm die Augen und führte ihn auf den rechten Weg (wobei ihm der Engel des Herrn ein wenig half) 4. Buch Mose, 22–24.

falt von Rhythmen. Das Ergebnis fällt mal gelungen und lebhaft, mal grob und brutal aus, und es ist klar, daß sie repräsentativ sind für ein bestimmtes Amerika; die große Popularität beweist es einwandfrei. Um jedoch als Komponist für Unterhaltungsmusik gelten und mit Chabrier, Albéniz, Glinka und manchmal auch, wenn sie sehr gut sind, mit Milhaud und Auric auf gleicher Höhe rangieren zu können, muß ein Musiker sein Material «komponieren», d.h. er muß ihm auch gerecht werden, es dergestalt entwickeln und organisieren, daß darin die grundsätzlichen Beziehungen und Vorstellungen zum Ausdruck gelangen. Gershwin hat dies nicht zufriedenstellend erfüllt, zumindest nicht in den größeren Kompositionen, die er bisher veröffentlich hat.

Gleichgültig, welches der ambitionierten Werke Gershwins man nimmt. Es ist im Ganzen nur sehr oberflächlich, eigentlich nur eine Anhäufung von äußerst unterschiedlichen kleineren Formen und Stilelementen. Einzeln betrachtet sind diese kleineren Formen und Stilelemente, Themen, Melodien, Rhythmen, Harmonien, Figuren, Ornamente oftmals pikant und ungewöhnlich und von reichhaltiger Dissonanz und leuchtender Klangfülle. Aber sie sind auch sehr unterschiedlich, vor allem hinsichtlich der Originalität: Einige der rhythmischen und klangfarblichen Neubildungen beruhen auf der wirkungsvollen Verwendung verschiedener Jazzelemente oder ursprünglichen Materials und wirken so kraftvoll und lebendig; andere überzeugen überhaupt nicht und wirken eher abgegriffen und banal. Aber auch hinsichtlich der Stilebene gibt es erstaunliche Unterschiede: volkstümlich Amerikanisches steht neben heller, jiddischer Fröhlichkeit, Impressionistisches verbindet sich mit vager Opernhaftigkeit, und manches erinnert an die Melodramatik und die Fiorituren von Liszt oder wirkt chopinesk. Und sie unterscheiden sich auch hinsichtlich der Qualität: Scharf, munter, flott und schwungvoll Wirkendes – vielleicht manchmal etwas flach, aber entschieden lebendig – kämpft gegen die müde Schwerfälligkeit anderer Stellen an, denen der Zuhörer nur schwer ein Interesse abringen kann; im Grunde so weich und plump, daß im Vergleich dazu die besten Ideen Gershwins – auch wenn es den meisten davon an der Feinheit und Ausdruckskraft erstklassigen Materials gebricht und Gershwin den Jazz nicht sehr einfühlsam behandelt – den Eindruck erwecken, als stammten sie von jemand ganz anderem …

Zum Beispiel das *Piano Concerto in F*, Gershwins saftigstes und interessantestes Konzertwerk. Es beginnt mit einer Reihe von unverbundenen, pompösen Passagen. Zuletzt bekommt der Komponist sein Material doch noch in den Griff: Das erste richtige Thema erscheint, synkopiert und leidenschaftlich gespielt vom Klavier. Anschließend wird es vom Saxophon in einem tieferen Register und vom Klavier wiederholt und dann, nach mehreren kurzen Einlagen, noch zweimal vom gesamten Orchester, das letzte Mal mit definitivem Schwung. Dadurch hat sich eine gewisse Spannung aufgebaut, und man erwartet jetzt irgendwie einen Kontrast oder eine Entwicklung. Stattdessen folgt ein neues Thema, sehr populär und im Charleston-Rhythmus und überhaupt nicht passend. Aber die Musik spielt mal lyrisch, mal bloß rhetorisch für eine Weile weiter, und es entsteht eine gelungene und zauberhaft orchestrierte Passage. Und auch diese Passage bricht plötzlich ab und wird nicht ausgeführt. Es schiebt sich stattdessen eine polyphone Episode ein, der die Wiederholung des ersten Themas folgt, diesmal aber um Zusätze erweitert, die ein bißchen an die grandiosen Effekte vom Capitol Theatre erinnern ...

Der zweite Satz beginnt mit einer interessanten, gedämpften Blues-Melodie, und wir sind gespannt, wie sich die Musik weiterentwickeln wird – und müssen wieder enttäuscht feststellen, daß stattdessen Ähnliches gespielt wird wie vorher, was man also eine Variation zu dem einleitenden Blues-Thema nennen könnte, wenn es qualitätsmäßig nicht so stark dagegen abfallen würde. Damit geht jegliche Spannung verloren. Der anfängliche Drive ist nun endgültig dahin. Das Pathetische inmitten von Liebestod-Anklängen setzt sich durch. Und der Satz klingt aus mit einer wehmütigen kleinen Coda, die das Blues-Thema wieder aufnimmt.

Spätestens hier ist jede Hoffnung, daß der Komponist doch noch ans Ziel seiner Entwicklung gelangen könnte, zunichte gemacht; und obwohl der letzte Satz kraftvoll und belebend mit einem schönen Xylophon-Scherzando einsetzt, ist man nicht mehr überrascht, wenn jetzt nur noch Bekanntes rekapituliert wird. Zum Schluß taucht das erste Thema wieder auf, pompöser aufgebläht als irgendeines der vorangegangenen Themen und endet inkonsequent mit zusätzlichen großartigen Schnörkeln. Die nächste Komposition, der Dreiteiler *An American in Paris*, beginnt zwar noch energischer, läßt aber ebenfalls eine richtige Entwicklung vermissen, ... und die vergnügliche Passage mit den französischen Autohupen bildet eine Ausnahme, denn im übrigen ist dieses Stück viel farbloser als das üppige *Concerto*. Die bloße Aneinanderreihung von Melodien und Rhythmen macht nur wenig Sinn; sie zielt nicht einmal ab auf das Leichte, Pikante, Witzige, das so charakteristisch ist für die amerikanische Unterhaltungsmusik; und sie scheint in ihrer Wirkung höchst unrealistisch. Augenblicklich spüren wir die unterschwelligen

Kräfte von Ehrgeiz und Verlangen, anmaßende, starke Bedürfnisse und eine ungestillte Sehnsucht nach Zärtlichkeiten und Berauschung, wie sie erregt wird durch die Romanlektüre oder in luxuriösen Umgebungen – Paris, Kuba, Florida – wie sie auch in der Freude darüber, sich als Amerikaner fühlen zu können, entsteht – worunter man sich offensichtlich eine naive, flotte, offene und gutmütige Lebensart vorzustellen hat, an der jedermann fröhlich und glücklich partizipieren kann – oder ausgelöst wird durch straßenjungenhafte erotische Phantasie ...

Wenn man Gershwins Musik hört, kann man sich kaum ihrer Visionskraft entziehen, die den materiellen Dingen einen Nimbus verleiht, ihnen schmeichelt und sie besonders begehrenswert erscheinen läßt. Vor unserem inneren Auge entstehen Türme aus feinem Gold, die mitten aus den Palmenwäldern Floridas emporragen, und prunkvolle Hotelfoyers, in denen sich berühmte Männer und wunderschöne Frauen, décolletées jusqu' à là, tummeln – das Paradies auf Erden – oder verliebte Nymphen, die inmitten von Wolken aus rosarotem Tüll in Ohnmacht sinken. In das rotglühende Licht der untergehenden Sonne getaucht, erobern wir eine Stadt des Orients und die schöne, nackte Frau mit ihrem glänzenden Diamanten im Haar steigt vom Stadttor zu uns herab, begrüßt uns und preist unsere Einmaligkeit mit erhabenen Worten und Gesten, und wir erkennen in ihr die Frau wieder, die wir schon immer geliebt und gesucht haben. Sind diese scheußlichen Träume wirklich unsere eigenen? Schon möglich, jedenfalls hat diese Musik sie zum Vorschein gebracht.

Amerikanische Kunst besteht zum größten Teil aus Reklame, aus der Verherrlichung materieller Dinge, die begehrenswert erscheinen. Diese Art der anpreisenden Ästhetik weist bedenkliche Parallelen zu der Musik George Gershwins auf, so daß wir versucht sind, in Gershwin den Laureatus der musikalischen Werbungsmacher zu sehen, möglicherweise den begabtesten von allen und ganz bestimmt den Boss der Gesellschaft. Man könnte ihn als den Musiker des materialistischen Zeitalters bezeichnen, in dem das schlechteste Geschäft und die beste Werbung, die Amerika jemals erlebt hat, zur Blüte gelangt sind, in dem Zeitalter des Jazz...

Möglich ist natürlich, daß die Bezeichnung Gershwins als «unseren Unterhaltungsmusiker» eine Prophezeiung war, daß nämlich Gershwin jetzt noch nicht, aber in Zukunft der musikalische Interpret dessen sein wird, was der Durchschnittsamerikaner in den entscheidenden Augenblicken seines Lebens wirklich fühlt. Diese Überlegung ist gar nicht so abwegig. Gershwin ist immer noch ein verhältnismäßig junger Mann. Daß er

Begabung hat, steht außer Frage. Die musikalische Sprache ist ihm angeboren; man kann sehen, daß er nicht erst seit gestern mit ihr vertraut ist, daß er sie kennt, ein Gespür für sie besitzt, sie liebt und sie geschickt zu handhaben weiß. Er besitzt Spontaneität, ein Ohr für komplexe Rhythmen und das Gefühl für klare, wehmütige und dissonante Melodien. Darüber hinaus hat er ein ausgesprochen freundliches und herzliches Wesen. Die besonderen Auszeichnungen für gelungene Verwendung und Idealisierung des Jazz haben zwar Milhaud für *La Création du Monde*, Honegger für sein *Piano Concertino* und Copland für sein *Piano Concerto* erhalten und nicht Gershwin, dafür ragt er aber beinahe riesenhaft zwischen den andern Söhnen der Tin Pan Alley empor, die, wie Bennett, Levant und Grofé, mit mehr oder weniger symphonischen Formen gerungen haben. Gershwins Begeisterung und große Einsatzbereitschaft erwecken in ihrer Aufrichtigkeit Sympathie, aber wir bezweifeln nach wie vor, daß er das richtige Gespür eines Künstlers mitbringt. In Gershwins Werk sind allenfalls Ansätze der Eigenschaften eines Künstlers erkennbar: die ästhetische Distanz, die er zu den materiallen Dingen hält, und denen er sich nur leicht und selbstlos nähert; die gespannte Aufmerksamkeit und objektivierte Lebenserfahrung sowie das Bestreben, sein Material gemäß dieser Erfahrung zu organisieren. Wir bleiben ihm vor allem für *Funny Face* und seine anderen flotten Musicals verpflichtet. In ihnen gelangt seine Begabung zur Entfaltung.

Paul Rosenfeld, *No Chabrier*, «New Republic», 4. Januar 1933

Constant Lambert
(1905 – 51)

Der Komponist, Dirigent und Schriftsteller Constant Lambert, ein Schüler von Ralph Vaughan Williams, schrieb im Alter von 21 Jahren sein erstes Ballett für Serge Diaghilew. Als Ergebnis seiner Experimente mit dem Jazz entstanden *Elegiac Blues* (1927) und *The Rio Grande* (1929), zwei bezaubernde, sehr schöne und faszinierende Werke, die allerdings kaum als Jazz zu bezeichnen sind. Sein provokatives Buch *Music Ho! – A Study of Music in Decline* erschien 1934.

Es ist richtig, daß die ersten Ergebnisse im symphonischen Jazz ein bißchen enttäuschend ausfielen, vor allem dort, wo man sich eigentlich damit auskennt – nämlich in den Vereinigten Staaten von Amerika. Die Amerikaner scheinen zu nahe an der Tin Pan Alley zu wohnen, um die Schönheit dieser Straße in das richtige Verhältnis setzen zu können; deren Bilder geraten entweder zu realistisch oder zu romantisch verklärt. Ihr großes Pech ist es, direkt vor Ort zu sein – sind nicht auch Rousseaus Bilder von tropischen Landschaften viel beeindruckender als die von Gauguin? Die Schwierigkeit, eine zufriedenstellende Synthese aus dem Jazz herzustellen, besteht darin, daß es sich nicht eigentlich um Rohstoff, sondern schon um halb-bearbeitetes Material handelt, bei dem die rohe, farbige Unterlage abgedeckt wird mit den Feinheiten europäischer Schule. Die Gefahr besteht eigentlich immer, daß ein intellektueller Komponist die Melodie, die ihm zuerst einfiel, wieder verwirft und so lediglich die darauf aufbauende, kompliziertere Fassade stehen läßt. Genau dies ist auch in der so einmalig albernen und trotzdem beliebten *Rhapsody in Blue* von Gershwin passiert. Der Komponist hat versucht, ein Konzert in Anlehnung an Liszt im Jazz-Stil zu schreiben, und hat dafür nur die nicht-barbarischen Elemente der Tanzmusik verwendet. Dabei ist weder guter Jazz noch ein guter Liszt herausgekommen, und schon gar nicht ein gutes Konzert. Obwohl andere amerikanische Komponisten, und sogar Gershwin, Werke größeren Kalibers in diesem Stil geschrieben haben, haftet den meisten von ihnen der Schatten der *Rhapsody in Blue* an, so daß sie die Bastarde eines Bastards bleiben. Ziemlich schlaue und unangenehme Kinder, die sich ihrer Eltern schämen und mit ihren Französischstunden prahlen.

Constant Lambert, *Music Ho!*, London 1934, S. 194f

Ralph Vaughan Williams
(1872 – 1958)

Ralph Vaughan Williams, einer der größten Humanisten und Musiker Englands, hinterließ ein umfangreiches Werk: Symphonien, herrliche Chorwerke, Lieder, Arrangements für Volkslieder, geistliche Musik und Filmmusik. Er war auch ein sehr kluger und belesener Mann, wie seine Briefe, Reden und Schriften, unter denen sich drei kurze, aber ideenreiche Bücher befinden, beweisen.

Wir dürfen nicht den Fehler begehen die so sehr charakteristische Kunst Gershwins, oder, wenn man noch weiter zurückgeht, die schönen Melodien von Stephen Foster leichtfertig abzutun. Große Dinge entstehen aus kleinen Anfängen. Die amerikanischen Komponisten, die symphonische Dichtungen verfaßt haben, für die sie gefühlsmäßig noch gar nicht ausgereift waren, hat man vergessen, während die Werke derjenigen, die weniger versucht und mehr erreicht haben, die Grundlage bilden, auf der sich eine große Kunst entwickeln kann.

Ralph Vaughan Williams, *The Making of Music*, Ithaca, N.Y. 1955

Virgil Thomson
(1896 – 1989)

Der Komponist, Kritiker und Schriftsteller Virgil Thomson wurde vor allem durch seine Zusammenarbeit mit Gertrude Stein an mehreren Opern (*Four Saints in Three Acts* u.a.) bekannt. Thomson schrieb witzige und oftmals verheerende Kommentare musikalische Themen. Er war vielleicht sogar einer der gewandtesten Musikkritiker überhaupt, vor allem während der vierziger und fünfziger Jahre, als er für die New Yorker «Herald Tribune» schrieb. Er komponierte hervorragende Filmmusik u.a. zu *The Plough That Broke the Plains, The River* und *Louisiana Story*. Thomson gehörte zu den Etablierten der zeitgenössischen amerikanischen Musik, die in der League of Composers organisiert waren. Die League gab auch die Vierteljahresschrift «Modern Music» heraus.

Gershwin, Cole Porter und Kern bilden das Dreigestirn am amerikanischen Himmel des leichten Musicals. Ihr Können ist offensichtlich und unproblematisch. Mr. Gershwin führte jedoch eine Zeitlang ein musikalisches Doppelleben. Dies ist die Geschichte von seinen Abenteuern unter den Intellektuellen.

Seine Bemühungen auf dem Gebiet der Symphonik umfassen einen Zeitraum von etwa zwölf Jahren und trugen, soweit ich weiß, folgende Früchte: *A Rhapsody in Blue* für Klavier und Orchester, *Harlem Night* (Ballett)[6], zwei Klavierkonzerte[7], *The* [sic] *American in Paris*, eine symphonische Dichtung. Diesen kann noch eine Oper mit tragisch-komischem Thema hinzugefügt werden: *Porgy and Bess*.

Die *Rhapsody in Blue* entstand etwa 1924 oder 1925 als erstes Stück aus dieser Serie und ist in jeder Hinsicht auch das erfolgreichste. Es ist überhaupt das erfolgreichste Orchesterwerk, das bisher von einem amerikanischen Komponisten veröffentlicht wurde. Mittlerweile gehört es mit zum Standardrepertoire eines jeden Orchesters in der Welt, so wie Rimskys *Scheherazade* und Ravels *Boléro*. Dabei handelt es sich um eine ganz professionelle Sache, ausgeführt von jemandem, der nicht nur wußte, wie man eine klare musikalische Idee gestaltet, sondern der auch eine solche klare musikalische Idee hatte ... Talent kann man tatsächlich viel besser bewundern, wenn die Absichten des Komponisten nobler sind, als die Ausführungen kompetent.

6 Thomson meint hier vermutlich *Blue Monday*, ein Operneinakter mit Tanzpassagen.
7 Gershwin hat nur ein Klavierkonzert, aber zwei Rhapsodien komponiert, was Thomson hier offenbar durcheinandergebracht hat.

Die *Rhapsody in Blue* ist eine recht zufriedenstellende Komposition. Rhapsodien sind allerdings, formal gesehen, nicht sehr schwierig, wenn einem genügend Melodien einfallen. Das Ergebnis der Bemühungen um eine stetige symphonische Entwicklung, für die die folgenden Stücke stehen, erscheint einem genau so dürftig, wie die Stücke selbst auch immer klingen. Man kann an *Porgy* sehen, daß Gershwin über keine musikalischen Entwicklungsmöglichkeiten verfügt und niemals verfügt hat ...

In Gershwins Musik überwiegt der Charme ihrer Darstellung stets den Gehalt ihrer Aussage. So klingt sie immer eher wie ein vers de société oder Salonmusik. Sein Unvermögen, die größeren Probleme wie Form, Kontinuität und musikalischen Ausdruck im ernsthaften Sinne zu begreifen, überrascht eigentlich nicht angesichts der zweifelhaften musikalischen Quellen, derer er sich arglos und unkritisch bedient. Solche Unbekümmertheit ist bewundernswert. Mit fünfundzwanzig ist sie auch bezaubernd. Mit fünfunddreißig steht einem jede Art von Kinderei schon weniger gut. So wirkt *Porgy and Bess* eher wie ein kleiner Wildfang, wie eine Art musique de la pas très bonne société. Selbst wenn man die Ausrutscher beiseite läßt und nur seine besten Sachen nimmt, zum Beispiel *Lady, Be Good*! oder *I've* [sic] *Got Rhythm*, mit dem die *Rhapsody in Blue* beginnt, so macht ihn das immer noch nicht zu einem ernstzunehmenden Komponisten.

Trotzdem ist *Porgy* ein interessantes Beispiel dafür, was Talent aus einem schlecht aufgebauten Stück noch machen kann. Hier hat jemand, der es niemals hätte versuchen dürfen, über ein Thema, das niemals hätte gewählt werden dürfen, und mit Hilfe eines Librettos, das niemals hätte akzeptiert werden dürfen, ein Werk komponiert, dem man eine gewisse Kraft und Bedeutung nicht abstreiten kann ... Gershwin weiß nicht einmal, was eine Oper ist, und doch ist *Porgy and Bess* eine Oper, dazu eine mit Schwung und Vitalität. Daher ist es für das amerikanische Kunstgeschehen ein Ereignis von größerer Tragweite als alles, was bisher an der Met unter dem Stichwort «amerikanisch» inszeniert worden ist ...

Es kommt darin eine Menge vor, was nicht nach meinem persönlichen Gechmack ist. Ich mag weder Pseudo-Folklore, noch kribbelige Begleitungen, noch bittersüße Harmonien, keine sechsstimmigen Chöre und auch keine Plum-Pudding-Orchestrationen. Mir gefällt aber, daß ich drei Stunden lang einem Stück zuhören kann, ohne mich auch nur einen Moment zu langweilen. Mit gefällt auch der erfrischende Mangel an Respektabilität, die Art, wie es populär und vulgär seinen Weg als professionelles Stück geht, ohne sich viel um die Leute des «guten Geschmacks» zu kümmern. Mir gefällt die Vorstellung, daß Gershwin seinem erstaunten und etwas verwirrten Publikum ein echtes, lebendiges Baby vorgeführt hat; warm, freundlich und mit durchnäßtem Hosenboden.

Virgil Thomson, *George Gershwin*, «Modern Music», November/Dezember 1935, S. 13 – 19

Frederick Jacobi
(1891 – 1952)

Das Werk des Komponisten, Lehrers und Dirigenten Frederick Jacobi umfaßt Kompositionen für Orchester, Gesang und Kammermusik. Bekannt wurde er vor allem durch seine Lehrtätigkeit an der Juilliard School of Music, New York (1936 – 1950). Zu seine Schülern zählen Alexei Haiff, Robert Starer und Robert Ward. Jacobi war außerdem Vorstandsmitglied der League of Composers.

Gershwin, und darin ähnelt er seinen beiden illustren Vorgängern Jacques Offenbach und Sir Arthur Sullivan, wollte alles auf einmal: Sünder und Heiliger sein, so eine Art heilige Johanna der Schlafwagen. Und, was das ganze noch schwieriger machte, er wollte beides zu gleicher Zeit sein. Ein Kraftakt, der zwar lobenswert ist, aber zu nichts führt. Verschiedene Stimmungen, verschiedene Stilrichtungen, verschiedene Techniken; und, wer zu dem einen in der Lage ist, der schafft selten auch noch das andere.

Er wollte sowohl das Winter Garden-Publikum als auch jenes der Carnegie Hall erreichen – für die einen *Swanee,* für die andern das *Concerto in F*: verschiedene Stücke zwar, mit unterschiedlichem Aufbau und unterschiedlicher Wirkung, aber die jazzmäßige, glühende Aussage ist doch ungefähr dieselbe ...

Gershwin war zwar ein Meister auf dem Gebiet der ihm eigenen kleinen Formen, war aber völlig überfordert, wenn eine Phrase über sechzehn oder zweiunddreißig Takte hinausging oder wenn sie nicht regelmäßig durchgeformt war. Wenn ihm Rachmaninow doch nur dabei geholfen hätte, im berühmten zweiten Thema der *Rhapsody in Blue* die Kurve zu kriegen! Wenn er sich doch nur aus dem Netzwerk seiner eigenen Erfindung, dem überzuckerten und schlecht geformten *Bess, You Is My Woman Now*! hätte befreien können! Und dies sind nur die einfachen Übungen. Für die größere intellektuelle Anstrengung, der es zur Ausformung eines symphonischen Satzes bedarf, war Gershwin gänzlich ungeeignet. Es gibt auch keinerlei Hinweise darauf, daß er sich seiner architektonischen Unzulänglichkeiten bewußt war, und wo handwerkliches Können versagt, geht auch der Sinn für den Stil verloren. Wie kann man sich sonst das Zustandekommen der schwerfälligen und altmodischen Rezitative in *Porgy and Bess* erklären? Wie ist es sonst möglich, daß ein Großteil des Werkes aus einer kunterbunten Mixtur besteht? Gershwin, der doch dort, wo er am besten ist, seinen eigenen, unverwechselbaren Stil hat. Die Wirksamkeit der wirklich wirkungsvollen Teile von *Porgy and Bess* beruht zum größten Teil auf bekannten theatralischen und musikalischen Klischees ... *It Ain't Necessarily So*! Wie dieses kleine Stück, mager und sehnig, hervorsticht wie ein schwarzer Diamant im Nebel! Hier ist Gershwin wieder er selbst, ohne ins Vulgäre abzugleiten, ohne von seinem gewohnt guten Geschmack abzuweichen. Wie seltsam doch, daß Gershwin ausgerechnet in seinen größeren, anspruchsvolleren Werken gerade die Qualtäten vermissen läßt, die anderweitig zu seinen Stärken zählen: Stil, Form und diese nicht näher bestimmbare Qualität der Glaubwürdigkeit, daß nämlich etwas unmittelbar erspürt und nicht mühselig konstruiert wird!

George wird nicht aufgrund seiner «größeren» Werke fortbestehen. In der großen Anzahl seiner Lieder, von denen beinahe jedes ein Glanzstück par excellence ist ... Wer kann denn jemals die einschmeichelnden Melodien von *You Don't Know the Half of It* und *Dearie, Blues* vergessen? Die Vollkommenheit in Harmonie und Form von *The Man I Love*? Die subtile Ironie in dem Meisterstück *Mine* aus *Let 'em Eat Cake*! Die derbe und wirklich wunderbar geformte kleine Klimax in *Sam and Delilah*? Die trockene, schlagende Brandung von *Fascinating Rhythm, Clap Yo' Hands* und *High Hat* – asymmetrisch und fantastisch balanciert wie eine Tanzfigur von Fred Astaire? *Lisa*! [sic], *Lady Be Good! Who Cares!* Wer von uns hat nicht die unterschwellige Glut, die fröhliche Unbekümmertheit, die große Freude gespürt, die in ihnen zu Ausdruck kam?

George hatte zweifellos großes Glück, daß er seinen Bruder Ira hatte, mit dem er so wunderbar zusammenarbeiten konnte. *Of Thee I Sing* ist wohl das gelungenste Ergebnis des vollkommenen Zusammenspiels ihrer Begabungen und insgesamt einzigartig in den Annalen der Gershwins und der amerikanischen Bühne. Man darf die Rolle, die Ira bei der Entwicklung der Begabungen seines Bruders spielte, in ihrer Bedeutsamkeit nicht unterschätzen. Aber Georges Musik ist etwas, was für sich selbst bestehen kann, und Amerika hat durch seinen tragischen und viel zu frühen Tod einen seiner hellsten Sterne verloren ... Er gehört zu der Gruppe jener glückseligen Halbgötter Sullivan, Offenbach und Johann Strauß, die unmittelbaren Zugang zu den Herzen ihrer Zeitgenossen gefunden haben, die den Ausdruck ihres Zeitalters artikuliert und, was nur wenigen vorbehalten bleibt, ihn sogar mit geprägt haben, wodurch sie zum Symbol ihrer Epoche wurden. Sie schöpften aus reichen und vollkommenen Quellen. Und so war es auch bei George.

Frederick Jacobi, *The Future of Gershwin*, «Modern Music», November/Dezember 1937, S. 3–7

Olin Downes

Olin Downes, Kritiker der «New York Times», schrieb an dem Tag, als Gershwin starb, einen Essay über den Komponisten, der dann zusammen mit dem Nachruf erschien. Wie Jacobi machte auch Downes den Versuch, Gershwin in eine bestimmte Schublade zu stecken. Die Überschrift des Essays lautete: «Gershwin setzte neue Maßstäbe für den Jazz» und der Untertitel: «Keine Imitation der Meister».

Die Stellung, die George Gershwin in der amerikanischen Musikwelt innehat, ist einzigartig. Dies ist teilweise auf seine ganz und gar außergewöhnliche Begabung zurückzuführen, aber auch zum Teil auf eine Reihe glücklicher Umstände, die ihn in weniger als fünf Jahren vom Song Plugger aus der Tin Pan Alley zu einem Komponisten gemacht haben, dessen Werke auf den Programmen von Symphoniekonzerten und Opernhäusern stehen und ihn weltweit berühmt werden ließen. In gewisser Hinsicht und vermutlich dank des großen öffentlichen Zuspruchs, den er erhalten hat, dürfte diese Wertschätzung etwas übertrieben sein ...

Als «ernster Komponist» ist er niemals weiter gekommen als bis zu einem bestimmten Punkt. Er hatte nicht das Zeug dazu, zu schaffen, was Dvořák für die Musik Böhmens oder gar Amerikas in der Symphonie *Aus der Neuen Welt* oder was Grieg mit seiner Kunst für Norwegen geleistet hat. Dafür reichten Gershwins technische Möglichkeiten nicht aus, und schon die Art und Weise, wie alles begonnen hatte, machte es ihm unmöglich, mit den größeren Formen jemals richtig vertraut zu werden.

Aber er hat mit den Stücken, die das für ihn Charakteristische am besten herausbringen, wirklich etwas geschaffen, was nur er zu schaffen vermochte; und sie sind so frisch, neu, natürlich und lebendig, daß sie große Aufmerksamkeit auf sich gelenkt haben und in einer Zeit, die wenig Neues und Originelles in der Musik zu bieten hat, zum vergnüglichen Ohrenschmaus geworden sind. Einige wollen seinen Aufstieg als Manifestation einer bestimmten Entwicklungsstufe der Demokratie Amerikas sehen. Für den jungen, vielversprechenden Lieferanten von populärer Unterhaltungsmusik öffnete sich das Tor zu den Gefilden der höheren Kunst, als eines Tages die Sängerin Eva Gauthier in Harms Music Shop hereinspaziert kam und den verdutzten Gershwin fragte, ob er sie auf dem Klavier begleiten wolle, wenn sie in Boston und New York ein paar amerikanische Songs von ihm singen würde, und ihm für diesen besonderen Dienst einiges mehr als die zwei Dollar bot, die er normalerweise verdiente.[8]

Als der junge Mann am Klavier begriff, was dieses Angebot bedeutete, und daß es ernst gemeint war, willigte er ein und war bald darauf berühmt. Die Lieder waren in ihrem Schwung und Witz, mit den originellen rhythmischen und harmonischen Vertonungen ihrer Texte eine absolut sensationelle Neuheit und wurden von den Leuten, die sich schon an die intellektuellen Kopfgeburten der modernen europäischen Komponisten gewöhnt hatten und ihrer vielleicht auch überdrüssig waren, begeistert aufgenommen. Man sollte allerdings hinzusetzen, daß ein nicht geringer Teil der Wirkung Gershwins Vortragsweise zu verdanken war.

Diejenigen, die ihn bei der Begleitung seiner Lieder nicht gehört haben, können sie sich in ihrer Entfaltung gar nicht vorstellen. Diese Begleitungen sind niemals voll ausgeschrieben worden. Dies ist auch unmöglich; Gershwins besonderer Klang, Anschlag und Rhythmus war nicht leicht zu beschreiben. Wie bedeutungslos oder gerade bloß aktuell ein Lied auch immer sein mochte, seine Begleitungen dazu stellten wahre Klangbilder dar. Und sie enthielten das Element, das bei unserem amerikanischen Jazz ganz entscheidend ist – die Improvisation. Zudem «kommentierten» sie eindrucksvoll die Texte Ira Gershwins. Letztere haben noch nicht die Beachtung gefunden, die sie eigentlich verdient hätten. Sie waren wie gemacht für Georges besondere musikalische Begabung, und Georges Vertonungen glichen sich genau dem Stil von Iras Texten an. Dies war der Grundstein für Gershwins Erfolg ...

Manchmal gewinnt man den Eindruck, als sei Gershwin eine zu große Verantwortung angelastet worden seitens der Musiker und Komponisten, die bestrebt waren, eine richtige Schule der amerikanischen Komposition aufzubauen. Man ermunterte ihn, ernsthaftere Aufgaben in Angriff zu nehmen, als er zu bewältigen in der Lage war. Und er hat mit Sicherheit Schritte in die richtige Richtung unternommen, selbst wenn der erste Akt von

8 Im Jahre 1923, in dem diese Liederabende von Eva Gauthier stattfanden, war Gershwin bereits seit mehreren Jahren bei T.B. Harms & Co. für ein Gehalt von mehr als 2 $ pro Stunde als hauseigener Komponist (nicht im Laden) engagiert.

Of Thee I Sing und Passagen aus seinen besten Operetten viel höher rangieren als alles, was er in seiner folkloristischen Oper *Porgy* versucht hat, und obwohl einige seiner aktuellen oder gewagten Liedchen durch schmissige Melodien und Einfallsreichtum glänzen und so manchen ernsthafteren Versuch an Lebendigkeit und Originalität weit übertreffen. Gershwin leitete eine neue Wende in der amerikanischen Musik ein, und zwar von der Art, wie sie anspruchsvollere Komponisten niemals hätten einleiten können. Die Summe dessen, was er erreicht hat, wird gewährleisten, daß er dem Gedächtnis der amerikanischen Musik nicht verloren geht.

Olin Downes, «The New York Times», 12. Juli 1937, S. 20

Nach Gershwins Tod hatten die Jazz-Historiker, -Kritiker und Sammler von Jazz-Schallplatten Konjunktur. Nur wenige sahen ihm nach, daß der echte Jazz terra incognita für ihn geblieben war, und daß er sich mit dem falschen «König», mit Paul Whiteman, eingelassen hatte. Die einhellige Übereinstimmung in diesem Punkt kommt in den folgenden Ausschnitten deutlich zum Ausdruck. Nicht erwähnt wird allerdings die Faszination, die Gershwins Songs auf die wahren Jazzer ausübten, die in ihren Darbietungen oftmals auf die Akkorde, Harmonien und Rhythmen dieser kleinen Stücke zurückgriffen. Sie bildeten die Grundlage für herrliche Improvisationen so hervorragender Musiker wie Pee Wee Russell, Art Tatum, Coleman Hawkins und Charlie Parker.

Ralph de Tolendano
(geboren 1916)

Als junger Jazz-Enthusiast war de Tolendano Ende der dreißiger Jahre Mitbegründer und Mitherausgeber der kurzlebigen, wissenschaftlichen Zeitschrift «Jazz Information». Nach dem Zweiten Weltkrieg, in dem er als Soldat gedient hatte, war er einige Zeit als Publizist und Geschäftsmann tätig.

Die «Jazz als Kunst»-Bewegung greift um sich seit Paul Whitemans Konzert in der Aeolian Hall, mit dem George Gershwin zugunsten schlechter Konzertstücke mit dem Schreiben guter Songs aufhörte. Vom ersten Tag an erhielten diese neuen Werke den Beifall der Jazz-Analphabeten unter den musikalischen Größen – Stokowski, Damrosch und Co –, darauf folgten die gleichermaßen sinnlosen Attacken von Seiten der Akademiker, deren Vorstellung vom wirklichen Jazz sich mit der von Henry Busse und dessen sauertöpfischer Version von *Hot Lips* traf. Als herauskam, daß es – jedenfalls nach der Überzeugung eines eifrigen Kommentators – eine strukturelle Beziehung gäbe zwischen dem sogenannten Chicago-Stil und der Polyphonie Bachs, brach unter den Verfechtern der seltsamsten Standpunkte ein

Sturm der Mißverständnisse los. Man war versessen darauf, etwas zu finden, was der neuen Ästhetik zum Durchbruch verhelfen sollte, und die allgemeine Öffentlichkeit lechzte mit. Sie war nur zu bereit, die Mésalliance zwischen Jazz und Paul Whiteman zu akzeptieren, aus der der «symphonische» Jazz in Form der *Rhapsody in Blue* und ihrer zahllosen Nachfolger entstand. Die Literatur dieser Zeit ist voll von enthusiastischem Gerede über die Theorie vom symphonischen Jazz, und das meiste davon kann auf ein paar welterschütternde Fakten reduziert werden, nämlich daß Schostakowitsch Youmans *Tea For Two* als Thema benutzt hat; daß Strawinsky in einigen Werken bestimmte Ragtime-Elemente untergebracht hat; daß Brahms sich hingezogen fühlte zu den rhythmischen Effekten des 1890er Jazz und sogar erwogen hat, sie für eine Komposition zu verwenden. Mit diesem Wind im Rücken begannen die vom Geklingel der Registrierkassen wachgewordenen Schreiberlinge, für die sich die Bedeutung von Jazz im Mißklang und im Gebrauch von verminderten Terzen und Septimen – letzteres wegen des «blue»-Effekts – erschöpfte, Jazz-Symphonien, Rhapsodien, Tongedichte und andere, verwandte Sorten des musikalischen Mischmasches am Fließband zu produzieren, während Kritiker, die sonst über derartige Unkenntnis der simpelsten musikalischen Grundformen die Nase gerümpft hätten, von einer «Renaissance» schwärmten.

Ralph de Tolendano, «Directions of Jazz», *Frontiers of Jazz*, New York 1947, S. 66f

Rudi Blesh
(1899 – 1985)

Nach Abschluß seines Studiums an der Universität von Kalifornien wurde Rudi Blesh Werbegraphiker und Industriedesigner sowie Graphikdozent am San Francisco Museum of Art. Sein Interesse am klassichen Jazz mündete in eine weitere Laufbahn: Er begann Vorlesungen über Jazz und Jazz-Musiker zu halten. Er gründete eine kleine Firma, die sich auf Live-Aufnahmen von Jazz-Konzerten spezialisierte. Er verfaßte außerdem zwei Bücher zum Thema, *Shining Trumpets* und, zusammen mit Harriet Janis, *They All Played Ragtime.*

Während Paul Whiteman, George Gershwin und ein ganzer Schwarm anderer Jazz-Laien den Jazz zu «verbessern» und daraus Symphonien, Konzerte und Opern (all dies war es nicht, und sollte es jemals etwas werden wollen, dann auch nur mit den eigenen Mitteln) zu formen begannen, standen Männer wie Louis Armstrong mit ihrer Arbeit mitten im wahren Herzen des Jazz.

... Jazz heißt nicht, daß man, sagen wir, ein Menuett von Beethoven, einfach »jazzmäßig» umgestaltet; denn das wäre nur eine Art Spiel ohne wirkliche Transformation des Materials. Noch weniger kann Gershwins *Rhapsody in Blue* als Jazz bezeichnet werden; denn darin werden Harmonien und bestimmte, für instrumentalen Jazz charakteristische Eigenheiten nahezu symphonisch behandelt. Und die Musik von Witheman und einigen anderen «Jazz-Symphonikern» geht an der Sache völlig vorbei, da sie das Material in einer dem Jazz gänzlich ungemäßen Art verarbeiten ... Was die gegenwärtige Musikszene betrifft, so ist Gershwins *Porgy and Bess* keine Negeroper, auch wenn die Besetzung aus Negern besteht, freizügiger Gebrauch gemacht wird von künstlicher Färbung und ein paar Schreie von der Straße eingebaut werden. Sie ist negroid, und es wird die frühere travestierte Form des Negergesangs wieder aufgegriffen, nur etwas subtiler und deshalb noch diskriminierender. Dieses Werk und auch andere jüngeren Datums ... weisen eine beklagenswerte Tendenz auf, wobei es sich um mehr als nur um Oberflächlichkeit und mangelndes Verständnis handelt. Dadurch, daß man tatsächlich Neger für die öffentliche Aufführung dieses Tin Pan Alley-Potpourris angeworben hat, wird den Negern ein neues Klischee – diesmal ein kulturelles – angepaßt, und sie treten als fähige Unterhaltungskünstler auf und machen eine Musik, die das weiße Publikum als seine eigene betrachtet. Die Öffentlichkeit kann in solchen Werken, wie eigentlich auch in allen Produktionen, die fürs Kino gemacht werden und die vorgeben, Negermusik vorzuführen, niemals schöne, echte Negermusik hören. Ihr Vergnügen daran ähnelt dem des Publikums von Saratoga, das «echten» Negersängern mit schwarzgemalten Gesichtern zujubelte.

Rudi Blesh, *Shining Trumpets*, New York 1953, S. 13, 195, 205

Etwa Mitte der fünfziger Jahre änderte sich die allgemeine Haltung gegenüber Gershwin. Die Historiker und Musikologen sowie selbst die aus einer anderen Generation stammenden Kritiker hatten ihre Vorurteile abgelegt und betrachteten Gershwin aus anderen Blickwinkeln. Die Tin Pan Alley-Ära war längst vorbei, das amerikanische Musiktheater hatte sich neues Ansehen erworben, und die Grenze zwischen Musical und Oper war fast beseitigt. Es wurde endlich auch bekannt, daß Gershwin eine wesentlich bessere musikalische Ausbildung genossen hatte, als die meisten angenommen hatten. Die schlechte, nicht von Gershwin selbst bewerkstelligte Ausgabe seiner (zum Teil sogar neuorchestrierten) Werke wurde überarbeitet; die Werke erhielten ihren ursprünglichen Zustand, so wie Gershwin sich ihn gedacht hatte. Dies wurde besonders deutlich am Beispiel von *Porgy and Bess* vorgeführt. In der wiederhergestellten Originalfassung wurde sie von vielen (aber natürlich nicht von allen) zur «größten Oper» Amerikas gekürt. Daß dies im wesentlichen auch richtig war, zeigen zwei herausragende Musikwissenschaftler und Historiker, der eine Engländer, der andere Amerikaner, in zwei der schönsten Studien über amerikanische Musik.

Wilfred Mellers
(geboren 1914)

Wilfred Mellers, Musikwissenschaftler, Lehrer, Schriftsteller, Komponist und Absolvent der Universität Cambridge, wo er zusammen mit Egon Wellesz studiert hatte, unterrichtete in England und den USA Musik. Mellers komponierte u.a. Opern und Werke für Orchester und Gesang. Zu seinen theorethischen Veröffentlichungen zählen *Music and Society* (1946) *The Sonata Principle* (1957), *Music in a New Found Land* (1964), *Caliban Reborn* (1967), *Twilight of the Gods; The Music of the Beatles* (1973).

> George Gershwin war kein Neger, wie Porgy. Er war auch in keiner Weise ausgeschlossen von den materiellen Vorteilen des Lebens. Er war jedoch ein armer Junge, der Erfolg hatte: ein amerikanischer Jude, der nur zu gut die geistige Isolation kannte und in der Tin Pan Alley ausreichend Gelegenheit hatte, die Korruption kennenzulernen. Er war kein psychischer Krüppel, wie Porgy. Er war ein emotionaler Krüppel, geplagt, wie so viele aus seiner Generation, von nervösen, instabilen Gefühlslagen und den üblichen Versuchen, diesen zu entrinnen. So sang er in seiner Oper ehrlich und mit unerwarteter Kraft von jenem spirituellen Unbehagen, das dem Pop-Song des zwanzigsten Jahrhunderts zugrunde liegt. Sein Sinn für die Wehmut im Herzen des gewöhnlichen Menschen wetteifert mit dem von Stephen Foster: Was ihn zu einem so sehr viel fruchtbareren Komponisten werden läßt, ist, daß seine Kunst diese Wehmut als solche unmittelbarer anerkennt. Seine Oper thematisiert den Zusammenprall der kommerzialisierten Welt mit denjenigen, die das «gute Leben», das auf der engen Beziehung zwischen Mensch und Natur beruht, entweder einmal geführt haben, es gerne führen würden oder es immer noch führen.
>
> Wilfred Mellers, *Music in a New Found Land*,
> New York 1965, S. 392f

Gilbert Chase
(geboren 1906)

Der Musikwissenschaftler, -schriftsteller und Pianist Gilbert Chase, ein Absolvent der Columbia University, war eine Autorität in Sachen lateinamerikanischer Musik. Chase war offizieller Berater des State Departement und der Library of Congress und veröffentlichte zahlreiche Bücher, u.a. *The Music of Spain* (1941), *A Guide to the Music of Latin America* (1962) und *America's Music* (1955, Neuauflage 1966).

> Gershwins Platz in der amerikanischen Musik ist gesichert. Seine populären Lieder werden so lange am Leben bleiben wie jede andere Musik von dieser Art, und sein Werk in den größeren Formen der Kunstmusik bedeutet den Triumph für die populäre Gesinnung der Kunstmusik in den Vereinigten Staaten. Gershwin war ein Komponist aus dem Volk und für das Volk, und seine Musik wird vom Volk am Leben erhalten werden.
>
> Gilbert Chase, *America's Music,* New York 1955, S. 493

VIII
Gershwin und die bildende Kunst

Gershwins erste Erfahrungen als angehender Künstler endeten nicht gerade erfolgversprechend. Angeregt von den Karikaturen und Skizzen seines Bruders Ira fertigte er eine Zeichnung an, die er seiner Lehrerin an der Schule in der Lower East Side stolz präsentierte. Sie lachte nur darüber. Vor seinen Klassenkameraden gedemütigt, wechselte er vom Zeichnen zur Musik.

Aber er sollte darauf zurückkommen und dann richtig. Irgendwann im Jahre 1927 griff er wieder zu den Malstiften, diesmal unter dem Einfluß seines Bruders Ira und seines Cousins Henry Botkin ("mein Cousin, der Künstler Henry Botkin»). Sie verbrachten den Sommer auf der Chumleigh Farm in der Nähe von Ossining, wo George und Ira die Lieder für das Anti-Kriegs-Musical *Strike Up the Band* schrieben und sich beim Zeichnen und Malen erholten. Ira hatte ihm nach den ersten dort entstandenen Zeichnungen einen Kasten Wasserfarben geschenkt, und es dauerte gar nicht lange, da verbrachte George genausoviel Zeit an der Staffelei wie am Klavier.

Als George und Ira eine Zeitlang an einem Florenz-Ziegfeld-Musical arbeiteten, schaute der berühmte Produzent immer mal unerwartet vorbei, um zu sehen, ob seine Investitionen auch Früchte trügen. Er traf die Brüder häufiger als einmal dabei an, wie sie Leinwände beschmierten, anstatt Texte und Musik zu erfinden. (Jahre später fragte ein Freund Ira Gershwin, warum er die Malerei aufgegeben hätte – denn er hatte Begabung – und Ira antworte schlicht: «Sie begann mich zu sehr zu fesseln.»)

Mit der gleichen Intensität, mit der George Gershwin sich seiner Musik widmete, betrieb er auch die Malerei. Er hatte beides in seinem Bewußtsein eng verknüpft. Der Sammler Chester Dale erinnerte sich daran, wie Gershwin sich bei ihm einlud, als er hörte, daß Dale ein paar interessante Gemälde besaß. Ein Cézanne hatte es ihm ganz besonders angetan. An einer Stelle sagte Dale zu Gershwin: «Musik und Malerei – ist es nicht mehr oder weniger dasselbe?» Der Komponist stimmte dem zu und begann zum großen Erstaunen von Dale mit einem Vortrag über Cézanne, worauf Dale den Vorschlag machte: «Spielen Sie mir einen Cézanne.» Gershwin setzte sich ans Klavier und begann zu spielen, und Dale erzählte später: «Ich hatte keinen blassen Schimmer, was er da spielte, aber gefühlsmäßig war das für uns beide Cézanne.»

Innerhalb der kurzen Zeit von nur sechs Jahren hatte George Gershwin eine der schönsten Sammlungen zeitgenössischer Kunst im ganzen Land beisammen. Aufgrund seiner eigenen Bemühungen begann er sich für die Arbeiten anderer Künstler zu interessieren, und die Besuche in Galerien und Ausstellungen regten ihn dazu an, die Gemälde von Künstlern zu sammeln, die er bewunderte. Als Botkin 1931 nach Paris ging, um dort zu malen, diente er Gershwin gewissermaßen als Scout für neue Sammelobjekte. Wenn er etwas sah, von dem er meinte, es könnte seinem Cousin gefallen, schickte er ihm ein Foto mit Beschreibung, und Gershwin würde dann entscheiden, ob er das Werk haben wollte. Als er im Juni 1931 das erste Paket per Schiff erhielt, schrieb er begeistert an Botkin zurück (wohlgemerkt, die von ihm erwähnten Künstler waren damals noch nicht so bekannt wie heute): «Der Rouault ist prachtvoll ...Ich habe (daran) viel Spaß, ... und hoffentlich findest Du noch mehr Werke von ihm, die Du mir schicken kannst.»

"Die Vorstädte sind bei Utrillo mit viel kräftigeren Pinselstrichen gemalt, als ich bisher in Amerika gesehen habe. Das Bild ist voller Licht. Es wirkt so,

Gershwin bei der Vollendung eines Selbstportraits, April 1929

als hätte es eine eigene Lichtquelle. Ich bin ganz verrückt danach... Der Derain ist ein Meisterstück der schlichten Farbe, und der Pascin, der mir das am wenigsten aufregende der fünf Bilder zu sein scheint, besitzt eine eigenartige Qualität, die mir ans Herz zu wachsen scheint.» (Das fünfte Bild war ein Modigliani, den Gershwin ebenfalls sehr schätzte.)

Gershwins Sammlung enthielt mehr als hundert Kunstobjekte. Darunter befanden sich die heute berühmte Noguchi-Büste seiner selbst, afrikanische Skulpturen, Picassos «Die Absinthtrinkerin» und Werke von Amerikanern wie Benton, Bellows, Max Weber und John Carroll.

Obwohl er diese Bilder schätzte und ihre Schöpfer bewunderte, ist eindeutig erkennbar, daß sein eigenes Werk davon unbeeinflußt geblieben ist. Wie in der Musik, so ging er auch hier eigene Wege. In der kurzen Zeit von acht Jahren, in der er als Maler, Zeichner und Aquarellist aktiv war, machte er große Fortschritte bezüglich Bildaufbau und Farbgestaltung. Wie die Musik, so sind auch Malerei und Zeichnungen frei von jeder Befangenheit. Er trifft stets den Kern der Sache, angefangen von dem komplexen «Self Portrait in an Opera Hat» (1932) bis zu dem reizvollen, zart kolorierten «My Studio, Folly Beach» (1934). Interessant ist, daß Gershwin eine erstaunliche Geschicklichkeit auf dem Gebiet der Portraitkunst, sicherlich dem schwierigsten Fach in der Malerei, entwickelte. Seine Selbstportraits sind ebenso außergewöhnlich wie die schönen Ölgemälde von seinem Großvater und seiner Mutter. Als seine beiden letzten Portraits entstanden «Arnold Schönberg» und «Jerome Kern», beide 1937 in Kalifornien.

Henry Botkin
(1896 – 1983)

Henry Botkin, der Cousin Gershwins, war ein bekannter Maler. Er erhielt seine Ausbildung in Boston an der Massachusetts School of Art und ging im Alter von achtzehn Jahren nach New York, wo er seine berufliche Laufbahn als Illustrator begann. Er war Ende zwanzig, als er nach Paris zog und sich dort auf die Malerei konzentrierte. In Paris lernte er die abstrakte Malerei kennen und wurde von ihr stark beeinflußt. Während seiner ersten zehn Jahre in New York war er viel mit seinen Cousins zusammen und ging oft ins Theater und ins Museum. In Frankreich sammelte er für George Gershwin zeitgenössische Kunst.

Vor einigen Jahren stieß George Gershwin auf ein zeitgenössisches Gemälde, das ihn so in Begeisterung versetzte, daß er es auf der Stelle kaufte. Damals war ihm der Gedanke, er könnte einmal ein großer Sammler oder Verehrer der modernen Malerei werden, noch gar nicht gekommen. Er hatte das Stück bemalte Leinwand gekauft, weil es ihm gefiel und er es haben wollte. Dieser unwiderstehliche Drang führte zu weiteren Käufen, die schließlich den Grundstock zu einer ganz beachtlichen Sammlung bildeten. Durch unsere häufigen Besuche in Galerien und Ateliers verschiedener Künstler hier und im Ausland vertiefte sich Georges lebhaftes Interesse und Vergnügen an Bildern und Malerei. Es wurde immer offenkundiger, daß da ein wesentlicher Zusammenhang bestand zwischen seiner Musik und seiner Malkunst. Ihm wurde klar, daß seine Rhythmen und die Rhythmen der Malerei Gemeinsamkeiten besaßen.

Die Entwicklung seiner Sammlung weist konsequent in eine Richtung; sie wird von Intuition gespeist und verfolgt ein einfaches Ziel. Er tat niemals so, als besäße er eine Sammlung von wissenschaftlichem Interesse; «alte» Gemälde waren nicht darunter, und er gab auch niemals vor, ein Kunsthistoriker oder -experte zu sein. Vor allem Bilder, die eine ausgesprochen lebhafte und stimulierende Wirkung hatten, erweckten sein Interesse. Sorgfältige, feinsinnige Arrangements, satte Farben, in Verbindung mit düsterer Kraft und schönen Empfindungen – all dies, was auf verschiedenen Leinwänden zur Darstellung gelangt war, stieß beim Sammler auf tiefe, spontane, und künstlerische Zustimmung. In den vielen Jahren unserer engen Beziehung konnte ich immer wieder feststellen, wie die besondere Qualität seiner außergewöhnlichen Musik die Ideenwelt der Malerei widerspiegelt und ihren Geist atmet. Das Malen und das Sammeln waren für ihn zusätzliche Quellen der Inspiration. Er war aufgeschlossen gegenüber den verschiedenen Strömungen in der Kunst, lehnte es aber für sich selbst ab, irgendeinem Modediktat zu fol-

Gershwin und sein Cousin Henry Botkin; hinten links an der Wand Picassos «Absinthtrinkerin», rechts ein Gemälde von Botkin, «Zehn Meilen vor Charleston», das während ihres Aufenthalts auf Folly Island, South Carolina, im Juni/Juli 1934 entstand

gen. Die Bilder dienten ihm nicht zur Verkleidung und Verschönerung der Wände, und er selbst blieb ungerührt von intellektuellem Snobismus.

Für George war die Kunst, wenn sie vor Leidenschaft glühte und von Lebensfreude strotzte, Ausdruck der Liebe zur Welt von heute. Alles, was er tat – ob er komponierte oder nach neuen Meisterwerken Ausschau hielt, ob er malte oder an einer Party teilnahm–, machte er mit der ganzen Energie und Vitalität, die in ihm steckte. Auf seinen Streifzügen in das Gebiet der Kunstmalerei schien er manchmal spontan und impulsiv, dann wieder einfach und hochintelligent. So bedurfte es nur neun Jahre, um eine der bedeutendsten Sammlungen moderner Kunst in Amerika zusammenzubringen und gleichzeitig eine Reihe eigener Malereien anzufertigen. Die Sammlung besteht aus über hundert Objekten, die Gemälde, Skulpturen, Zeichnungen, Drucke usw. umfassen, und obwohl sie keinen Anspruch auf Vollständigkeit erhebt, enthält sie einige der berühmtesten Objekte zeitgenössischer Kunst, die sich in diesem Land befinden.

George sammelte niemals Namen; die Qualität der einzelnen Bilder war das einzige, was zählte. Es sind ein paar sehr interessante Werke jüngerer unbekannter Maler darunter. Sie sind zum Teil sogar interessanter als die Werke derjenigen, deren Namen uns so vertraut sind, und sie haben in seiner Sammlung einen festen Platz. George verteidigte sie und trat jeder Zeit für sie ein.

Neben den meisterhaften Ölmalereien besaß er eine ganze Reihe der unterschiedlichsten Arten afrikanischer Skulpturen, zusammen mit Zeichnungen, seltenen Aquarellen und Lithographien. Er hatte sich niemals auf eine bestimmte Art der Malerei, der einen oder anderen Gruppe oder eines Landes festgelegt, sondern interessierte sich immer für die Vielfalt der Strömungen und Schulen in der Kunst. Er besaß einige sehr wichtige Werke von Persönlichkeiten, die in Amerika die zeitgenössische Kunstwelt beherrschten. Obwohl er nicht immer mit der abstrakten Kunst sympathisierte, studierte und sammelte er Kandinsky, Léger, Masson und andere. Er interessierte sich außerordentlich für Picasso, Utrillo, de Segonzac, Derain sowie Rousseau. In seiner Sammlung befanden sich auch ein paar ungewöhnliche Beispiele aus der Amerikanischen Schule, wie Eilshemius, Bellows, Sterne, Weber und Benton. In den letzten Jahren hatte der Umfang der Sammlung so sehr zugenommen, daß mehrere große Wohnungen für ihre Unterbringung nicht ausreichten, und es mußte in den Häusern seiner Freunde und der Familie für Ausweichquartiere gesorgt werden. Gershwin störte dies nicht, und er sammelte weiter; er gehörte zu den unerschrockenen Sammlern der jüngeren Generation von heute.

George begann 1929 mit dem Malen. Mit etwas Ermunterung und Beistand von meiner Seite entwickelte er eine gründliche und echte Begabung. Mit den Fortschritten in der Malerei konnte man zunehmend sehen, wie die spezifischen Stimmungen seiner musikalischen Kompositionen seinen Bildern lebendige Form und emotionale Kraft verliehen. Der starke, dynamische Impuls, der von seiner Musik ausgeht, wurde in seiner Malerei zur dominierenden Kraft. Er war ein fleißiger Student, und als sein Talent sich herauszukristallisieren begann, verbrachte er mehr und mehr Zeit in Kunstgalerien und in Museen. Er gestattete sich, tief in die Malkultur einzudringen, und frequentierte verschiedene Galerien und Malerateliers, um selbst besser die verschiedenen Möglichkeiten und Techniken kennenzulernen. Für das Werk von Rouault entdeckte er seine besondere Vorliebe; ihn bezauberten immer wieder die Art und Lebendigkeiten seiner Arbeiten. Sein Ziel war es, seinen Bildern die gleiche atemberaubende Kraft und Tiefe zu verschaffen, die seine Musik schon besaß. Ständig versuchte er, die gleiche kühne Kombination der Teile, die ihm als Komponist eigen war, auch in der Malerei zur Geltung zu bringen. In seinen Bildern, vor allem in den Portraits, suchte er nach dem präzisen Umriß, der die Form festlegte, und er beschäftigte sich ständig mit den Problemen des Aufbaus und der Farbe.

Seine Bilder verlangten nicht nach speziellen ästhetischen Theorien oder nach einer bestimmten Psychologie. Eine erstaunliche Geschicklichkeit legte er in den vielen Zeichnungen von unterschiedlicher Vollständigkeit – es gibt über hundert – an den Tag. Sein anhaltender Fleiß und der Umfang der Arbeiten, die er hinterließ, sind ausreichend Beweis für seine Liebe und den Wunsch, einen wirklich wichtigen Beitrag zu liefern. Bei der Beobachtung seiner Fortschritte bemerkte ich, wie er sich vor allem bemühte, die gleiche Wärme, Begeisterung und Kraft, die sich in seiner Musik mitteilt, auch in seinen Bildern zum Ausdruck zu bringen.

Ganz besonders interessierte er sich für Gesichter und die Portraitkunst. Er hatte eine ausgesprochene Begabung dafür, den gesamten Ausdruck einer Persönlichkeit in einer kleinen Skizze einzufangen. Dies kann man an seinen Studien von Adolph Lewisohn, Maurice Sterne und anderen erkennen. Diese, in nur ein paar Minuten fertiggestellten Skizzen, dienten im später als Vorlagen für die Ölmalerei. In dem Selbstportrait «Checked Sweater» legte er Farbschicht über Farbschicht, und das Ergebnis zeigt ein in der emotionalen Wirkung hochdramatisches Bild, kraftvoll und lebendig. Im Schönberg-Portrait hat er die Lösung zu einem äußerst interessanten und plastischen Problem gefunden und damit ein dynamisches, ausdrucksvolles Bild erhalten. Nicht nur Lebhaftigkeit und Eindringlichkeit zeichnen dieses Werk aus; es ist Gershwin sehr schön gelungen, seiner Bewunderung und dem Respekt, den er für sein Gegenüber empfand, Ausdruck zu verleihen. Hochbegabt in Kopf und Herz war es immer wieder sein Bemühen, in den Portraits den individuellen Charakter seiner Modelle möglichst einfühlsam wiederzugeben.

Er war ein guter Zeichner, besaß einen klaren und kräftigen Strich und war in der Lage, mit sparsamen Mitteln große Effekte zu erzielen. Man betrachte nur die exquisiten Zeichnungen «Girl Reading», «Ira» und «Henry Botkin»; sie hätten auch aus der Feder eines Picasso oder Dufy stammen können. Ich gewann durch ihn immer den Eindruck, als sei die Malerei der Musik ein

Stückchen voraus, was die Wiedergabe von Vorstellungen und Stimmungen betrifft. Er interessierte sich gerade deshalb für die modernen Trends in der Kunst, weil sie die gleichen Merkmale aufwiesen wie die Musik, mit der er sich befaßte. Er sagte mir einmal im Gespräch über den französischen Maler Rouault: «Mich interessieren Dissonanzen; das Offenkundige ist langweilig. Die neue Musik und die neue Kunst haben einen ähnlichen Rhythmus; beide besitzen sie dunkle Kraft und schöne Empfindung.»

George hatte ein instinktives Gespür für die schöpferischen Vorgänge in der Kunst; er war ganz besonders für Rhythmen empfänglich. Er hat ein paar Stilleben und Landschaften in ruhigen, verhaltenen Farben gemalt, die ihm zwar nicht so leicht von der Hand gegangen sind, wie die Portraits, die aber doch eine gewisse Fülle und ein solides Maß an Selbstsicherheit aufweisen. Er arbeitete mit Wasserfarben, und als ich die Studie «My Studio – Folly Beach» sah, war ich von der außergewöhnlichen Anschaulichkeit und farblichen Schönheit tief beeindruckt. Es schien sich darin kindliche, primitive Heftigkeit zu äußern, und dennoch war das Bild von opulenter Schönheit.

Das Ölbild seines Großvaters malte er im folkloristischen Stil. Andere Bilder hatten ein tiefes, volles Kolorit, wie zum Beispiel das Portrait von Jerome Kern, das einen Höhepunkt in seinem Schaffen darstellt. Der Kopf scheint vor dem Schatten einer Höhle aufzutauchen. Jede Farbnuance scheint einem Ton in der Musik zu entsprechen. Der Rhythmus war für Gershwin nicht nur in der Musik so wichtig, er hatte auch einen festen Platz in der Malerei. Er strebte nach einer Art «melodischer» Malerei, die eine harmonische Beziehung zwischen dem Menschen und der Welt um ihn herum etablierte. Seine Arbeiten waren niemals krampfhaft «auf modern» gemacht. Er vermied jede verwirrende Manieriertheit und oberflächliche Geschicklichkeit. In all seinen späteren Werken hat er es zur Meisterschaft gebracht, und selbst wenn er nur die Zeit für kleine Studien fand, waren es niemals bloß Übungen, sondern kleine, in sich geschlossene Kunstwerke.

Sein Bruder Ira begann sich zur gleichen Zeit für das Malen zu begeistern, und so frönten sie gemeinsam dieser neuen Leidenschaft. Die Freunde gewöhnten sich daran, die Brüder zu Hause an ihren Staffeleien vorzufinden, wie sie fleißig Farbschicht um Farbschicht auftrugen, anstatt die Arbeit an einem neuen Musical zu beenden. Viele bedeutende Künstler lobten und bestärkten ihn so sehr in der Malerei, daß es Zeiten gab, in denen George durch Farben und Pinsel der Musik beinahe entwöhnt war. Als wir auf Folly Island waren, in der Nähe von

Selbstportrait in Öl, «In chequered sweater», 1936 (rechts); Gershwin vor seinem Portrait Arnold Schönbergs, Beverly Hills, 1937 (unten)

Charleston, und George mit den Kompositionen für *Porgy and Bess* beschäftigt war, ließ er häufig sein Klavier im Stich und kam herausgestürzt, um mit mir die reizvollen Negerhütten zu malen. Auf seinen Reisen malte und fertigte er Skizzen an; Staffelei und Skizzenblock befanden sich stets im Gepäck.

Jede Beurteilung der Kunst George Gershwins kann bis jetzt noch wenig mehr sein als eine persönliche Meinung. Es besteht gar kein Zweifel, daß er, wenn er länger gelebt hätte, zunehmend Anerkennung gefunden hätte. Er konnte als Maler eben nicht so berühmt werden, weil ihm die Arbeit als Komponist nicht ausreichend Zeit zum Malen gelassen hat. Es war ihm immer ernst mit der Malerei gewesen. Für ihn war es nicht bloß Zeitvertreib eines Komponisten; Aufrichtigkeit und echte Liebe sind in all seinen Werken zu spüren. Ich bin sicher, daß sein Talent im Laufe der Zeit Früchte hervorgebracht hätte, die mit seinen genialen musikalischen Erzeugnissen vergleichbar gewesen wären.

Der Welt wird George Gershwin zunächst immer als einer der ersten Vertreter der modernen amerikanischen Musik bekannt sein. Man wird auch nicht vergessen, daß er eine fast fieberhafte und unstillbare Begeisterung für die Schönen Künste empfand. Es wurde in der Ausstellung, die ihm zu Ehren im Dezember 1937 in der Marie Harriman Galerie, New York City, postum veranstaltet wurde, deutlich, daß er auf diesem Gebiet ebenso ehrgeizig war wie als Komponist. Er war auf dem richtigen Weg und hatte nach den ersten Gehversuchen eine wirkliche optische Vision zu entwickeln begonnen, die ihn dazu befähigt hätte, einen seinem Temperament entsprechenden persönlichen Stil herauszubilden. Auch wenn es ihm nicht vergönnt war, sein Werk zur vollen Entfaltung zu bringen, so trägt es doch schon jetzt unauslöschbar den Stempel seiner Genialität und Persönlichkeit. Mit den Worten des bekannten Kunstkritikers Henry McBride: «Wenn die Seele groß ist, dann müssen auch alle Hervorbringungen dieser Seele groß sein.»

Henry Botkin, «Painter and Collector» in: Merle Armitage (Hg.), *George Gershwin*, New York 1938, S. 137 – 143

Frank Crowinshield
(1872 – 1947)

Frank Crowinshield, der sich in den zweiundzwanzig Jahren, die er Herausgeber der schicken Monatsschrift «Vanity Fair» war, einen großen Namen gemacht hat, gehörte zu den ersten, die die Schriften Gertrude Steins (1917) und ein frühes Stück des damals unbekannten Schauspielers und Dramatikers Noël Coward (1921) veröffentlichte. Crowinshield interessierte sich auch für die «Moderne Kunst», wie man sie damals nannte, und gründete 1929 zusammen mit anderen in New York das Museum of Modern Art. Er und Gershwin trafen sich in den späten zwanziger Jahren häufig auf Parties. Dieser Essay wurde anläßlich der postum veranstalteten Ausstellung mit Gemälden und Zeichnungen Gershwins, die vom 18. Dezember 1937 bis zum 4. Januar 1938 in der Marie Harriman Gallery stattfand, verfaßt.

Unter den modernen Malern, die George Gershwin so überreich und mit Kenntnis gesammelt hat, nahm Georges Rouault eine Sonderstellung ein: Gershwin fand in dem Werk des Franzosen eine vollkommene geistige Übereinstimmung. Er war vor allem für dessen atemberaubende Kraft empfänglich, für die fast barbarischen Kadenzen, die sich über die Leinwände ergossen. «Oh», pflegte er zu sagen, «wenn ich doch Rouault in Musik umsetzen könnte!»

Da Rouault mehr als jeder andere bekannte Maler mit Blau arbeitet – einem kräftigen, fast zersetzenden Blau – und es als grundlegende Farbe in seinen Bildern verwendet, drängt sich sofort der Gedanke auf (mag er auch weit hergeholt sein), daß die beiden sich in der Fähigkeit ähnelten, ihren jeweiligen *Rhapsodies in Blue* Schönheit und kontrollierten Rhythmus zu verleihen.

George neigte dazu, seine Malerei und seine Musik als austauschbare Phänomene zu betrachten. Er glaubte, ihnen lägen die gleichen Freudianischen Elemente in ihm zugrunde, die sich mal visuell und mal akustisch Ausdruck verschafften. So griff er wahlweise nach Pinsel oder Gänsefeder. Es gab tatsächlich Zeiten, in denen George durch die Palette beinahe dem Klavier entwöhnt war. Allzu willig legte er die Gänsefeder beiseite, um dafür den Pinsel in die Hand zu nehmen, und nur widerwillig tauschte er den Pinsel mit der Feder.

Er malte, wann und wo er konnte; sporadisch, manchmal hastig. Zum Beispiel das gut angelegte Aquarell von seinem Schlafzimmer auf Folly Island – eine Innenansicht, die eilig mitten im Schaffensprozeß von *Porgy and Bess* heruntergepinselt wurde. Seine Zeichnungen entstanden zugegebenermaßen ebenfalls meist aus dem Stegreif. So war zum Beispiel die ausgezeichnete kleine Skizze von Maurice Sterne in nur zehn Minuten fertig, und mehr Zeit benötigte er auch nicht, um seinen Bruder Ira aufs Papier zu bannen – so einfühlsam, daß es genausogut von Jean Cocteau oder Raoul Dufy hätte stammen können. Hinzu kommt, daß er diese Portraits ohne Vorzeichnung, direkt mit Tusche gemalt hat. Das Malen war für ihn eine affaire de cœur, niemals eine affaire de menage; denn war oftmals beim Komponieren die Versuchung groß, oder wurde es sogar notwendig, Broadway und Carnegie Hall miteinander zu verbinden, so ergab sich dieser Zwang für ihn an der Staffelei niemals. Er war einunddreißig, als er das erste Mal den Pinsel in der Hand hielt, und er war achtunddreißig, als er starb. In dieser Zeit bekam er außer von seinem Freund und Cousin, dem Maler Henry Botkin, keine Unterweisung im Malen. Gegen Ende seines Lebens hatte er sich schnell und kontinuierlich verbessert, sowohl im Zeichnen als auch im Malen, und zwar so schnell, daß er sich schon auf das kommende Jahr 1938 freute, in dem er sich ausschließlich der Malerei und nicht der Musik widmen wollte.

Zweifellos sind die besten Arbeiten in den letzten drei Jahren seines Lebens entstanden. Wir brauchen uns nur das gelungene und überzeugende Portrait Arnold Schönbergs anzusehen, oder den lebensvollen Kopf von Jerome Kern und die beiden Selbstportraits (stehend mit Chapeau claque – die stimmige Lösung eines schwierigen strukturellen Problems – oder die Kopf-Schulter-Darstellung, im karierten Pullover) und sie mit den ersten Portraits zu vergleichen, um zu erkennen, wie bemerkenswert seine Fortschritte sind, nicht nur in Bezug auf die Technik, sondern auch, was die Sensibilität betrifft. Es ist sehr traurig, daß diese glückliche Künstler-Odyssee mittendrin ein so plötzliches Ende finden mußte. Aber es ist erfreulich zu erkennen, daß, je näher er am Rande des Schattens segelte, desto klarer seine Vision, desto tiefer die Wasser seines Geistes wurden.

Essay für den Katalog zur Ausstellung in der Marie Harriman Gallery, 18. 12. 1937 – 4. 1. 1938.

IX
Hollywood: das Ende

Als sich auf der Tournee schon nach kurzer Zeit abzuzeichnen begann, daß *Porgy and Bess* zum finanziellen Mißerfolg geriet, wurde die Oper am 21. März 1936 in Washington, D.C., zum letztenmal aufgeführt. Im Laufe der Zeit, die Gershwin an der Oper gearbeitet hatte, hatte sich das Zentrum des Musicals vom Broadway nach Hollywood verlagert. Dort gaben die raffiniert gemachten Fimkomödien von Fred Astaire und Ginger Rogers dem Film-Musical einen flotten, neuen Anstrich. Nach und nach wechselten die namhaften New Yorker Komponisten vom Theater, das durch die Depression völlig heruntergewirtschaftet war, zum Film über und gingen nach Hollywood: Jerome Kern, Irving Berlin, Cole Porter, Richard Rodgers, Harold Arlen. Nach den beiden Fiaskos von *Pardon My English* und *Let 'em Eat Cake* sowie dem Abbruch der Tournee von Porgy, beschlossen die Gershwins im Frühjahr 1936, ihren Freunden nach Kalifornien zu folgen.

Das war nicht so einfach. Die Verhandlungen dauerten von Mitte Februar bis Ende Juni 1936. Die Gershwins unterzeichneten schließlich einen Vertrag, in dem sie sich verpflichteten, für Fred Astaire und Ginger Rogers ein Stück zu schreiben und, wenn alles gut liefe, auch noch ein zweites.

Es ging nicht gut. Die Vereinbarungen mit Hollywood waren wenig ermutigend. Gershwin sah sich genötigt, noch kurz vor seiner und Iras Abreise nach Kalifornien, am 10. August 1936, das Studio per Telegramm zu beruhigen: «Im Umlauf befindliche Gerüchte über anspruchsvolle Musik lächerlich-Stop-Bin darauf aus, Hits zu schreiben-Stop.» Was er auch tat.

George Gershwin

Hollywood hat neue Farbe erhalten seit unserem letzten Besuch vor sechs Jahren. Da sind eine Menge Leute im Geschäft, die die schicke Sprache der Show-Leute sprechen... All die Verseschmiede und Melodienschreiber kommen auf eine Art zusammen, wie sie im Osten praktisch unmöglich wäre ... Wir haben hier viele Freunde, ... so daß in letzter Zeit die Geselligkeit zugenommen hat ... Auf den Poker-Parties bin ich oft mit Irving Berlin und Jerome Kern zusammengetroffen, und es geht hier ausgesprochen «gemütlich» zu.

Brief an Max Dreyfus (seinen Verleger) vom 3. Dezember 1936

Henry Botkin
(siehe Seite 150)

George liebte Hollywood zunächst, weil alles so neu und ganz anders war, aber er wurde am Ende zynisch, und George war eigentlich kein Zyniker. Er sagte immer: «Harry, schau' dich doch um – alles Wüste. Hier bohrt man ein großes Loch und baut einen Swimming Pool. Schließlich bohrt man ein noch größeres und tieferes Loch und setzt ein Haus hin. Es ist unglaublich.»

Robert Kimball und Alfred Simon, *The Gershwins*, New York 1973, S. 226

Harold Arlen
(siehe Seite 84)

Er kam unerwartet, klingelte, rannte zum Klavier, spielte. Dann erst sagte er Hallo. [Das Lied *They Can't Take That Away From Me* war gerade für *Shall We Dance* fertig geworden. Arlens Frau hatte, als er es das zweite Mal spielte, einen Kontrapunkt von acht Takten hinzugefügt.] Er liebte es und bat Annie jedesmal, es mit ihrem Stimmchen zu singen.

Edward Jablonski und Lawrence Stewart, *The Gershwin Years*, Garden City, N.Y., 1958, S. 266

Merle Armitage
(siehe Seite 63)

Der Betrieb, der bei Gershwin herrschte, war bemerkenswert. Sein Haus war ständig voller Freunde ... Harold Arlen, Yip Harburg, Moss Hart, George Pallay, Lillian Hellman, Arthur Kober, Edward G. Robinson, um nur ein paar zu nennen ... Arnold Schönberg, dieser Gigant der Musik, kam oft zum Tennis vorbei ... Paulette Goddard und George fühlten sich offenbar einander sehr zugetan. Paulette kam aus ihrer Kabine immer nur mit dem knappsten Badeanzug bekleidet und drapierte sich an den Rand des Pools à la Kleopatra. Wenn sie matt die Hand nach dem schwimmenden George ausstreckte, um ihm das Haar zu zerwühlen, bot sie ein prächtiges anatomisches Schauspiel ... Irgendwo spielte in diesem Karussell auch die junge französische Schauspielerin Simone Simon eine Rolle. Das Telefon schien ihre Spezialität zu sein. Endlos mußte ich auf George warten, und wenn er endlich den Hörer aufgelegt hatte, verkündete er dann regelmäßig: «Ich habe gerade mit Simone gesprochen.»

Merle Armitage, *George Gershwin – Man and Legend*, New York 1958, S. 60–62

Gershwin mit dem französischen Starlet Simone Simon, mit der er eine kurze Romanze hatte

Harold Arlen
(siehe Seite 84)

Er wollte Paulette Goddard heiraten.[1] Wir saßen am Pool und unterhielten uns darüber. Sie war ein großartiges Mädchen, aber Georges Lebensstil war doch sehr freizügig, und ich wußte, daß ihn eine Ehe ziemlich anbinden würde. So machte ich ihm klar, daß er dann einen Teil seiner Freiheit aufgeben müßte. Er sagte gar nichts dazu. Ich wußte – jeder von uns wußte es –, daß er gerne heiraten wollte. Aber George war der Typ, der erst hier ein paar Lieder spielte, dann dort noch ein paar, dann wieder woanders und so weiter. Er wußte, daß er das nicht mehr machen könnte, wenn er heiratete. Und doch gab es da diese Wärme und Sehnsucht in ihm, und das alles bereitete ihm große

1 Daß sie zu dieser Zeit mit Charlie Chaplin verheiratet war, hatten in Hollywood nur wenige zur Kenntnis genommen.

innere Kämpfe. Es wäre für George sehr schwer geworden, seine Lebensweise mit der Arbeit, den Parties, mit Tennis, Golf und den langen, zügigen Spaziergängen in den Bergen zu ändern.

Robert Kimball und Alfred Simon, *The Gershwins*, New York 1973, S. 204

Oscar Levant
(siehe Seite 75)

Tennis stand gleich hinter dem Klavier an zweiter Stelle seiner Interessen. Die Art, wie er diesen Sport ausübte, gestattete die Übertragung des Schreibtisch-Motivs[2] nach draußen, in Form einer betäubenden Anzahl von Hemden, kurzen Hosen, langen Hosen, Schuhen und eines Vorrates an tropischen Strandgewändern von fast orientalischer Pracht ... Das Interesse an Tennis nahm ihn derartig in Anspruch, daß es sogar mit zu Pauls[3] vielfältigen Pflichten gehörte, mit ihm vor dem Spiel einen aufwärmenden Ballwechsel zu führen.

Georges Leidenschaft zum Tennis wurde allerdings von der [Arnold] Schönbergs übertroffen, der mit der wissenschaftlichen Konzentration eines Mannes spielte, der herausfinden will, warum der Ball springt (aber nicht, wie man ihn trifft). Die Begegnung von Schönberg und Gershwin war herzlich und hatte unter anderem zum Ergebnis, daß der ältere regelmäßig einmal die Woche Gershwins Platz benutzen durfte ... Einmal mußten Schönberg und sein Gegenspieler nach zwei kräftezehrenden Sätzen vom Platz, als plötzlicher Regen einsetzte. Sie flüchteten in einen Schuppen, und George und ich kamen dazu. Der über sechzig Jahre alte Schönberg wischte sich die Stirn und sagte mehr zu sich selbst: «Irgendwie fühle ich mich müde. Kann ich gar nicht verstehen.» Und fügte dann plötzlich hinzu: «Ach, richtig. Ich bin seit heute morgen um fünf auf den Beinen. Meine Frau hat einen Jungen zur Welt gebracht.»

«Warum haben Sie uns das denn nicht gleich gesagt?» fragte George. «Kommt 'rein, darauf trinken wir einen.»

So zogen wir um ins Haus, die Gläser wurden gefüllt und George sprach rührend über das Ereignis. Als er trinken wollte, hob er sein Glas und hielt inne. «Wieso nennen Sie ihn nicht

2 Anspielung auf einen speziellen Arbeitstisch, den Gershwin selbst entworfen hatte.
3 Paul Mueller war von Mitte der dreißiger Jahre an bis zu Gershwins Tod als «Mädchen für alles» bei Gershwin engagiert.

George? Der Name bringt Glück.» Schönberg schüttelte müde den Kopf. «Zu spät. Ich hab' schon einen Sohn, der George heißt.»

George zeigte großes Interesse an meinen verworrenen Kompositionen[4] und war gleichzeitig etwas verärgert; sie unterschieden sich so völlig von dem, was er schrieb. Mit einem gewissen Stolz und noch größerer Angriffslust stellte ich ihm eines Tages eine fertige Komposition vor, woraufhin er nach einem prüfenden Blick sagte: «Das sieht so konfus aus.»

«Wußtest du noch nicht,» erwiderte ich prompt, «daß man mir gerade den Lehrstuhl für Konfusion an der University of California angeboten hat?»

Bei dem Kalifornien-Besuch erlebte ich einen der erinnerungswürdigsten Augenblicke der Musik, als Mrs. Elizabeth Sprague Coolidge die Aufführung der vier Schönberg-Quartette und der letzten Gruppe von Beethoven-Quartetten, gespielt vom Kolisch-Quartett, finanzierte. George, Ira und ich waren überglücklich, daß dies zustande kam, und die ganze Musik hat uns tief beeindruckt.

Am nächsten Morgen waren wir alle auf dem Tennisplatz versammelt, und wir kamen auf das Konzert vom Vortage zu sprechen. «Ich möchte eines Tages auch ein Quartett schreiben,» sagte George. «Es wird auch etwas ganz Einfaches sein, so wie Mozart.» Schönberg verstand Gershwins Bemerkung, die dieser in der für ihn typischen zerstreuten Art gemacht hatte, falsch, nämlich, als Kommentar zu seinem Werk, und antwortete etwas pikiert: «Ich bin kein einfacher Mensch und Mozart wurde jedenfalls zu seiner Zeit nicht im entferntesten als einfach eingestuft.»

Oscar Levant, A Smattering of Ignorance, New York 1941, S. 186f, 185, 188

---

4 Oscar Levant studierte damals Komposition bei Arnold Schönberg.

Arnold Schönberg
(1874–1951)

Der Komponist, Theoretiker, Lehrer und Maler Arnold Schönberg war der Begründer der «Zweiten Wiener Schule», der seine Musterschüler Alban Berg und Anton Webern angehörten, sowie der Erfinder der Zwölftontechnik, die auch als «atonale Musik» bezeichnet wird. Der aufkommende Nationalsozialismus zwang Schönberg, in die USA zu emigrieren, wo er an der University of California in Los Angeles lehrte und einen erheblichen Einfluß auf einige junge amerikanische Komponisten ausübte. Gershwin bewunderte sein Werk, gehörte aber nicht zu seinen Jüngern.

Viele Musiker halten George Gershwin nicht für einen ernsten Komponisten. Aber sie sollten verstehen, daß er, ob ernst oder nicht, Komponist ist, d.h. jemand, der in der Musik lebt und darin alles, ob Ernstes oder Nicht-Ernstes, ausdrückt, weil sie ihm die natürliche Sprache ist. Es gibt eine ganze Reihe von Komponisten, ernste (wie sie meinen) oder weniger ernste (wie ich weiß), die es gelernt haben, Noten aneinanderzureihen. Aber sie sind nur ernst wegen ihres volllkommenen Mangels an Humor und Herz. Es scheint mir über jeden Zweifel erhaben, daß Gershwin ein Neuerer war. Was er mit Rhythmus, Harmonie und Melodie gemacht hat, ist nicht bloß stilistischer Natur. Er unterscheidet sich grundlegend von der Manieriertheit so mancher ernster Komponisten. Diese Manieriertheit basiert auf künstlichen Mutmaßungen, die man durch Spekulationen und Schlußfolgerungen aus der Mode und den Zielsetzungen, die bei den zeitgenössischen Komponisten jeweils zu bestimmten Zeiten gerade aktuell sind, gewinnen kann. Ein solcher Stil besteht aus der oberflächlichen Verknüpfung von Kunstgriffen und Mitteln, angewendet auf ein Mindestmaß von Ideen ... Man könnte solche Musik in ihre Bestandteile zerlegen und wieder auf andere Weise zusammenfügen, und das Ergebnis wäre genauso belanglos und der Stil genauso manieriert, nur anders. Mit Gershwins Musik könnte man dies nicht tun. Seine Melodien sind nicht die Erzeugnisse aus Kombinationen oder aus einer mechanischen Verknüpfung, sondern in sich abgeschlossene Einheiten, die deshalb nicht zerlegt werden können. Melodie, Harmonie und Rhythmus sind nicht zusammengeschweißt, sondern wie aus einem Guß ... Ich weiß, daß er Künstler und Komponist ist; er drückte musikalische Ideen aus; und die waren neu, wie auch die Art und Weise seines Ausdrucks neu ist.

Arnold Schönberg, «George Gershwin», in: Merle Armitage (Hg.), *George Gershwin*, New York 1938, S. 97f

Frances Gershwin Godowsky
(siehe Seite)

Als wir George 1937, ein paar Monate bevor er krank wurde, besuchten, schien er großartig in Form. Wir waren beide[5] so beeindruckt. Er strahlte solche Vitalität aus und unternahm täglich flotte Spaziergänge. George steckte immer so tief in der Arbeit, aber er war ein paarmal zur Analyse bei Dr. [Gregory] Zilboorg gewesen, und ich hatte, als ich ihn sah, den Eindruck, daß er allmählich zu sich selbst kam und in sich zu ruhen schien. Er sagte mehrfach zu uns: «Ich glaube nicht, daß ich bisher auch nur die Oberfläche angekratzt habe. Hier bin ich darauf aus, so viel Geld mit den Filmen zu verdienen, daß ich keine Gedanken mehr an Geld verschwenden muß. Weil ich dann nur noch amerikanische Musik schreiben will: Symphonien, Kammermusik, Opern. Das ist das, was ich wirklich will. Ich glaube nicht, daß ich auch nur die Oberfläche angekratzt habe bisher.» Er erzählte Leo, daß er mit einem Streichquartett beginnen wolle.

Robert Kimball und Alfred Simon, *The Gershwins*, New York 1937, S. 214

Merle Armitage
(siehe Seite 63)

George und ich redeten über Kunst. Oder wir sprachen über Musik. So unterhielten wir uns zum Beispiel über das Streichquartett, das er gerade komponierte ... Er sprach über die Form, die sein Quartett haben sollte, ein schneller Eröffnungssatz, gefolgt von einem sehr langsamen zweiten Satz, in dem er die Themen verarbeiten wollte, die er bei seinem Besuch auf Folly Island vor der Küste Carolinas zusammen mit DuBose Heyward gehört hatte. Die Klänge der Hauptthemen waren so eindringlich gewesen, daß er sich nicht damit abgegeben hatte, sie aufzuschreiben. «Das geht mir die ganze Zeit durch den Kopf,» sagte George, «und sobald ich die Musik für den nächsten Film fertig habe, werde ich mir eine Hütte am Coldwater Canyon mieten, weit weg von Hollywood, und das verdammte Ding zu Papier bringen. Es macht mich noch ganz verrückt, es ist so verdammt voll von Ideen!»

Merle Armitage, *George Gershwin – Man and Legend*, New York, 1958, S. 77

---

5 Sie und ihr Mann Leopold Godowsky jr. (ein Sohn des Pianisten) besuchten Gershwin während der Weihnachts-/Neujahrsferien 1936/37.

Rouben Mamoulian
(siehe Seite 78)

George war wie ein Kind. Er besaß die Unschuld und die Phantasie eines Kindes. Er konnte die gleiche Sache immer wieder betrachten und jedes Mal Neues darin entdecken und sich daran erfreuen. Ich erinnere mich, wie wir bei ihm zu Hause in Beverly Hills Tennis spielten. Das war, als George und Ira die Musik für den Astaire-Rogers Film mit dem darin enthaltenen traurig-nachdenklichen Lied No, *No, You Can't Take That Away From Me* [sic] schon geschrieben hatten. Nun, George nahm sich sein Tennis wie die meisten Dinge, die er machte – sehr zu Herzen. Er war kein sehr guter Spieler – ich war sogar noch schlechter. Und doch, immer wenn er einen Ball nicht mehr bekam, war er untröstlich er drückte den Schläger gegen die Brust und stöhnte: «No-o, no-o!» Als er wieder mal den Ball nicht bekam und er «No-o, no-o!» stöhnte, sang ich zurück: «You Can't Take That Away From Me!» George lachte vor Vergnügen. So schmetterte ich ihm jedes Mal, wenn George den Ball verfehlte und sein «No-o, no-o!» von sich gab, ein kraftvolles «You Can't Take That Away From Me!» entgegen. Immer und immer wieder und George brach jedesmal in Gelächter aus, als sei es zum erstenmal geschehen.

Rouben Mamoulian, «I Remember» in: Merle Armitage (Hg.), *George Gershwin*, New York 1938, S. 55

Milton A. Caine
(geboren 1922)

Der Schriftsteller, Journalist und Kritiker Milton A. Caine war ein alter Freund Gershwins. Er ging 1935 nach Hollywood und war, als die Gershwins kamen, Musikdirektor beim RKO. Bei *Shall We Dance* und *A Damsel in Distress* arbeitete er eng mit Gershwin zusammen. Caine führte 1951 ein Gespräch mit Nathaniel Shilkret, dem Geschäftsführer der Firma RCA Victor Recording Studios, dem wir die erste Schallplattenaufnahme von *An American* in Paris (kurz nachdem Gershwin die Arbeit daran abgeschlossen hatte), verdanken.

Als Dirigent des Studio-Orchesters des RKO hatte Shilkret mit Gershwin in den letzten drei Monaten seines Lebens ständig zu tun. Sie arbeiteten an diesem Film zusammen, der «für George ein entsetzliches Durcheinander war.» Das Ganze war unklar. Mark Sandrich, der Regisseur, wollte einen neuen *American* für ein Ballett-Finale. George brachte ein Stück in lateinamerikani-

Während der Dreharbeiten zu *Shall We Dance*, 1936: stehend Choreograph Hermes Pan, Regisseur Mark Sandrich, Ira Gershwin und der musikalische Leiter Nat Shilkret, sitzend Fred Astaire, Ginger Rogers und George Gershwin (jeweils von links)

schem Rhythmus an, wofür sich niemand interessierte. Astaire und Sandrich verbündeten sich gegen Gershwin für ein besseres Ballett. Sie machten es ihm schwer. Shilkret wunderte sich oft darüber, weshalb Gershwin nicht die Nerven verlor, aber Gershwin blieb immer «sehr freundlich.»

Man hatte die neue Idee, Tommy Dorseys Orchester für das Ballett einzusetzen, und zwar als Erweiterung des Studio-Orchesters für das Finale. *Shall We Dance?* wurde als Titel für den Film vorgeschlagen, und Gershwin schrieb das Lied. Er schrieb auch eins mit dem Titel *Wake Up, Brothers*[6], ebenfalls für das Ballett gedacht; es wurde jedoch nie verwendet. Zu dieser Zeit

6 Eigentlich: *Wake Up, Brother and Dance.*

wußte er nicht, was sie wollten – so recht wußte das niemand. Er sagte, er würde alles schreiben, was sie wollten. (*Wake Up, Brothers* hatte man verworfen.) George und Ira arbeiteten regelmäßig bis zwei Uhr früh, um etwas für sie zu basteln. George klagte oft, daß er sich nicht gut fühlte.

Milton A. Caine, Interview mit Nathaniel Shilkret, 1. Mai 1951

Ira Gershwin
(siehe Seite 8)

Drei oder vier Lieder [für *A Damsel in Distress*] hatten wir fertig. Eines Nachts saß ich noch im Wohnzimmer und las. Gegen ein Uhr kam George von einer Party zurück, ... zog den Smoking aus und setzte sich ans Klavier ... «Wie wär's mit ein bißchen Arbeit? Irgendwelche Ideen?»

«Nun, es gibt da eine Stelle, wo wir etwas mit Nebel machen könnten, ... wie wär's mit *a foggy day in London* oder vielleicht *foggy day in London Town*?»

«Klingt gut ... mir gefällt es besser mit town.» Und er war schon bei der Melodie. Wir hatten Refrain, Text und Musik in weniger als einer Stunde fertig (*Do, Do, Do* ist das einzige andere Lied, das wir auch in so kurzer Zeit schafften). Am nächsten Tag fanden wir das Lied noch immer gut, und so begannen wir mit den Text-Strophen.

Ira Gershwin, *Lyrics on Several Occasions*, New York 1959, S. 65f

Henry Botkin
(siehe Seite 150)

Das letzte Jahr seines Lebens war ein schreckliches Jahr gewesen. Wußten Sie, daß er sich schrecklich einsam fühlte? Ich erinnere mich, wie er direkt damit heraus kam und sagte: «Harry, in diesem Jahr muß ich heiraten.» Genau so. Wie wenn er sagt, er müsse eine Oper oder so schreiben. In Wirklichkeit wollte George das schönste Mädchen, die wunderbarste Unterhalterin, jemanden, der sich auch für Musik interessierte. Was er wollte und wonach er sich sehnte, gab es einfach nicht.

Robert Kimball und Alfred Simon, *The Gershwins*, New York 1973, S. 216

Gershwin mit Paulette Goddard, die zu der Zeit mit Charlie Chaplin verheiratet war

David Ewen
(1907–85)

Der Musikschriftsteller, Herausgeber und Lehrer David Ewen verfaßte Dutzende von Bänden, speziell über populäre amerikanische Songs und deren Komponisten. Er veröffentlichte mehrere Enzyklopädien zu verschiedenen Gebieten der Musik, zum Beispiel das *Complete Book of the American Musical Theatre* (1958) und eine *Encyclopedia of Concert Music* (1959). Er schrieb Biographien unter anderem über Irving Berlin, Arturo Toscanini, Jerome Kern, Leonard Bernstein und gleich drei über Gershwin.

Dann verliebte er sich – oder glaubte es zumindest. Auf einer Party in Hollywood traf er auf Paulette Goddard, damals noch mir Charlie Chaplin verheiratet. Er schlug jeden Rat seiner engsten Freunde in den Wind, die ihn davon zu überzeugen suchten, daß eine derartige Heirat nicht gut für ihn sei. Eine turbulente Liebesgeschichte hielt ihn in den nächsten Wochen vollkommen gefangen... Als sie es ablehnte, Chaplin zu verlassen, war das ein schwerer Schlag für ihn ... Einmal sagte er zu Alexander Steinert[7]: «Ich bin achtunddreißig, berühmt und reich, aber zutiefst unglücklich. Warum?»

David Ewen, *George Gershwin – His Journey to Greatness*, Englewood Cliffs, New York, S. 276f

Die Familie und seine Freunde schrieben Gershwins untypisches Verhalten den Umständen in Hollywood und seiner Reaktion darauf zu. Tatsache war, daß er ernsthaft erkrankt war. Die ersten Anzeichen traten bei einer Probe mit dem Los Angeles Philharmonic Orchestra im Februar 1937 auf. Er dirigierte Auszüge aus *Porgy and Bess*, als er plötzlich ins Wanken geriet. Paul Mueller, sein Faktotum, fürchtete schon, er würde stürzen und rannte auf die Bühne. Gershwin fing sich aber wieder und versicherte, daß alles in Ordnung sei, er habe nur für einen Moment das Gleichgewicht verloren. Die Probe verlief ohne weitere Zwischenfälle, und keiner dachte mehr an den kurzen Schwächeanfall. Aber noch am gleichen Abend passierte es, daß er bei der Aufführung des *Concerto in F* an einer Stelle einen kurzen Aussetzer hatte und den Faden verlor. Er sagte später, er habe den scharfen Geruch von angebranntem Gummi in der Nase gehabt. Darüber beunruhigt, entschloß er sich, einen Arzt aufzusuchen. Der aber konnte nichts finden, und Gershwin verdrängte die Vorfälle. Ein paar Monate später überkam ihn abermals der Schwindel und dieser seltsame, unangenehme Geruch, jedoch so flüchtig nur, daß er das in Anbetracht der Untersuchungsergebnisse vom Februar nicht weiter beachtete. Im Juni begann er über stechende Kopfschmerzen zu klagen, wurde bissig und unleidlich und fühlte sich ungewöhnlich schwach. Es wurde nun deutlich, daß Gershwin an mehr als an einer Hollywood-Neurose litt.

Oscar Levant
(siehe Seite 75)

Obwohl er Dutzende Male das *Concerto* öffentlich aufgeführt hatte, bemerkte ich, wie er bei einer ganz einfachen Passage im ersten Satz stolperte. Dann unterlief ihm im Andante, bei den vier einfachen Oktaven, die unter den vom Orchester ausgehaltenen Akkorden den Satz beschließen, ein Schnitzer. Als ich auf die Hinterbühne kam, begrüßte er mich mit der merkwürdigen Bemerkung: «Als ich diese Fehler machte, mußte ich an dich denken, du ...», und er beendete brüsk diesen Satz mit einer wenig schmeichelhaften Bezeichnung.

Oscar Levant, *A Smattering of Ignorance*, Garden City, New York, 1941, S. 198

7 Der Komponist, Dirigent und Arrangeur Alexander Steinert hatte bei Charles Martin Loeffler in Boston und bei Vincent d'Indy in Paris studiert. Er war Stimmbildner bei der ersten Inszenierung von *Porgy and Bess* und dirigierte ein paar Aufführungen während der Tournee.

S.N. Behrman
(siehe Seite 74)

Wir[8] gingen zu den Gershwins hinüber. Lee und Ira begrüßten uns ... George kam in Begleitung eines Krankenpflegers die Treppe herunter. Ich starrte ihn an. Das war nicht der George, den wir alle kannten. Er sah sehr blaß aus. Jeder Glanz war aus den Augen verschwunden. Er schien plötzlich alt. Er begrüßte mich freudlos. Sein Händedruck war schlaff, sein Gang ohne Elastizität. Er ging zu dem Sofa in der Nähe meines Platzes und legte sich nieder. Er versuchte, seinen Kopf gegen ein Kissen zu lehnen. Der Pfleger ließ ihn nicht aus den Augen. Ich fragte ihn, ob er Schmerzen hätte.

«Hinter den Augen,» sagte er und wiederholte es: «Hinter den Augen.» Ich kniete mich neben das Sofa und legte meine Hand unter seinen Kopf. Ich fragte ihn, ob er nicht Lust hätte, Klavier zu spielen. Er schüttelte den Kopf. Das war die erste Ablehnung, die ich jemals von ihm gehört hatte.

«Ich sollte leben,» sagte er, «um mir anzuhören, was Sam Goldwyn mir zu sagen hätte: 'Warum schreiben Sie nicht solche Schlager wie Irving Berlin?'»

S.N. Behrman, *People in a Diary,* Boston 1972, S. 253

Oscar Levant
(siehe Seite 75)

In den wenigen Situationen, die ich von dieser Art miterlebt habe, kam es nur ein einziges Mal vor, daß George sich wirklich richtig verletzt fühlte, und das war, als die Kompositionen für die *Goldwyn Follies* beinahe abgeschlossen waren. Der Produzent forderte ihn auf, am Nachmittag zur Versammlung zu kommen, und verlangte, daß die Musik vor der versammelten Mannschaft seiner treuen, gutbezahlten Gefolgsleute gespielt würde... Dieses Ansinnen, sein Werk dem Urteil einer aus Statisten bestehenden Jury überlassen zu müssen, deren Meinung so vorhersehbar war wie das Ergebnis einer Jersey City-Wahl, empfand George, der meinte, daß dieser Abschnitt seiner Laufbahn längst vorbei war, als demütigend.

Oscar Levant, *A Smattering of Ignorance*, Garden City, New York, 1941, S. 196f

8 In seiner Begleitung waren Oscar Levant und die Drehbuchautorin Sonya Levien, die für Gershwins *Delicious* mit Gut Bolton zusammengearbeitet hatte und später das Drehbuch für den Film *Rhapsody in Blue* (1945) schrieb.

S.N. Behrmann
(siehe Seite 74)

Ich ging den nächsten Nachmittag zu den Gershwins. Ich traf Paul Mueller, Georges Butler, den ich aus New York kannte. Er hatte George zu seinem neuen Wohnsitz[9] gefahren. Ich fragte ihn, wie es George ergangen sei.

«Es ging ihm soweit ganz gut,» berichtete Paul, «bis wir ins Haus kamen.»

«Was passierte dann?»

«Er fragte nach einem dunklen Zimmer. Ich verdunkelte die Fenster – ließ alle Rouleaus herunter – machte es ziemlich dunkel. Dann wollte er ein Handtuch haben, um es sich über die Augen zu legen.»

S.N. Behrman, People in a Diary, Boston 1972, S. 254f

Richard Rodgers
(1902–79)

Der Komponist und Texter Richard Rodgers erhielt seine Ausbildung am Institute of Musical Art (heute Juilliard School of Music). Von 1920 bis 1942 schrieb er Lieder zusammen mit Lorenz Hart. Sie brachten unter anderem die Musicals *On Your Toes*, *Babes in Arms* und *Pal Joey* heraus. Nach dem Tod von Hart schloß Rodgers sich mit Oscar Hammerstein zusammen, und ihr erstes gemeinsames Werk war das historische Musical *Oklahoma!* im Jahre 1943. Ihr letztes, *The Sound of Music*, kam 1959 nach Hammersteins Tod heraus. Danach arbeitete Rodgers noch mit den Textern Martin Charnin und Stephen Sondheim zusammen; größere Erfolge konnte er jedoch nicht mehr erzielen.

Mir gefällt das nicht, was ich da über George hören muß. Er ist geistig völlig zusammengebrochen, und man weiß nicht, was man machen soll. Man würde ihn gern an die Ostküste in ein Sanatorium bringen, da man den hiesigen nicht recht traut, aber er ist für den Transport zu krank. Moss [Hart] erzählte mir, daß er weder essen noch sprechen könne und in einem Haus untergebracht sei, das sich jetzt in ein Hospital verwandelt hätte.

Richard Rodgers, *Musical Stages*, New York 1975, S. 182:
Brief an Dorothy Rodgers

---

9 Gershwin war vom Roxbury Drive in das nahegelegene Haus des Lyrikers E.Y. Harburg, der nach New York gegangen war, umgezogen.

George A. Pallay
(1900–79)

George A. Pallay gehört zum Freundeskreis um Gershwin und ist eine recht undurchsichtige Gestalt; nicht einmal sein Name scheint eindeutig geklärt zu sein: Es gilt als sicher, daß er einen Bruder mit dem Namen Max Abrahamson hat und ein Cousin von Lou Paley ist, der ihn zweifellos auch mit Gershwin bekannt gemacht hat. Pallay war Unternehmer und Börsenmakler. Ende der dreißiger Jahre besaß er ein Bauunternehmen und renovierte die Villen von Beverley Hills. George A. Pallay war kein Musiker, teilte aber mit Gershwin das Interesse an Frauen. Gershwins Familie mochte ihn nicht.

> Vor vier Wochen [etwa Anfang Juni] erschien er mir unglücklich und ein bißchen launisch. Er fand an allem etwas auszusetzen. Ich war ständig bei ihm, und er schüttete mir sein Herz aus. Dann klagte er über Kopfschmerzen und Müdigkeit. Ärzte kamen unverzüglich zu ihm ins Haus und untersuchten ihn gründlich, jedenfalls so gründlich, wie es zu Hause möglich ist. Alles wurde überprüft und für in Ordnung befunden.

George A. Pallay, Brief an Irene Gallagher, die Sekretärin von Gershwins Verleger Max Dreyfus (geschrieben nach dem 11. Juli 1937).

Morton L. Kasdan
(geboren 1936)

Der in Louisville, Kentucky, praktizierende Arzt und Chirurg Morton L. Kasdan ist ein Spezialist für Handchirurgie.

> Die Kopfschmerzen, die man anfangs als psychosomatisch bedingt abgetan hat, begannen im Juni. Gershwin glaubte, sie rührten von Erschöpfung und Überarbeitung her. Man zog Dr. Ernst Simmel, einen Psychoanalytiker aus Los Angeles, zu Rate. Er hatte den Eindruck, daß Gershwins Krankheit organischer Natur war und überwies ihn an den Internisten Dr. Gabriel Segall. Am 9. Juni 1937 war die erste Konsultation bei Dr. Segall. Die Beschwerden, die Gershwin schilderte, waren Kopfschmerzen und Schwindelanfälle. Die Kopfschmerzen traten gewöhnlich in den frühen Morgenstunden auf. Die Schwindelanfälle dauerten jeweils etwa dreißig Sekunden und erfolgten in Verbindung mit Geruchshalluzinationen. Diese Symptome traten mindestens einmal am Tag auf, oftmals in Streßsituationen. Der ärztliche Befund war aber negativ.

Morton L. Kasdan «Journal of the Kentucky Medical Association», November 1937, S. 650

Louis Carp
(1893–1979)

Louis Carp schloß sein Medizin-Studium 1915 am Columbia University College of Physicians and Surgeons ab und lehrte Chirurgie an der University of Columbia. Sein besonderes Interesse galt der geriartrischen Chirurgie, über die er viel geschrieben hat. Er interessierte sich auch für Kunst und Musik und begann nach der Versetzung in den Ruhestand ein Buch über berühmte Komponisten zu schreiben, die starben, bevor sie ihr vierzigstes Lebensjahr erreicht hatten. Dazu gehören Gershwin, Bellini und Mozart.

Am Nachmittag des 23. Juni 1937 um 14:45 Uhr überwies ihn der Internist Dr. Gabriel Segall ins Cedars of Lebanon Hospital in Los Angeles, aufgrund von heftigen, hämmernden Kopfschmerzen, die seit zwei Wochen auftraten. Die Kopfschmerzen waren lokalisiert an der Stirn- und Schläfenseite, traten morgens verstärkt und gelegentlich in Verbindung mit Schwindelgefühl und Übelkeit auf; er hatte außerdem wiederholt widerwärtige Geruchshalluzinationen.

Er war teilnahmslos und zeigte eine beeinträchtigte Koordination. Die Gabel fiel ihm versehentlich aus der Hand, wenn sie ziellos in Richtung Mund geführt wurde; Wasser wurde aus dem Glas verschüttet, das seine unsicheren Hände hielten; sein Auto fuhr in Schlangenlinien durch den Verkehr, wenn er am Steuer saß; am Klavier neigte er zu exzentrischen Fingersätzen. Er schwankte, stolperte auf Treppen, und besaß nicht seine gewöhnliche physische Ausdauer.

Es gab zwei bestürzende Vorfälle, die sich völlig unvermittelt und unlogisch ereigneten. Bei einer Fahrt in seinem Auto, das sein Haushofmeister Paul Mueller steuerte, öffnete George plötzlich die Tür und versuchte, Mueller hinauszustoßen. «Was machen Sie denn, wollen Sie uns umbringen?» fragte der erschütterte Mueller.

Die Antwort war: «Ich weiß es nicht.»

Das andere Mal war, als er Schokolade, die man ihm geschickt hatte, mit den Fingern zerquetschte und die Schmiererei als Körpersalbe benutzte. Der Neurologe Dr. Eugene Ziskind stellte bei einer Untersuchung fest, daß er eine Photophobie, einen Blutdruck von 100/70, normale Reflexe und Augenreaktionen hatte, sowie keine zu ertastenden Verletzungen aufwies ... Gershwin wurde am 26. Juni mit dem Vermerk im Protokoll «höchst wahrscheinlich Hysterie» entlassen.

Louis Carp «The American Journal of Surgical Pathology»,
Oktober 1979, S. 474f

George A. Pallay

Während dieser Zeit gab es immer wieder Tage, an denen es ihm besser zu gehen schien. Er hatte dann weniger Kopfschmerzen und erlebte fröhliche Momente, in denen er klar denken konnte und Pläne für seine Arbeit schmiedete. Er war immer ganz optimistisch, nicht nur daß er wieder gesund werden würde, sondern auch darin, daß organisch alles in Ordnung war...

Dann kam Freitag, der 9. Juli. George schlief, als Ira und ich kamen – zum erstenmal ohne die Tabletten gegen die Kopfschmerzen... Als er gegen sieben Uhr ins Badezimmer begleitet wurde, begann er plötzlich am ganzen Körper zu zittern und zu beben. Er wurde sofort wieder zu Bett gebracht, und die Augen schienen anzuschwellen. Ärzte, Neurochirurgen und andere, stürzten ins Haus und lieferten ihn nach einer Untersuchung gegen Mitternacht ins Krankenhaus ein.[10]

Louis Carp

Der Neurochirurg Dr. [Carl W.] Rand schlug die Hinzuziehung weiterer Spezialisten vor. Emil Mosbacher, ein New Yorker Börsenmakler, war ein enger Freund von George. Leonore Gershwin rief Mosbacher von Beverly Hills aus an und bat ihn, mit einem hervorragenden Neurochirurgen Kontakt aufzunehmen, der auf der Stelle ins Krankenhaus geflogen werden sollte. Mosbacher rief den berühmten Neurochirurgen Dr. Harvey Cushing in Boston an. Cushing gab an, daß er nicht mehr praktiziere und empfahl Dr. Walter E. Dandy, Professor für Neurochirurgie an der John Hopkins Medical School in Baltimore. Mosbacher erfuhr, daß sich Dr. Dandy «auf See» befand. Über Funk konnte er ihn auf einer Yacht in Chesapeake Bay ausfindig machen, wo er sich als Gast des Gouverneurs von Maryland, Harry W. Nice, aufhielt. Mosbacher saß ständig an seinem Telefon in White Plains und koordinierte sämtliche Informationen. Die Küstenwache brachte Dr. Dandy an Land; eine Polizeieskorte geleitete ihn zum nächstgelegenen Flugplatz. Dort hatte Mosbacher eine private Maschine der American Airlines organisiert, die Dr. Dandy zum Newark Airport brachte, um von dort weiter nach Los Angeles zu fliegen. In einem Dreiecksgespräch mit den Ärzten vom Cedars of Lebanon Hospital und Mosbacher teilte man

10 Gershwin lag im Koma, als er ins Cedars of Lebanon Hospital, Los Angeles, eingeliefert wurde.

Dr. Dandy mit, daß die Operation nicht länger aufgeschoben werden könne. Die Fortsetzung seiner Reise war nicht mehr nötig.

Louis Carp «The American Journal of Surgical Pathology», Oktober 1979, S. 475

George A. Pallay

Man schob George um halb eins Ortszeit in der Nacht von Samstag auf Sonntag in den Operationssaal. Ich wurde vor der Tür an einen Schreibtisch gesetzt; die Familie mußte im dritten Stock warten, und ihr einziger Kontakt mit den Vorgängen bestand in den Telefongesprächen mit mir. Zwanzig bis fünfundzwanzig Leute waren an der Operation beteiligt. Ich konnte mich ständig mit den Schwestern, Assistenzärzten, Ärzten usw. unterhalten. Ich hatte natürlich tausend Fragen.

George A. Pallay, Brief an Irene Gallagher, Ende Juli 1937

Louis Carp

Mittlerweile hatte man Dr. Howard C. Nafziger, Professor für Neurochirurgie an der Medical School der Universität von Kalifornien, ausfindig gemacht. Er machte Urlaub am Lake Tahoe in Nevada.

Louis Carp «The American Journal of Surgical Pathology», Oktober 1979, S. 475

Morton L. Kasdan

Dr. Rand führte zusammen mit Dr. Nafziger, Dr. Segall und Dr. Ziskind die Operation aus... Der Eingriff dauerte fast vier Stunden. Ohne das Bewußtsein wiedererlangt zu haben, starb Gershwin einige Stunden später, am 11. Juli 1937 um 10 Uhr 35.

Morton L. Kasdan «Journal of the Kentucky Medical Association», November 1987, S. 651

George A. Pallay

> Ich konnte es nicht übers Herz bringen, ihnen zu sagen, daß keine Hoffnung mehr bestand. Ich sagte aber zu Lee Gershwin, daß man, selbst wenn er es bestenfalls überstehen sollte, befürchten müsse, daß Georges ganze linke Seite, vom Gesicht bis zum Fuß, für immer gelähmt sei. Er würde niemals wieder klavierspielen können.

George A. Pallay, Brief an Irene Gallagher

Walter E. Dandy
(1886–1946)

Auf den bekannten Neurochirurgen geht die Einführung der Techniken der Ventrikulographie und Encephalographie zurück (für die genauere Diagnostizierung und Lokalisierung von Gehirntumoren). Er entwickelte außerdem neue Instrumente für chirurgische Eingriffe. 1937 war er Professor für Neurochirurgie an der John Hopkins Medical School in Baltimore, Maryland.

> Ich sehe nicht, was für Mr. Gershwin mehr hätte getan werden können. Es war einer dieser plötzlich auftauchenden, schnell wachsenden Tumoren. Diese meist hakenförmigen Tumore sind nicht entfernbar, und ich nehme fast an, daß der Tumor – obwohl er vielleicht zum großen Teil hätte herausgeschnitten werden können, und Mr. Gershwin sich für eine Weile erholt hätte – sehr schnell wieder gewachsen wäre, da das ganze Ding sich plötzlich und von Anfang an so mächtig ausgebreitet hatte. Ich denke, daß es für ihn so am besten war; denn für einen so begabten Mann wie ihn wäre ein wiederkehrender Tumor schrecklich gewesen; es wäre ein langsamer Tod geworden.

Dr. Walter E. Dandy, Auszug aus einem Brief an Dr. Gabriel Segall

Das letzte Foto Gershwins wurde am 16. Juni 1937 aufgenommen (oben rechts); George Gershwin, um 1925 (oben); Gershwin in einem Zimmer des Whitehall Hotels am Broadway, wohin er sich zurückzog, wenn er zum Komponieren Ruhe haben wollte, 1925 (rechts)

Oscar Hammerstein II.
(1895 – 1960)

Unser Freund schuf Musik
Und er verbreitete in dieser Sprache
Fröhlichkeit und Freundlichkeit und Schönheit
Und vierundzwanzig Stunden nach dem Abschied
Ist die Luft erfüllt von seiner Musik
und in jubelndem Frohlocken
Verkündet sie den Menschen
Daß Fröhlichkeit und Freundlichkeit und Schönheit
werden nie vergehen ...

Oscar Hammerstein II., «To George Gershwin», George Gershwin Memorial Concert, Hollywood Bowl, 8. September 1937

X
Gershwin über Musik

Gershwins Erfolg ließ ihn zum beliebten Thema für Zeitungs- und Zeitschriftenartikel sowie für Interviews werden. Nachdem die *Rhapsody in Blue* einen derart großen Eindruck hinterlassen hatte, bat man ihn um Artikel über sein Werk und die Musik im allgemeinen. Am häufigsten wurden ihm Fragen zu Jazz (oder was man damals unter Jazz verstand), zu seinem Einfluß auf die amerikanische Musik, zu populärer Musik und zu seinen zukünftigen Plänen gestellt.

[Am allerwichtigsten waren für Gershwin in der Musik] Ideen und Gefühle. Die Bedeutung der verschiedenen Tonalitäten und Klänge erwächst nur aus Ideen. Viele Komponisten haben keine Ideen ... Jemand, der Inspiration und Ideen hat, wird die große Musik unserer Zeit schreiben ... Ich glaube nicht, daß es in der Musik so etwas wie mechanisches Komponieren gibt, ohne Gefühl, ohne Gemütsbewegungen. Die Musik ist eine Kunst, die unmittelbar das Gefühl anspricht ... Der Komponist muß jedes Detail seiner Arbeit selbst erledigen. Harte Arbeit ist beim Komponieren unumgänglich. In dem Sinne würde maschinell produzierte Musik aufhören Kunst zu sein.

George Gershwin, «The Composer in the Machine Age», in: Oliver Saylor, (Hg.), *Revolte in the Arts*, New York 1930, Nachdruck in: Merle Armitage (Hg.), *George Gershwin*, New York 1938, S. 225/230

Komponieren ist eigentlich kaum etwas anderes, als vom Gefühl geleitetes Erfinden. Beim Komponieren bringen wir unser Gefühl und unser Wissen von Musik zusammen. Meiner Ansicht nach vereinen alle Künstler zwei Elemente in sich: Herz und Verstand. Einige Komponisten überbetonen in ihren Werken jeweils eine der Seiten. Tschaikowsky war zwar ein guter Techniker, neigte aber dazu, das Gefühl zu sehr zu betonen; bei Berlioz entsprang alles dem Kopf. Bach ist das wunderbare Beispiel für die Einheit beider Pole...

Für mich zählt das Gefühl mehr als alles andere, mehr als Technik oder musikalisches Verständnis. Natürlich ist Gefühl allein, ohne gewisse andere Dinge, nicht genug, aber es ist das ganz Entscheidende.

Edward Jablonski, *Gershwin on Music*, «Musical America», Juli 1962, S. 33

Ohne Frage ist die moderne Musik Amerikas beeinflußt worden von der modernen Musik Europas, aber ich habe den Eindruck, daß auch umgekehrt moderne europäische Komponisten viele Anregungen, Rhythmen und Anstöße aus dem amerikanischen

Maschinenzeitalter erhalten haben. Sie verfügen über eine ältere Tradition der musikalischen Techniken, die ihnen dazu verhilft, die hier entstandenen Gedanken in eine etwas klarere musikalische Begrifflichkeit zu fassen. Sie können sich gewandter ausdrücken.

George Gershwin, «The Composer in the Machine Age», abgedruckt in: Merle Armitage (Hg.), *George Gershwin*, New York 1938, S. 225

Musikalische Bedeutungen

Der Begriff Jazz wird mindestens auf fünf oder sechs verschiedene Arten von Musik angewendet. In Wirklichkeit stellt Jazz ein Konglomerat aus verschiedenen Dingen dar, er hat von allem ein bißchen: Ragtime, Blues, Klassik, Spirituals. Der Rhythmus ist im Grunde entscheidend. Nach dem Rhythmus kommen als nächstes die Intervalle ... spezielle Intervalle, die dem Rhythmus eigen sind. Schließlich gibt es nichts Neues in der Musik.

George Gershwin, «The Composer in the Machine Age», in: Merle Armitage (Hg.), *George Gershwin*, New York 1938, S. 227

Die gleiche Begriffsschwierigkeit ergibt sich aus dem umgangssprachlichen Gebrauch von «klassischer Musik». Der Begriff hat ebensoviele Bedeutungen, wie es Leute gibt, die ihn benutzen. Jemand schreibt ein Stück und hält es für eine ernste musikalische Komposition, aber es ist ganz schön furchtbar; er bezeichnet sein Werk als «klassisch», und ein unbedarftes Publikum nimmt ihm diese Bezeichnung ab... Von einem vernünftigen und kritischen Standpunkt aus sind solche Etiketten völlig belanglos, da sie nichts bedeuten. Gute Musik ist gute Musik, selbst wenn man sie mit dem Begriff «Austern» belegen wollte.

George Gershwin, *Mr. Gershwin Replies to Mr. Kramer*, «Singing», Oktober 1926, S. 17f

Wenn man die Musik unserer – wie wir meinen – einheimischen Komponisten in Europa hörte, könnte man nicht sagen: «Diese Musik ist amerikanisch.» Wenn sie in den Stilarten anderer Länder schreiben, dann verleihen sie dem Geist der Vereinigten Staaten nicht mehr Ausdruck, als Tschaikowsky mit seiner Musik demjenigen Rußlands oder Puccini dem Italiens. Ich bin nämlich davon überzeugt, daß Irving Berlins Musik amerikanischer ist als die Werke der Amerikaner, die man in Opern und Konzerthallen hören kann.

George Gershwin, ‹*Swanee*› *and Its Author*, «Along Broadway – The Edison Musical Magazine», Oktober 1920, S. 9

Folklore und Jazz

Die große Musik der Vergangenheit basiert in allen Ländern auf dem Fundament der Folklore. Die Folklore ist der wichtigste Nährboden für musikalische Fruchtbarkeit. Amerika macht da unter den Ländern keine Ausnahme. Man erkennt nicht immer, daß Amerika eine Volksmusik besitzt. Und doch hat es nicht nur eine, sondern viele verschiedene Volksmusiken. Es ist ein riesiges Land, und in seinen verschiedenen Teilen sind verschiedene Arten der Volksmusik entstanden, von denen jede einzelne eine mögliche, gleichwertige Grundlage bildet, auf der die Entwicklung zur Kunst-Musik aufbauen könnte. Deshalb meine ich, daß Amerika die Möglichkeit bietet, eine ganze Reihe von besonderen Stilarten hervorzubringen, die alle legitim von der jeweiligen Volksmusik der verschiedenen Landesteile abstammen. Jazz, Ragtime, Negerspirituals und Blues, Southern Mountain-Songs, Country und Cowboy-Songs, all dies kann für die Gestaltung einer amerikanischen Kunst-Musik verwendet werden und wird jetzt tatsächlich auch von vielen Komponisten verwendet. Diese Komponisten bringen mit Sicherheit etwas zustande, was der Mühe wert ist, wenn sie das Gefühl und das Talent besitzen, die Fülle von Material, die sich vor ihnen ausbreitet, sinnvoll einzusetzen. Dann gibt es noch jene Komponisten, die man legitim als amerikanisch bezeichnen kann, obwohl sie nicht auf folkloristische Elemente zurückgreifen, die aber in Amerika arbeiten und einen höchst individuellen Stil und eine eigene Methode entwickelt haben. Ihr neugeschaffenes Material sollte ebenso amerikanisch genannt werden, wie eine Erfindung amerikanisch ist, wenn sie von einem Amerikaner gemacht wird!

George Gershwin, «The Relation of Jazz to American Music», in: Henry Cowell (Hg.), *American Composers on American Music,* Stanford 1933, S. 186

Der Jazz soll für sich selbst sprechen. Es gibt ihn nun mal, und noch so laute Jeremiaden gewisser Musiker und Kritiker können ihn uns nicht wegnehmen oder seinen tiefen Einfluß auf die Musik der Gegenwart und der Zukunft leugnen. Es hat zu viele Diskussionen über den Jazz gegeben – meist von Leuten, die nicht einmal über eine klare Begrifflichkeit verfügten. Den Jazz etwa zu verurteilen, nur weil es eine Menge schlechten Jazz auf der

Welt gibt, ist genauso absurd, als wolle man aufgrund der vorhandenen schlechten Musik gleich jegliche Musik verdammen. Ich kann nicht für die Kompositionen einstehen, die die dadaistische Bewegung hervorgebracht hat; mit elektrischen Ventilatoren und den fünfzig synchronisierten Klavieren, die in ein kakophonisches Getöse ausarten. Das ist nicht Jazz, das ist bloßes Delirium. Aber wenn man sich die besten Stücke unseres modernen, ernsten Jazz' ansieht und studiert, kann man nur zu der Schlußfolgerung gelangen – ich zitiere Madame d'Alvarez: «Amerikas größter Beitrag zur Welt der Musik.»

George Gershwin, *Does Jazz Belong to Art?* «Singing», Juli 1926, S. 13

Ich sehe den Jazz als amerikanische Volksmusik an, nicht als die einzige, aber als eine sehr einflußreiche, die wahrscheinlich mehr als jede andere Richtung der Volksmusik dem Temperament und dem Gefühl des amerikanischen Volkes entspricht. Ich glaube, daß auf dessen Grundlage ernste symphonische Werke von Dauer geschaffen werden können, und zwar von einem Komponisten, der sowohl für Jazz als auch für die symphonische Musik eine Begabung hat.

George Gershwin, «The Relation of Jazz to American Music» in: Henry Cowell (Hg.), *American Composers on American Music*, Stanford 1933, S. 187

Die kürzlich verstorbene Amy Lowell, die große Dichterin und Prophetin Neu Englands, gehörte zu den Liebhabern von Jazz, obwohl sie ihn weder singen noch spielen, noch danach tanzen konnte. «Ich kann nur meine Zehenspitzen dazu wippen lassen,» so sagte sie mir einmal, «aber wenn ich nicht einmal das tun könnte, denke ich, müßte ich vor Begeisterung platzen.»

George Gershwin, *Does Jazz Belong to Art?* «Singing», Juli 1926, S. 14

Nur Musik, die eine Form im allgemeinen Sinne besitzt sowie Volksmusik enthält, wird überdauern. Alles andere ist kurzlebig. Aber es werden ohne Frage folkloristische Lieder geschrieben und sind immer geschrieben worden, die dauerhafte Jazz–Elemente enthalten. Gewiß, es ist nur ein Element, es ist nicht das Ganze. Eine reine Jazz-Komposition wäre nicht lange überlebensfähig.

George Gershwin, «The Composer in the Machine Age», in Merle Armitage (Hg.), *George Gershwin*, New York 1938, S. 277

Die populäre Musik Amerikas hat seit ihrem Beginn ständig an Originalität gewonnen; heute kann sie wirklich für sich den Anspruch erheben, die lebendigste aller zeitgenössischen Volksmusiken zu sein. Unglücklicherweise sterben die meisten Lieder schon wieder sehr früh und sind von den gleichen Leuten, die sie einst mit so großem Vergnügen gesungen haben, bald vergessen. Der Grund dafür ist, daß sie zu oft gesungen und gespielt werden, wenn sie gerade neu sind, und dann der Belastung ihrer großen Beliebtheit nicht standhalten können.

George Gershwin, Vorwort zu: *George Gershwin's Song Book*, New York 1932, S. IX

Musikalische Techniken

Viele von uns haben das Schreiben von Musik dadurch gelernt, daß sie die erfolgreichsten Lieder genau studiert haben. Das Imitieren hat aber seine Grenzen. Der junge Komponist mag damit beginnen, indem er einen erfolgreichen Komponisten, den er bewundert, nachahmt, aber er muß davon loskommen, sobald er die Technik des Meisters gelernt hat... Das Studium der musikalischen Technik ist unvermeidbar. Viele Leute behaupten, daß zu viel Lernen die Spontaneität in der Musik lähmen würde; aber mag es vielleicht ein schwaches Talent lähmen, ein starkes wird dadurch entwickelt. Mit anderen Worten, wird eine musikalische Begabung durch zu vieles Studieren zerstört, dann verdient sie es auch.

George Gershwin, Vorwort zu: Isaac Goldberg, *Tin Pan Alley*, New York 1930, S. IXf

Bachs *Passacaglia* war eine großartige Musik, bevor Stokowski damit begann, es zu orchestrieren. Rimsky-Korsakow hat in großem Maße Mussorgskys *Boris Godunov* neu orchestriert. Chopin, einer der größten Musiker der Welt, war bekanntlich ein schlechter Orchestrator. Die Kunst zu orchestrieren ist nicht die Kunst zu komponieren. Die Welt hat einen Haufen begabter Orchestratoren, die nicht ums Verrecken vier Takte eigene Musik schreiben können.

George Gershwin, *Mr. Gershwin Replies to Mr. Kramer*, «Singing», Oktober 1926, S. 17f

Ich habe die musikalischen Formen niemals richtig studiert. Das ist natürlich nichts, worauf man stolz sein könnte. Aber ungeachtet der Art von Musik, die man schreibt, muß sie immer eine bestimmte Entwicklungslinie aufweisen. Sie muß einen Anfang und ein Ende haben, sowie einen Teil, der die beiden angemessen verbindet, so wie der menschliche Körper zur Vollständigkeit Arme, Beine und Kopf benötigt. Da ich versuche, in diesem Sinne meinen Kompositionen eine musikalische Rundung zu geben, nehme ich an, daß sie über eine wie auch immer geartete Form verfügen.

Hyman Sandow, *Gershwin to Write New Rhapsody*, «Musical America», 18. Februar 1928, S. 5

Am Klavier zu komponieren ist keine gute Methode. Aber ich habe so begonnen, und es ist mir zur Gewohnheit geworden. Es ist jedoch möglich, den Gedanken freien Lauf zu lassen und das Klavier nur zum Ausprobieren dessen, was man im Geiste hört, zu benutzen. Am besten ist eine Methode, die einen in keiner Weise behindert und einengt; denn es ist immer einfacher, in gerader Linie ohne die Ablenkung durch Klänge zu denken. Der Geist sollte frei umherschweifen dürfen, ungehindert durch das Klavier, das hin und wieder zur Anregung der Gedanken, um eine Idee zum Leben zu erwecken, benutzt werden könnte.

George Gershwin, Vorwort zu: Isaac Goldberg, *Tin Pan Alley*, New York 1932, S. VIIIf

Das Jazz-Zeitalter

American Life ist nervös, eilig, synkopiert, immer accelerando und ein wenig vulgär. Das Wort vulgär benutze ich, ohne beleidigen zu wollen. Es gibt Vulgarität, die eine gewisse Frische ins Spiel bringt. Sie ist wesentlich. Der Charleston ist vulgär, besitzt aber die Kraft und Robustheit, die für den symphonischen Klang unentbehrlich sind.

George Gershwin, *Jazz is the Voice of the American Soul*, «Theatre Magazine», Juni 1926, S. 52B

Fast jeder große Komponist hinterläßt auch in der Zeit, in der er lebt, tiefe Spuren. Bach, Beethoven, Wagner, Brahms, Debussy, Strawinsky. Sie alle haben etwas aus ihrer Zeit wiedergegeben, so daß Millionen Leute es intensiver spüren und ihre Zeit besser verstehen konnten... Schreibt ein Komponist Musik nur für sich selbst und will nicht gehört werden, ist er in der Regel ein schlechter Komponist.

George Gershwin, «The Composer in the Machine Age», in: Merle Armitage (Hg.), *George Gershwin*, New York 1938, S. 229

Ein ideales Konzert

Als erstes Bachs *Passacaglia,* instrumentiert von Stokowski. Dann eine Symphonie von Mozart oder Beethoven, vorzugsweise die Fünfte oder Siebente. Strawinsky hätte ich ebenfalls gern auf dem Programm, entweder mit seinem Ballett *Petruschka* oder mit *Le Sacre du Printemps.* Und zum Schluß Richard Strauss' *Till Eulenspiegel.* Als Alternativen würde ich auch Debussys *L' Après-midi d'un Faune* oder eins der Brandenburgischen Konzerte Bachs hören mögen.

Hyman Sandow, *Gershwin to Write New Rhapsody*, «Musical America», 18. Februar 1928, S. 5

Rhapsody in Blue (1924)

Die *Rhapsody in Blue* bringt das zum Ausdruck, wonach ich seit meinen ersten Kompositionen gesucht habe. Ich wollte zeigen, daß der Jazz kein Idiom darstellt, das sich lediglich auf Lied mit Refrain beschränkt und in drei Minuten erledigt ist... Ich habe erfolgreich gezeigt, daß Jazz nicht bloß ein Tanz ist, sondern daß er größere Themen und Zwecke erfüllen kann.

George Gershwin, *Jazz is the Voice of the American Soul*, «Theatre Magazine», Juni 1926

Ich versuchte mit der *Rhapsody* unsere Lebensart zu schildern, die schnellen Veränderungen, die Geschwindigkeit unseres modernen Lebens mit seiner Rastlosigkeit, dem Chaos und der Vitalität... Ich denke, daß die *Rhapsody* eine Art musikalischer Skizze liefert, die eher unser amerikanisches Lebensgefühl beschreibt, als ein detailgetreues Abbild des Lebens zu geben.

Hyman Sandow, *Gershwin to Write New Rhapsody*, «Musical America», 18. Februar 1928, S. 5

Um die *Rhapsody in Blue* zu schreiben, nahm ich den «Blues» und gab ihm eine umfassendere, ernstere Form. Das war vor zwölf Jahren, und noch immer ist die *Rhapsody in Blue* aktuell; hätte ich jedoch aus den gleichen Themen einzelne Songs gemacht, dann hätte man sie längst vergessen.

George Gershwin, *Rhapsody in Cafish Row*, «New York Times», 20. Oktober 1925

Concerto in F (1925)

Mein spannendstes Musikerlebnis? Als ich das erste Mal mein *Concerto in F* hörte, wie es vom Orchester gespielt wurde. Das war nämlich meine erste Orchestration. Zwei Wochen bevor das *Concerto* öffentlich aufgeführt wurde ... Ich engagierte ein Orchester von fünfzig Mann, mit dem ich das Stück im Globe Theatre spielte. Ich meine, diese Erfahrung werde ich niemals vergessen.

Hyman Sandow, *Gershwin to Write New Rhapsody,* «Musical American», 18. Februar 1928, S. 5

Walter Damrosch fragte mich, ob ich nicht etwas für sein New York Symphony Orchestra schreiben wolle. Dies bewies, daß er mir großes Vertrauen entgegenbrachte, denn ich hatte noch nie eine Symphonie geschrieben. Ich begann mit dem *Concerto in F* in London, nachdem ich mir vier oder fünf Bücher über musikalischen Aufbau gekauft hatte, um erst einmal zu erfahren, wie eine Concerto-Form eigentlich aussah! Und ich mußte da wirklich durch – weil ich mich vertraglich schon verpflichtet hatte, es siebenmal zu spielen. Ich brauchte drei Monate, bis ich dies Concerto komponiert hatte, und noch einen Monat für die Orchestrierung. Da es mein erstes symphonisches Werk war, war ich so darauf gespannt, daß ich fünfundfünfzig Musiker engagierte, die es für mich spielen sollten ... Und man kann sich vorstellen, wie begeistert ich war, als es genauso klang, wie ich es geplant hatte.

George Gershwin, «New York Tribune», 29. November 1925

Mr. Kramer tut mir Unrecht, wenn er behauptet, mein Klavierkonzert sei von jedem anderen, nur nicht von mir selbst orchestriert worden. Die *Rhapsody in Blue* hat Ferde Grofé orchestriert, aber nur, weil das Whiteman-Orchester so ungewöhnlich zusammengesetzt ist. Und auch da arbeitete Mr. Grofé nach einer vollständigen Skizze für Klavier und Orchester, in der schon viele Instrumente und Klangfarben angegeben waren ... Aber das *Concerto* habe ich ganz allein orchestriert.

George Gershwin, *Mr. Gershwin Answers Mr. Kramer*, «Singing», Oktober 1926, S. 17

An American in Paris (1928)

Dies neue Stück, eigentlich ein rhapsodisches Ballett, ist in einem sehr freien Stil geschrieben und ist das modernste, was ich bisher versucht habe. Der erste Satz entwickelt sich im typisch französischen Stil nach Art von Debussy und den «Six», die Themen aber sind original. Meine Absicht ist hier, die Eindrücke eines amerikanischen Besuchers in Paris wiederzugeben, während er durch die Stadt schlendert, den verschiedenen Geräuschen von der Straße lauscht und die französische Atmosphäre aufnimmt.

Hyman Sandow, *Gershwin Presents a New Work*, «Musical America», 18. August 1928, S. 5

Second Rhapsody (1931)

... habe fünfundfünfzig Seiten der Orchestration meiner neuen *Rhapsody* fertig und denke, in ungefähr einer Woche auch den Rest geschafft zu haben. Ich habe das Gefühl, daß es sich sehr gut anhören wird, da ich eine ziemlich üppige Orchestration gemacht habe. Ich werde das Stück *Second Rhapsody* nennen und nicht, wie ich mir in Kalifornien überlegt hatte, *Rhapsody in Rivers*. Ich finde, das ist viel einfacher und würdevoller.

George Gershwin, Brief an George Pallay vom 19. Mai 1931

Und nun die gute Nachricht: Letzten Freitag [2. 6. 1931] habe ich fünfundfünfzig Mann engagiert, die meine Orchestration der neuen Rhapsodie spielten, und das Ergebnis war sehr zufriedenstellend. In vieler Hinsicht, was etwa Orchestration und Form angeht, ist es das beste, was ich bisher gemacht habe...

George Gershwin, Brief an Isaac Goldberg, 30. Juni 1931

Porgy and Bess (1935)

In erster Linie sollte die Oper unterhaltend sein, d.h. sie sollte alle Elemente der Unterhaltungsmusik enthalten. Als ich mich für die Geschichte von Porgy und Bess entschied, die sich unter den Negern von Charleston zuträgt, vergewisserte ich mich zunächst, ob ich darin sowohl leichte als auch ernste Musik, Humor und Tragik unterbringen konnte – also alles, was unterhaltend wäre für Auge und Ohr.

George Gershwin, *Rhapsody in Catfish Row*, «New York Times», 20. Oktober 1935

Ich arbeite fast ausschließlich bei Nacht, und die besten Ergebnisse erziele ich während der Herbst- und Wintermonate. Ein wunderschöner Frühlings- oder Sommertag kann einen am wenigsten dazu verleiten, Musik zu machen, da ich dann lieber draußen bin. Morgens schreibe ich überhaupt nicht. Das hat den einfachen Grund, daß ich um diese Zeit noch nicht wach bin. Den Nachmittag widme ich manuellen Arbeiten – Orchestrationen, Klavierauszüge usw. Nachts, wenn andere Leute schlafen oder sich irgendwo eine schöne Zeit machen, habe ich die absolute Ruhe zum Komponieren. Diese vollkommene Ruhe ist nicht immer nötig. Ich habe oft meine Melodien geschrieben, obwohl Leute im gleichen Raum waren oder nebenan Karten spielten. Wenn ich in der richtigen Stimmung bin, schreibe ich den Song ohne Pause zu Ende.

George Gershwin, Vorwort zu: Isaac Goldberg, *Tin Pan Alley*, New York 1930, S. IX

Zeittafel George Gershwin

1898 Am 26. September wird George Gershwin als Jakob Gershvin in Brooklyn, New York, geboren.

1900 Geburt des Bruders Arthur am 14. März.

Zeit- und kulturgeschichtlicher Hintergrund

1898 Spanisch-Amerikanischer Krieg; US-Truppen besetzen Kuba, die Philippinen und Hawaii.
Marie und Pierre Curie entdecken das Radium.
Geburtsjahr von Bertolt Brecht, Ernest Hemingway, Henry Moore, Paul Robeson.
Lewis Carroll (66) und Aubrey Beardsley (26) sterben.
R. Strauss, *Ein Heldenleben*; N. Rimsky-Korsakow, *Sadko*.

1899 Beginn des Burenkrieges in Südafrika.
Geburtsjahr von Noël Coward, Alfred Hitchcock, Francis Poulenc.
Johann Strauß (74) stirbt.
Scott Joplin, *Maple Leaf Rag*; E. Elgar, *Enigma Variations*.

1900 Die Métro in Paris nimmt ihren Betrieb auf.
Max Planck formuliert die Quantentheorie.
Geburtsjahr von George Antheil, Aaron Copland, Ernst Krenek, Kurt Weill.
Friedrich Nietzsche (55) und Oscar Wilde (46) sterben.
Sigmund Freud, *Traumdeutung;* A. Tschechow, *Onkel Wanja*.
G. Puccini, *Tosca;* J. Sibelius, *Finlandia-Suite*.

1901 Queen Victoria, Königin von England, stirbt am 22. Januar.
Der Nobelpreis wird erstmals vergeben.
Geburtsjahr von Walt Disney, Jascha Heifetz, Marlene Dietrich.
Henri Toulouse-Lautrec (37), Guiseppe Verdi (88) sterben.
Thomas Mann, *Die Buddenbrooks*.
A. Dvořák, *Rusalka;* S. Rachmaninow, Klavierkonzert Nr. 2.

1902 Ende des Burenkrieges in Südafrika.
Geburtsjahr von John Steinbeck, William Walton.
Samuel Butler (67) und Émile Zola (62) sterben.
A. Schönberg, *Verklärte Nacht;* C. Debussy, *Pelléas et Mélisande;* J. Sibelius, 2. Symphonie.

1903 Die Gebrüder Wright unternehmen die ersten Motorflug-Versuche.
Richard Steiff erfindet den ersten Teddy-Bären, der seinen Namen nach Präsident Roosevelt erhält.
Geburtsjahr von Lennox Berkeley, Aram Chatschaturjan, Evelyn Waugh.
Paul Gauguin (55), Hugo Wolf (43) sterben.

1904 Russisch-Japanischer Krieg.
Beginn der Ausgrabungen für den Panama-Kanal.
Geburtsjahr von Georges Balanchine, Salvador Dali, Luigi Dallapicola, Graham Greene.
Anton Tschechow (44), Anton Dvořák (63) sterben.
G. Puccini, *Madame Butterfly*; L. Janáček, *Jenufa*.

1905 Gescheiterte Revolution in Rußland.
Geburtsjahr von Jean-Paul Sartre, Michael Tippett.

1906 Am 6. Dezember, genau am 10. Geburtstag des älteren Bruders Ira, wird Schwester Frances («Frankie») geboren.

1908 George lernt Maxie Rosenzweig kennen, der später unter dem Namen Max Rosen ein bekannter Violin-Virtuose wird.

1912 Erster Klavierunterricht bei Charles Hambitzer.

1913 Besuch einer höheren Handelsschule (bis 1914).

Albert Einstein, *Relativitätstheorie.*
C. Debussy, *La Mer;* R. Strauss, *Salome;* F. Lehár, *Die lustige Witwe.*

1906 Erdbeben in San Francisco.
Geburtsjahr von Samuel Beckett, Dimitri Schostakowitsch.
Paul Cézanne (67), Henrik Ibsen (78) sterben.
E. Elgar, *The Kingdom.*

1907 England, Frankreich und Rußland bilden die Tripelentente.
Geburtsjahr von W.H. Auden, Alberto Moravia.
Edvard Grieg (64) stirbt.
F. Delius, *A Village Romeo and Juliet.*

1908 Theodore Roosevelt zieht sich aus der Politik zurück.
Geburtsjahr von Olivier Messiaen, Herbert von Karajan, Elliot Carter, Simone de Beauvoir.
Nikolai Rimsky-Korsakow (64) stirbt.
E. Elgar, 1. Symphonie; F. Delius, *Brigg Fair*; A. Skrjabin, *Poème de l'extase.*

1909 Louis Blériot überquert mit einem Flugzeug erstmals den Ärmelkanal.
Henry Ford baut das erste Automobil der T-Reihe.
Wassily Kandinsky malt das erste abstrakte Bild.
Isaac Albéniz (48) stirbt.
R. Strauss, *Elektra;* S. Rachmaninow, Klavierkonzert Nr. 3.

1910 Geburtsjahr von Jean Anouilh, Samuel Barber, Jean Genet.
Milij Balakirew (73), Leo Tolstoi (82), Mark Twain (75) sterben.
I. Strawinsky, *Feuervogel;* A. Berg, Streichquartett; R.Vaughan Williams, *A Sea Symphony* und *Fantasia on a Theme by Tallis*; G. Puccini, *Das Mädchen aus dem goldenen Westen.*

1911 Roald Amundsen erreicht den Südpol.
Gustav Mahler (50) stirbt; Bruno Walter dirigiert postum die Uraufführung von *Das Lied von der Erde* in München.
R. Strauss, *Der Rosenkavalier*; I. Strawinsky, *Petruschka;* Irving Berlin, *Alexander's Ragtime Band.*

1912 Untergang der «Titanic».
Geburtsjahr von John Cage, Eugène Ionesco.
Jules Massenet (70) stirbt.
A. Schönberg, *Pierrot lunaire;* M. Ravel, *Daphnis et Chloé;* F. Schreker, *Der ferne Klang.*

1913 Nils Bohr entdeckt die Struktur des Atoms.
Geburtsjahr von Benjamin Britten, Albert Camus, Witold Lutoslawski.
Thomas Mann, *Der Tod in Venedig.*
I. Strawinsky, *Le Sacre du Printemps*; A. Schönberg, *Gurrelieder;* A. Webern, *Sechs Orchesterstücke.*

1914 Verdient sich Geld als Song Plugger beim Musikverlag Remick in der Tin Pan Alley.

1915 Job als Bespieler von Pianowalzen.

1916 Vertrag mit dem Verleger Harry von Tilzer über die erste Veröffentlichung eines seiner Songs: *When You Want'em, You Can't Get'em, When You've Got'em, You Don't Want'em* (Text: Murray Roth).

1917 Im Januar veröffentlicht Remick *Rialto Ripples*, ein Pianostück von Gershwin und Will Donaldson.
Probenpianist für das Musical *Miss 1917* (Oktober/November).
Lernt Victor Herbert und Jerome Kern kennen.
Zusammenarbeit mit Ira an *You Are Not The Girl.*
Vertrag mit Remick über *You-oo, just You* (Text Irving Caesar), wird später Bestandteil von *Hitchy-Koo* (1918)

1918 Tritt im Februar als Komponist beim Musikverlag T.B. Harms ein.
Im September veröffentlicht Harms seinen ersten Gershwin-Song: *Some Wonderful Sort of Someone* (Text: Schuyler Greene).
The Real American Folk Song (Is a rag) ist die erste Gemeinschaftsproduktion von George und Ira, die in einem Musical (*Ladies First*) Verwendung findet.
Im Dezember wird Gershwins erstes Musical, *Half Past Eight,* in Syracuse, N. Y., auf die Bühne gebracht, aber bald wieder abgesetzt.

1919 Das erste abendfüllende Musical, *La-La-Lucille*! hat im Mai am Broadway Premiere (Text: Arthur Jackson und B.G. DeSylva).
Lullaby für Streichquartett.

1920 Al Jolson nimmt *Swanee* (Text: I. Caesar) auf Schallplatte auf (Januar).
Liefert die Partitur für *George White's Scandals*, die erste von fünf Revuen dieser Reihe (Juni).

1914 Eröffnung des Panamakanals.
Beginn des Ersten Weltkrieges nach der Ermordung des Erzherzogs Franz Ferdinand von Österreich in Sarajewo.
Geburtsjahr von Dylan Thomas und Tennessee Williams.
James Joyce, *The Dubliners.*

1915 Versenkung der britischen «Lusitania» durch deutsche U-Boote.
Erste direkte Telefonleitung von New York nach San Francisco.
Geburtsjahr von Saul Bellow, Arthur Miller, Svjatoslav Richter.
Alexander Skrjabin (43) stirbt.
R. Strauss, *Alpensymphonie.*

1916 Kampf um Verdun, Schlacht an der Somme.
Geburtsjahr von Yehudi Menuhin, Milton Babbitt.
Enrique Granados (49), Henry James (73), Max Reger (43), George Butterworth (31) sterben.
M. de Falla, *Noches en los jardines de España*; E. Granados, *Goyescas*; S. Prokofjew, *Skythische Suite.*

1917 Bürgerkrieg in Rußland; nach der Oktoberrevolution Proklamation zur föderativen Republik.
Eingreifen der Vereinigten Staaten in den Ersten Weltkrieg.
Edgar Degas (83), Scott Joplin (48) sterben.
F. Busoni, *Turnador und Arlecchino;* G. Puccini, *La Rondine,* S. Prokofjew, *Simphonie classique*; Jerome Kern, *Leave it to Jane.*

1918 Ende des Ersten Weltkrieges. Wilhelm II. geht ins niederländische Exil. Novemberrevolution in Deutschland.
Geburtsjahr von Leonard Bernstein.
Lili Boulanger (24), Claude Debussy (55), Gustav Klimt (56), Charles Hubert Parry (70), Wilfred Owen (25) sterben.
Oswald Spengler, *Der Untergang des Abendlands.*
I. Strawinsky, *Die Geschichte vom Soldaten*; S. Prokofjew, 1. Symphonie; I. Berlin, *Yip, Yip Yaphank.*

1919 Friedensvertrag von Versailles.
Rosa Luxemburg und Karl Liebknecht werden ermordet; Friedrich Ebert erster Reichspräsident der Weimarer Republik.
Erster Nonstop-Transatlantikflug von Alcock und Brown.
Auguste Renoir (78), Ruggero Leoncavallo (61), Adelina Patti (77) sterben.
J. Sibelius, 5. Symphonie; E. Elgar, Cellokonzert; I. Berlin, *Ziegfeld Follies.*

1920 Der Völkerbund nimmt seine Tätigkeit auf.
Das Alkoholverbot («Prohibition») spaltet die Bevölkerung der USA in zwei Lager.
Einführung des Frauenwahlrechts in den Vereinigten Staaten.
Geburtsjahr von Bruno Maderna, Charly Parker, Peter R. Fricker.
Max Bruch (82), Amadeo Modigliani (36) sterben.

1922 *Blue Monday*, Operneinakter für die *Scandals* von 1922 (Libretto: B.G. DeSylva).

1923 Im April wird das Musical *The Rainbow* in London uraufgeführt (Text: Clifford Grey).

1924 *Sweet Little Devil* (Text B.G. DeSylva) wird am 21. Januar in New York uraufgeführt.

Ende Januar Fertigstellung der *Rhapsody in Blue* in der Fassung für zwei Klaviere (Paul Whiteman's Arrangeur Ferde Grofé übernimmt die Orchestrierung).

Am 10. Juni Aufnahme einer verkürzten Fassung der *Rhapsody in Blue* mit Paul Whiteman und dem Concert Orchestra.

Primrose (Text: Desmond Carter und Ira Gershwin) wird am 11. September im Winter Garden in London uraufgeführt.

Im Oktober/November mit Ira Arbeit an einem Musical für Fred Astaire (Titel zunächst *Black Eyed Susan*, später *Lady, Be Good!*).

Lady, Be Good! wird am 1. Dezember im Liberty Theatre in New York uraufgeführt.

1925 Start einer Notenausgabe von Stücken für Solo-Piano unter dem Titel *Preludes*.

Tell Me More (Text: Ira Gershwin und B.G. DeSylva) wird am 13. April im Gaiety-Theatre uraufgeführt und nach nur kurzer Laufzeit wieder abgesetzt.

Am 22. Mai beteiligte sich Gershwin als Mitglied des Jazz-Ensembles an Eva Gauthiers Liederabend «From Java to Jazz» in der Aeolian Hall.

Tell Me More wird mit großem Erfolg am Winter Garden in London aufgeführt (Premiere 26. Mai).

Gershwin wird als erster amerikanischer Komponist auf dem Titel des «Time Magazine» abgebildet (Juli).

Uraufführung des *Concerto in F* am 3. Dezember in der Carnegie

M. Ravel, *Le Tombeau de Couperin;* D. Milhaud, *Le Bœuf sur le Toit;* J. Kern, *Sally.*

1921 Entdeckung des Insulins durch F. Banting und Ch. Best.
Enrico Caruso (48), Engelbert Humperdinck (67), Camillie Saint-Saëns (86) sterben.
A. Honegger, *Le Roi David;* L. Janáček, *Katia Kabanova*; S. Prokofjew, *Die Liebe zu den drei Orangen* und Klavierkonzert Nr.3; I. Strawinsky, *Symphonie d'instruments à vent.*

1922 Mussolinis Marsch auf Rom.
Gründung der British Broadcasting Corporation (BBC).
Geburtsjahr von Yannis Xenakis, Judy Garland, Kingsley Amos, Lukas Foss.
Marcel Proust (51), Arthur Nikisch (66) sterben.
James Joyce, *Ulysses;* T.S. Eliot, *The Waste Land*; Sinclair Lewis, *Babbit.*

1923 Niederschlagung des Hitler-Putsches in München.
Schweres Erdbeben in Japan.
Geburtsjahr von Maria Callas, György Ligeti.
B. Bartók, *Tanz-Suite für Orchester*; Z. Kodály, *Psalmus Hungaricus;* I. Strawinsky, *Les Noces;* E. Varèse, *Hyperprism.*

1924 Geburtsjahr von Luigi Nono, James Baldwin.
Lenin (53), Ferruccio Busoni (58), Gabriel Fauré (79), Franz Kafka (41) Giacomo Puccini (66), Joseph Conrad (67) sterben.
L. Janáček, *Das schlaue Füchslein*; A. Schönberg, *Erwartung;* A. Honegger, *Pacific 231*; O. Respighi, *Pini di Roma.*

1925 Hindenburg wird zum Reichspräsidenten gewählt.
Einführung der elektrischen Tonaufzeichnung.
Geburtsjahr von Luciano Berio, Pierre Boulez.
Erik Satie (59), John Singer Sargent (69) sterben.
F. Scott Fitzgerald, *The Great Gatsby*; Franz Kafka, *Der Prozeß.*
A. Berg, *Wozzeck;* F. Busoni, *Doktor Faustus*; Vincent Youmans, *No, No, Nanette.*

Hall mit dem New York Symphony Orchestra unter Walter Damrosch und mit Gershwin als Solisten.

Die Premiere von *Tip-Toes* am Liberty Theatre (am 28. Dezember) wird ein Erfolg.

Am 29. Dezember führt Paul Whiteman den Operneinakter *135th Street* (eigentlich *Blue Monday*) in der Carnegie Hall auf.

Premiere von *Song of The Flame* im Forty-Fourth-Street-Theatre (30. Dezember), großer Erfolg.

1926 *Lady, Be Good!* startet am 11. April mit den Geschwistern Astaire am Empire Theatre in London.

Schallplattenaufnahmen verschiedener Songs aus *Lady, Be Good!* für die Columbia Phonograph & Co.

Tip-Toes kommt am 31. August am Londoner Winter Garden heraus.

Gershwin liest DuBose Heywards Roman *Porgy*.

Am 8. November hat *Oh, Kay!* mit Gertrude Lawrence und Victor Moore am Imperial Theatre Premiere.

1927 Schallplattenaufnahme der *Rhapsody in Blue* für RCA Victor mit dem Paul Whiteman Orchestra. Nach Unstimmigkeiten mit Paul Whiteman wird die Aufnahme von Nat Shilkret zu Ende geführt.

Erste Malversuche mit Gouachen.

Die Testaufführung von *Strike Up The Band* in Philadelphia werden nach nur zwei Wochen wieder abgesetzt (September).

His Majesty's Theatre in London bringt *Oh, Kay!* mit Gertrude Lawrence und Harold French heraus (21. September).

Smarty wird unter dem Titel *Funny Face* am 22. November mit großem Erfolg am Alvin Theatre uraufgeführt.

1928 *Rosalie* mit Marilyn Miller wird am 10. Januar am New Amsterdam Theatre uraufgeführt.

Bei Eva Gauthier lernt Gershwin Maurice Ravel kennen.

Im März Schiffsreise nach Großbritannien.

«George Gershwin Night» im Kit Kat Club (22. März).

Am 25. März Weiterreise nach Paris.

Bekanntschaft mit Sergej Prokofjew.

Besuch einer Aufführung der *Rhapsody in Blue* der Ballets Russes.

Weiterreise nach Berlin und Wien, wo er u.a. Kurt Weill, Emmerich Kálman, Franz Molnar, Franz Lehár und Alban Berg kennenlernt.

Am 8. Juni Plattenaufnahmen der *Three Preludes* und des langsamen Themas der *Rhapsody in Blue* in London.

Ankunft in New York am 18. Juni (mit Entwürfen zu *An American in Paris*).

An American in Paris, Fassung für zwei Klaviere.

Treasure Girl startet am 8. November im Alvin Theatre; wird aber nach nur 68 Vorstellung abgesetzt.

Am 13. Dezember wird *An American in Paris* mit dem New York Philharmonic Orchestra unter Walter Damrosch in der Carnegie Hall uraufgeführt.

1926 Deutschland wird zum Völkerbund zugelassen.
Erste Telefonverbindung über den Atlantik.
Geburtsjahr von Morton Feldman, Hans-Werner Henze.
Claude Monet (86), Rainer Maria Rilke (51) sterben.
L. Janáček, *Der Fall Makropoulos*; G. Puccini, *Turandot;* W. Walton, *Façade.*

1927 Charles Lindbergh fliegt allein über den Atlantik.
Sacco und Vanzetti werden in Massachusetts auf dem elektrischen Stuhl hingerichtet.
Erster abendfüllender Tonfilm: *The Jazz Singer* mit Al Jolson.
Geburtsjahr von Mstislaw Rostropowitsch, Günther Grass.
Isadora Duncan (49) stirbt.
E. Krenek, *Jonny spielt auf*; I. Strawinsky, *Oedipus Rex;* J. Kern, *Show Boat.*

1928 Entdeckung des Penicillins.
Geburtsjahr von Karlheinz Stockhausen.
Thomas Hardy (87), Leos Janáček (74) sterben.
D.H. Lawrence, *Lady Chatterley's Lover.*
M. Ravel, *Boléro;* I. Strawinsky, *Apollon Musagète;* K. Weill, *Die Dreigroschenoper.*

1929 Am 2. Juli bringt Florenz Ziegfeld *Show Girl* (mit Ruby Keeler) heraus; 111 Vorstellungen

1930 Am 14. Januar Premiere von *Strike Up The Band* unter der Leitung des Komponisten am Times Square Theatre; 191 Vorstellungen.
Am 14. Oktober Premiere von *Girl Crazy* am Alvin Theatre mit Ginger Rogers und Ethel Merman; 272 Vorstellungen.
Schwester Frankie heiratet Leopold Godowsky, den Sohn des Pianisten.
Am 5. November reisen George, Ira und Leonore nach Hollywood ab.

1931 Komposition der *Manhattan Rhapsody* für den Film *Delicious* (mit Janet Gaynor und Charles Farrell).
Besuch der amerikanischen Premiere von Alban Bergs *Wozzeck* in Philadelphia (19. März).
Of Thee I Sing hat am 26. Dezember in der Music Box Premiere; die satirische Operette erreicht 441 Vorstellungen.

1932 Uraufführung der *Second Rhapsody* mit Gershwin am Piano und dem Boston Symphony Orchestra unter Serge Kussewitzki am 29. Januar in Boston.
George Gershwin's Song-Book erscheint bei Simon & Schuster.
Ira, George S. Kaufman und Morrie Ryskind erhalten für *Of Thee I Sing* den Pulitzer-Preis.
Tod des Vaters am 15. Mai.
Rumba wird am 16. August vom New York Philharmonic unter Albert Coats im Lewisohn Stadium uraufgeführt.
Gershwin selbst leitet am 1. November die Uraufführung der *Cuban Overture* mit dem Musicians Symphony Orchestra am Metropolitan Opera House.

1933 Premiere von *Pardon my English* am 20. Januar (läuft bis 27. Februar).
Premiere von *Let 'em Eat Cake* (Libretto Kaufman/Ryskind) am 22. Oktober am Imperial Theatre; schlechte Resonanz, nur 99 Vorstellungen.
Vertrag mit der Theatre Guild über eine Oper nach Heywards Roman *Porgy.*

1934 Konzerttournee durch die Vereinigten Staaten und Kanada.
Uraufführung der *I Got Rhythm*-Variationen mit dem Reisman Symphonic Orchestra unter Charles Previn in Boston (am 15. Januar).

1929 Der Zusammenbruch der New Yorker Börse («Schwarzer Freitag») leitet die Weltwirtschaftskrise ein.
Leo Trotzki geht ins Exil nach Mexiko.
Geburtsjahr von George Crumb, Jacques Brel.
Serge Diaghilew (57), Hugo von Hofmannsthal (55), André Messager (76) sterben.
Ernest Hemingway, *A Farewell to Arms*; Erich Maria Remarque, *Im Westen nichts Neues.*
C. Porter, *Wake Up and Dream*; S. Prokofjew, *Der Spieler;* R. Vaughan Williams, *Sir John in Love*; C. Lambert, *The Rio Grande.*

1930 Die Wirtschaftskrise erschüttert Europa. Die letzten alliierten Truppen verlassen deutschen Boden.
D.H. Lawrence (45), Cosima Wagner (93) sterben.
L. Janáček, *Aus einem Totenhaus*; D. Milhaud, *Christophe Colomb*; I. Strawinsky, *Psalmensinfonie;* C. Porter, *The New Yorkers;* R. Rodgers/L. Hart, *Ever Green.*

1931 In New York wird das Empire State Building fertiggestellt.
Das Nylon wird erfunden.
Bix Beiderbecke (28), Vincent d'Indy (80), Nellie Melba (69), Carl Nielsen (66) sterben.
W. Walton, *Belshazzar's Feast*; R. Rodgers/L. Hart, *America's Sweetheart.*

1932 Entdeckung der Neutronen; erste Experimente mit Kernreaktionen.
Aldous Huxley, *Brave New World.*
M. Ravel, Klavierkonzert für die linke Hand und Konzert in G-Dur; I. Berlin, *Face the Music;* C. Porter, *Gay Divorce.*

1933 Adolf Hitler wird von Hindenburg zum Reichskanzler ernannt.
Franklin D. Roosevelt wird zum Präsidenten der USA gewählt.
Geburtsjahr von Krzysztof Penderecki.
Henri Duparc (85), Stefan George (65) sterben.
R. Strauss, *Arabella;* Arlen/Koehler, *Stormy Weather;* I. Berlin, *As Thousands Cheer;* J. Kern, *Roberta.*

1934 Der österreichische Kanzler Engelbert Dollfuß wird von Nationalsozialisten ermordet.
In China beginnt «der lange Marsch» der Roten Armee.

Im Februar Beginn einer Sendereihe «Music bei Gershwin», zweimal die Woche jeweils eine Viertelstunde.
Ab September zweite Serie des Radioprogramms, diesmal über CBS (jeden Sonntag eine Stunde).
Vorspiel für den Präsidenten Franklin D. Roosevelt im Weißen Haus (29. Dezember).

1935 Premiere von *Porgy and Bess* am Colonial Theatre in Boston am 30. September, in den Titelrollen Todd Duncan und Anne Brown, Dirigent Alexander Smallens.

1936 Premiere der Orchestersuite aus *Porgy and Bess* (später von Ira als *Catfish Row* neubetitelt) an der Academy of Music in Philadelphia am 21. Januar mit dem Philadelphia Orchestra unter Alexander Smallens.
Im April werden einige seiner Bilder auf einer Ausstellung der Society of Independent Artists gezeigt.
Verträge mit RKO über zwei neue Musicals.

1937 Auftritt in einem All-Gershwin-Konzert mit dem Los Angeles Philharmonic Orchestra unter A. Smallens (10./11. Februar); Schwindelanfälle während der Proben.
Im März zusammen mit Ira Arbeit an dem Fred Astaire-Film *A Damsel in Distress.*
Nach weiteren Schwindelanfällen im Juni ärztliche Untersuchung, die aber kein Ergebnis erbringt.
23.–26. Juni Aufenthalt im Cedars of Lebanon Hospital in Los Angeles; Gershwin widersetzt sich einer Rückenmarkspunktion.
Am 4. Juli Umzug vom Roxbury Drive in das freigewordene Haus des Lyrikers E.Y. Harburg.
Am 9. Juli fällt er ins Koma und wird sofort ins Cedars of Lebanon Hospital gebracht. Am nächsten Tag entscheiden sich die Ärzte, die einen Hirntumor vermuten, zur Operation.
George Gershwin stirbt am Sonntag, dem 11. Juli.

Geburtsjahr von Harrison Birtwistle, Van Cliburn.
Frederick Delius (72), Edward Elgar (76), Gustav Holst (60) sterben.
D. Schostakowitsch, *Lady Macbeth von Mzensk;* A. Bax, 5. Symphonie; V. Thomson, *Four Saints in three Acts.*

1935 Italienischer Überfall auf Abessinien.
Alban Berg (50), Paul Dukas (69), T.E. Lawrence (47) sterben.
R. Strauss, *Die schweigsame Frau.*

1936 Abdankung König Edward VIII. von England.
Beginn des Spanischen Bürgerkrieges.
Der erste Volkswagen verläßt die Fabrik.
Geburtsjahr von Richard Rodney Bennet, Steve Reich.
Alexander Glasunow (70), Ottorino Respighi (56), Rudyard Kipling (71) sterben, Federico Garcia Lorca (37) wird ermordet.
Charlie Chaplin, *Modern Times.*
S. Rachmaninow, 3. Symphonie; H. Arlen, *Mood in six Minutes;* I. Berlin, *Top Hat.*

1937 Sturz der sozialistischen Regierung Blum in Frankreich.
Die deutsche «Legion Condor» bombardiert das spanische Städtchen Guernica; Picasso malt sein gleichnamiges Bild.
Geburtsjahr von Peter Maxwell Davies und Philip Glass.
Maurice Ravel (62), Albert Roussel (68) Karol Szymanowski (54) sterben.
A. Berg, *Lulu;* B. Bartók, *Musik für Saiteninstrumente, Schlagzeug und Celesta;* D. Schostakowitsch, 5. Symphonie; G.-C. Menotti, *Amalie geht zum Ball;* C. Orff, *Carmina Burana.*

Abbildungsnachweis

Die abgebildeten Fotos stammen aus dem Privatarchiv des Autors, das im Laufe der Jahre vor allem mit Hilfe von Ira Gershwin, Lawrence D. Stewart, Stanley Green und Maurice Levine aufgebaut werden konnte.

Personenregister

Haupteinträge sind mit halbfetten Ziffern gekennzeichnet

"GEORGE GERSHWIN IM SPIEGEL SEINER ZEIT"

EMI CLASSICS

GEORGE GERSHWIN
Rhapsody In Blue
SERGE PROKOFIEFF
Klavierkonzert Nr. 3 C-dur op. 26
MAURICE RAVEL
Klavierkonzert G-dur
Tzimon Barto, Klavier · London Philharmonic Orchestra
Dirigent Andrew Davis
7 49495 2-567 7 49495 4-267

GEORGE GERSHWIN
Rhapsody In Blue* · George Gershwin's Songbook (komplett) · Klavierkonzert F-dur**
Peter Donohoe, Klavier
* London Sinfonietta
** City of Birmingham Symphony Orchestra
Dirigent Simon Rattle
7 54280 2-567
7 54280 4-267

GEORGE GERSHWIN
Das große Gershwin-Album
Rhapsody in Blue · Porgy and Bess (Medley) ·
Ein Amerikaner in Paris · Variationen über „I Got Rhythm" ·
2. Rhapsody · Preludes Nr. 1-3 für Klavier · Cuban Overture ·
Konzert für Klavier und Orchester F-dur
Leonard Pennario, Klavier
Hollywood Bowl Symphony Orchestra
Dirigenten Felix Slatkin,
Alfred Newman und William Steinberg
2 52918 2-627 2CD

GEORGE GERSHWIN
Kiri Te Kanawa singt George Gershwin
Somebody Loves Me · Boy Wanted ·
Things Are Looking Up · Love Walked In · Love Is Here To Stay · Someone To Watch Over Me · But Not For Me · Summertime ·
The Man I Love · Soon · Meadow Serenade · Nice Work If You Can Get It · By Strauss · Embraceable You · I Got Rhythm
Dame Kiri Te Kanawa, Sopran · New Princess Theatre Orchestra
Dirigent John McGlinn
7 47454 2-567 7 47454 4-267